Leda
Paulani

MODERNIDADE
E DISCURSO
ECONÔMICO

Copyright © Boitempo Editorial, 2005
Copyright © Leda Maria Paulani, 2005

Coordenação editorial
Ivana Jinkings e Aluizio Leite

Assistência editorial
Alessandra Fernandes e Ana Paula Castellani

Revisão
Kátia Miaciro e Sandra Regina de Souza

Editoração eletrônica
Antonio Kehl

Capa
Antonio Kehl
sobre *Suprematist Composition*, de Kasimir Malevich, c. 1920-2

Coordenação de produção
Juliana Brandt

Assistência de produção
Livia Viganó

CIP-BRASIL. CATALOGAÇÃO-NA-FONTE
SINDICATO NACIONAL DOS EDITORES DE LIVROS, RJ.

P349m

Paulani, Leda Maria, 1954-
  Modernidade e discurso econômico / Leda Maria Paulani ; prefácio de Francisco de Oliveira. - São Paulo : Boitempo, 2005
  214p.

  Originalmente apresentado como tese de livre-docência ao Departamento de Economia da FEA-USP, em maio de 2004
  Inclui bibliografia
  ISBN 85-7559-063-4

  1. Economia - Filosofia. 2. Economia - História. I. Título.

05-0603.   CDD 330.1
                                                    CDU 330.1

É vedada a reprodução de qualquer parte
deste livro sem a expressa autorização da editora.

1ª edição: março de 2005;
1ª edição revisada: março de 2011; 3ª reimpressão: outubro de 2024

BOITEMPO
Jinkings Editores Associados Ltda.
Rua Pereira Leite, 373
05442-000 São Paulo SP
Tel.: (11) 3875-7250 / 3875-7285
editor@boitempoeditorial.com.br
boitempoeditorial.com.br | blogdaboitempo.com.br
facebook.com/boitempo | twitter.com/editoraboitempo
youtube.com/tvboitempo | instagram.com/boitempo

*Para Paulo Eduardo Arantes e
Roberto Schwarz,
inspiradores desta escrevinhação*

*Para João Sayad,
amigo e interlocutor há mais de uma década*

*Para Airton, André e Artur,
o sentido de tudo*

Hoje, mais do que nunca, a crítica da sociedade existente não pode ser feita sem a crítica da Economia Política.
Luiz Gonzaga Belluzzo

Javé é um povoadico de nada, sem importância, perdido no oco do mundo. Uma terra sem valor e sem futuro, onde o povo inventa histórias de grandeza pra esquecer a vida rala.
Antônio Biá, o "intelectuário" de Javé
(personagem do filme Os narradores de Javé,
dirigido por Eliane Caffé)

APRESENTAÇÃO

Este livro é uma versão ligeiramente modificada da tese de livre-docência apresentada ao Departamento de Economia da FEA-USP em maio de 2004. Sua história, determinada, de um lado, pela limitação intelectual da autora – condição nada surpreendente considerando-se sua formação como economista, estreita por definição – e de outro pela lógica interna de seus objetos de estudo – oblíquos, escorregadios, dissimulados – está relatada na Introdução. Por essa razão, ainda que seus diferentes capítulos possam ser lidos isoladamente, sugiro, mesmo correndo o risco de por isso perder leitores, que se comece efetivamente por aí sua leitura.

Ana Bianchi, Antonio Maria da Silveira, Francisco de Oliveira, João Sayad e Mário Duayer, membros da banca examinadora do concurso, concederam-me a honra de discutir comigo as ideias aqui alinhavadas. O CNPq forneceu-me, ao longo de alguns anos, o decisivo apoio material. A todos agradeço.

Leda Paulani
São Paulo, dezembro de 2004

SUMÁRIO

Prefácio para uma *opera prima* 11

Aviso aos navegantes (à guisa de Introdução) 17

1. Modernidade, Hegel e o princípio da subjetividade 25

2. Princípio da subjetividade, Bentham e o utilitarismo.......................37

3. Utilitarismo, Mill e o homem econômico 45

4. Homem econômico, Hayek e o individualismo................................79

5. Individualismo, neoliberalismo e pós-modernismo 115

6. Pós-Modernismo, McCloskey e a retórica da economia 141

7. Retórica da economia, Marx
   e a crítica do discurso econômico..189

Bibliografia..207

PREFÁCIO PARA UMA *OPERA PRIMA*
Francisco de Oliveira

A literatura especializada brasileira se enobrece com este livro, que de agora em diante deverá ser obrigatório, particularmente no ensino de economia e mais amplamente no campo das ciências sociais. Leda se autoironiza – enorme e bela qualidade num intelectual – dizendo que se plagia a si mesma, pois retrabalha textos anteriores, de que os leitores encontrarão a remissão no final do livro, publicados em diversos lugares. Mas, postos em conjunto, o que sai é uma obra nova, de enorme atualidade, força e originalidade.

A autora vai fundo na investigação sobre os fundamentos filosófico-epistemológicos da economia política, ancorando-os nas grandes tradições da modernidade, pelos quais exatamente inicia sua pesquisa com a abertura sobre Hegel. A subjetividade, o utilitarismo, o *homo economicus*, o individualismo, o liberalismo, o neoliberalismo, o pós-modernismo, a crítica à economia política, são trazidos à luz; mostram-se suas interconexões, seus limites e grandezas. Inserindo-os no amplo arco das ciências humanas, ela desmistifica o objetivismo pedante e a arrogância de uma ciência econômica "descontaminada" (Jevons seguidor de Ricardo) dos valores, a temporalidade e a espacialidade dos conceitos e suas pretensões de validade universal a-histórica. A investigação trabalha os temas do discurso e da retórica, para indagar até onde eles se transmutam em ideologias que tentam fazer-se passar por ciência demonstrável a partir de formas de concepção do mundo não reveladas.

O desiderato de descontaminação é velho como a Sé de Braga, diria um português bem-humorado. Vem, na economia, de Ricardo, alimenta-se de Comte que influencia John Stuart Mill, radicaliza-se com a Escola Austríaca sobretudo pelas mãos de Jevons e reproduz-se infinitamente desde então. Não levaram e não continuam a levar em consideração a lição de Einstein, que ao dizer que "Deus não joga dados" estava, na verdade, revelando uma concepção de mundo que caucionava sua tentativa de entender o mundo físico.

Por que este livro é tão importante? Porque está de volta, com força renovada, uma concepção de mundo que se apresenta como verdade indiscutível e autodemonstrada – o neoliberalismo –, que esconde a um só tempo suas origens históricas e conceituais e suas ligações com paradigmas ancestrais da economia política. É um pobre reducionismo que naturaliza as relações humanas, diga-se sociais, expresso *sans ambages* na frase de Mrs. Thatcher de que não há sociedade, só indivíduos, o que nos remete a parentescos nada honrosos: os tigres são animais solitários – ao contrário de outras espécies gregárias como os leões –; logo, indivíduos (Mill), que somente se guiam pelos seus instintos (interesses utilitários, Bentham, *noblesse oblige*); quando em bandos não alteram suas percepções (Mill, de novo).

Leda leva adiante a investigação sobre a falsificação dos conceitos originais, pois se o liberalismo teve um papel histórico na construção da modernidade, des-encantando o mundo (Weber), ajudando a liberação dos homens das forças "naturais" e/ou divinas, hoje ele é uma falsificação da liberdade, pois se funda num pressuposto da subjetividade (Hegel) que já não existe no mundo do capitalismo globalizado dos oligopólios.

Mas não se espere deste livro uma torrente de catilinárias, que se esconderia em pobreza teórica, que se ancoraria em desaforos verbais na ausência de profundidade conceitual, que se transmuta, no discurso político, quase sempre em denuncismo. Nossa autora trata a sério os pensadores que examina, respeitando-lhes as escolhas filosófico-epistemológicas desde que não sejam biombos para prestidigitações de validade universal atemporal. O capítulo sobre Hayek, por exemplo, à qual Paulani dedica o espaço mais largo de seu trabalho, é precioso: fácil seria apenas anatematizá-lo como o ideólogo do neoliberalismo – que ele é – sem examinar-lhe as fundamentações, que não são óbvias nem banais. Ao contrário, Paulani examina Hayek e sua doutrina tão seriamente que uma leitura mais corrida e superficial poderia induzir a pensar que se estaria diante da melhor justificação de Hayek. O estudo que Leda faz ajuda a explicar por que o keynesianismo era o inimigo mortal para o teórico austríaco: a formação de fundos públicos que regulavam o sistema econômico era uma tremenda contradição de classe que negava a predominância do econômico e do indivíduo, embora nunca tenha sido esse o pressuposto do próprio lorde inglês. Há aí, desvendado por Leda, um certo "paradoxo de Hayek", pois seu radical individualismo dá uma espécie de volta no parafuso que termina por encontrar-se com o totalitarismo.

A ciência, e também a economia política como ciência, tem sempre como objetivo ir além das aparências. Mesmo quando estas parecem indicar um crítico feroz das teorias largamente consensuais na atualidade, como McCloskey, Leda consegue desvendar o véu sob o qual se esconde o conformismo epistemológico desse autor, sem desqualificá-lo de antemão, mas utilizando o mesmo método pelo qual se dedicou a desmistificar as "verdades universais" dos discursos do "pensamento único". Ao afirmar a indistinção entre ciência e discurso, ou transformar a ciência num mero discurso – proposição já acolhida por certas correntes da antropologia – McCloskey desresponsabiliza os cientistas e aparenta-se com um Schmitt, que considerava o parlamento uma "conversa sem fim". Vê-se como o pós-modernismo nega a razão, sem fazer-lhe a crítica que os frankfurtianos fizeram.

Embora se trate de um trabalho no árido terreno da metodologia da economia política, o texto, sem concessões banalizadoras, atrai até mesmo o leitor não especializado, pela qualidade excepcional de mostrar quão cotidianos são os duros conceitos, quão presentes na nossa vida, o que lhe confere especial luminosidade. De novo com McCloskey, a ciência econômica convencional, tratada apenas como retórica, interfere concretamente no cotidiano, orienta o pensamento dos *policemakers*, governa enfim; em outras palavras, ela não é uma querela sem importância. Leda usa, sempre que possível, o sarcasmo aprendido com Marx – às vezes seus próprios escritos. É um texto a serviço de uma discussão habermasiana, pelo esclarecimento dos conceitos, de seus terrenos históricos, de seus pressupostos, do convencimento pela persuasão; um texto democrático, em suma.

O quase – e breve – capítulo brasileiro, apêndice do capítulo 6, serve para nos situar. O leitor atento perceberá de imediato sua capacidade de decifrar os discursos do "não há alternativa", presentes em nossa discussão política desde o Collor de "vencer ou vencer" – na verdade uma palavra de ordem fascista –, a "escolha" pelo universal, isto é, a globalização, de Fernando Henrique Cardoso, chegando ao conformismo antiteórico de Lula, que esconde tanto a ignorância dos significados dos discursos hegemônicos quanto a pobreza teórica de seus formuladores. Que esconde, finalmente, a preferência pela liquidez financeira, que não é, certamente, uma inspiração keynesiana, mas uma transpiração de classe... dos banqueiros. Talvez devêssemos pedir a Leda que alongasse seu quase capítulo brasileiro para entendermos esse quiproquó em que se meteram as classes e os grupos dominantes brasileiros, que, diga-se a verdade, sempre foram, no passado, irreverentes em relação aos dogmas liberais. E que sucumbiram aos neoliberais. Mas ela está fazendo isso quase cotidianamente nos seus artigos de variada fatura.

A autora chega, enfim, a Marx – que, mesmo envolto na linguagem e nos moldes científicos do século XIX, é o primeiro pensador da economia política a investigar as manhas da linguagem do discurso econômico que esconde interesses de classe que se convertem em valores universais, na clássica e conhecida operação da *Ideologia alemã*.

Este não é o livro de uma tese que nega o caráter científico da economia política, cedendo o passo às tentações do irracionalismo fetichizado do nosso tempo. Como ocorre frequentemente quando se alega, como defesa, que a economia não é uma ciência. Ao contrário, Leda afirma, pela investigação dos seus fundamentos, as possibilidades da economia e das ciências sociais enquanto ciências.

Mesmo os jevonsistas extremados, que tudo transformam em modelos, não estariam equivocados quanto às possibilidades da modelagem das variáveis que regem a ação dos agentes econômicos em certos períodos da História. Equivocam-se quando os extrapolam para além de seus tempos próprios, sob a forma de variáveis invariantes que, por isso, deixam de ser variáveis. Pressupostos que já se esgotaram, tais como a liberdade de escolha do consumidor, o equilíbrio geral, o tempo isomorfo, a concorrência perfeita, a racionalidade econômica *strictu sensu*, procedimentos metodológicos de reducionismo, presentes, ademais, em qualquer campo científico, que tiveram validade enquanto tal – porque historicamente nunca existiram – são projetados para tempos e espaços que nem simplesmente como método podem ser tomados como pressupostos.

Desse ponto de vista, sob delimitações histórico-espaciais bem marcadas, não apenas as ciências humanas em geral são ciências, como são das mais complexas, pois nelas os "agentes" não são passivos, e sim constitutivos das próprias variáveis com que lidam as ciências sociais e a economia. Como diria Marx, os conceitos são reais no sentido de que não são nem espelhos nem representações da sociedade: há uma unidade entre o conceito e o agente histórico. Isso não acontece com os outros campos científicos.

Na investigação sobre o paradoxo de John Stuart Mill está todo o problema do estatuto da ciência, e particularmente das ciências sociais e da economia. E o paradoxo persiste: o individualismo metodológico contemporâneo é sua expressão mais acabada, ou seja, é o método dedutivo direto que, finalmente, ganha a luta paradigmática (Kuhn). Que outra coisa é a aplicação indistinta, sobre sociedades tão diferentes, dos mesmos preceitos senão algo que tem a ver com "leis da mente"? Os procedimentos mais sofisticados da teoria econômica do *main stream* revelam-se, no fundo, de um primitivismo e um apriorismo atrozes.

Jeffrey Sachs, um exemplo citado por Leda, recomendando a mesma política de estabilização para a Rússia – que havia disputado com os EUA durante a guerra fria a supremacia tecnológica nos campos nucleares e espacial, saída de um "socialismo de caserna" (Kurz) – e para a Bolívia – pobre entre os pobres da periferia latino-americana, produtor de um só produto no passado (estanho) e hoje produtor de gás e cocaína. Talvez, ironicamente, Sachs tenha razão apoiado em Mill: na Bolívia, uma única causa produzindo um único efeito, o estanho e a periferização, e também os Patiños, uma das oligarquias mais terríveis que o mundo conheceu.

Mas o leitor não se detenha nessa minha última diatribe: vá direto ao livro de Leda e ganhe para sempre um poderoso auxiliar na decifração dos enigmas do discurso econômico, que são também enigmas do capitalismo contemporâneo. Pois, assim como alguém que toma uma vacina (aquela contra a varíola, por exemplo) e fica prevenido para sempre, a ciência econômica predominante – que é uma mistura heterogênea de neoclacissismo e marginalismo, coroada por uma teoria monetária que não é teoria, pois é permanentemente *ad hoc* – tomou essa vacina faz tempo: no século XX, o sombrio, com duas guerras mundiais, fascismo, gigantismo empresarial, guerra fria, a experiência do socialismo, a contemporânea e indisputável supremacia imperial norte-americana, e continuou impassível – e segue assim – sem se perturbar, sem mudar nenhum de seus pressupostos tão brilhantemente esquadrinhados neste livro. Mas há produtividade nessa "ciência"; ela não é anódina. Ao não dar conta dos processos reais, ela na verdade os esconde, para gáudio dos que controlam o capital globalizado.

Dizem as más línguas que, em sessão secreta, a Academia sueca convocou, por procedimentos mágicos muito próximos dos da ciência econômica convencional, os fantasmas de Smith, Ricardo e Stuart Mill e lhes conferiu o Prêmio Nobel de Ficção. Pois não há nada comparável em qualquer terreno a essa ficção que dirige nossos destinos.

Prestem atenção os leitores ao *grand finale* dessa autora beethoveniana, a trombeta de Marx tocando a *Ode à alegria*: depende da crítica transformada em força política "as diminuídas chances de sucesso que a Modernidade ainda tem para entregar à humanidade os presentes que lhe prometeu". Leda toca com todo o vigor essa trombeta.

AVISO AOS NAVEGANTES
(à guisa de Introdução)

O trabalho que os leitores têm em mãos é um plágio. Plágio, segundo o *Dicionário Houaiss da língua portuguesa*, é o ato ou efeito de plagiar, ou seja, apresentar, como da própria autoria, obra artística, científica etc. que pertence a outrem. Na contingência de ter de seguir os trâmites da vida acadêmica e "fazer carreira"[1], usei e abusei de um subterfúgio

---

[1] As aspas justificam-se porque o termo remete à questão do papel do intelectual no mundo moderno e aos paradoxos em que se enreda. Apesar de referir-se aí, especificamente, ao caminho particular da autora nas lides acadêmicas, "fazer carreira" foi usado propositalmente para dar ensejo a uma discussão que será feita subsidiariamente àquela que constará como a temática central deste trabalho (desvelar as contradições do discurso econômico convencional discutindo seu nível metateórico, e investigar os determinantes histórico-locais de sua origem). Devo a Paulo Arantes ter sido despertada para a complexidade do tema, bem como para suas relações com o marxismo e a dialética. Em vários de seus trabalhos, senão na maioria deles, é o intelectual e sua participação no andamento da vida social que estão no centro da arena. Num de seus textos (1996b), cujo nome é justamente "O paradoxo do intelectual", Arantes lembra que se deve a Kojève a proeza de ter desentranhado esse personagem "da prosa penosa e austera da *Fenomenologia do espírito* de Hegel", fazendo dele um retrato francamente desfavorável. Sublinhando as consequências do retardo da formação alemã para a forma de perceber "o trabalho de pensar e raciocinar", Arantes lembra Schiller, para quem o interesse do douto que faz de sua teoria um ganha-pão está exclusivamente no cumprimento de certos ditames, entre os quais o de ocupar um posto. Assim, tudo que o afaste desse trajeto, que se objetiva na rotina profissional do ofício acadêmico,

burocrático que possibilita ao candidato, como alternativa ao depósito de uma tese, "sistematizar sua produção pós-doutoramento". Noutras palavras, plagiei a mim mesma. Tomei meia dúzia de ensaios, que redigi entre 1992 e 1998, a maior parte deles em função de uma pesquisa aprovada pelo CNPq sob o título *Modernidade e discurso econômico* (a maioria já publicados), remontei-os e em parte os reescrevi[2].

Mas o mesmo dicionário consigna ainda um outro sentido para o mesmo verbete: "plágio", do grego "oblíquo", também é aquilo que não está em linha reta, o que é *transversal*, o que *está de lado*. Talvez não exista definição mais apropriada para o tipo de trabalho aqui intentado, em especial se levarmos em conta o espírito dos dias que correm. Os trabalhos na área de metodologia, particularmente se o objeto da teoria

---

como, por exemplo, "o interesse mais ventilado e variado pela vida do espírito", aparece-lhe como "tempo roubado ao exercício do *métier*". Ainda para Schiller, segundo Arantes, o intelectual estipendiado não procura recompensa no convívio com as ideias, "mas no reconhecimento da opinião pública e jornalística, nos cargos honoríficos e no avanço da carreira" (1996b, p. 23). Se é verdade que tal visão muito pouco lisonjeira do intelectual estava presa, como mostra Arantes na trilha de Lukács, à precariedade do desenvolvimento burguês na Alemanha de então e sua pouca familiaridade com a moderna divisão social do trabalho, donde a impossibilidade de conceber a atividade intelectual como mais uma das peças do caleidoscópio, não é menos verdade que o figurino que desenha Schiller cai à perfeição em boa parte dos especialistas que compõem hoje os quadros universitários. Mas essa adequação entre figurino e personagem não lastreia apenas na vontade subjetiva, senão que tem um lado objetivo do qual não há como escapar: em países como o nosso, particularmente para quem não nasceu em berço de ouro, por mais que encontremos recompensa no convívio com as ideias e, mais importante que isso, na militância intelectual em favor de um mundo menos bárbaro e fetichizado, são em boa parte as necessidades materiais que nos empurram carreira acima, por modestos que sejam os incrementos nos proventos a cada degrau galgado. Daí a necessidade inescapável de "fazer carreira". Fosse de outra forma, contudo, nos empurrasse carreira acima tão somente a busca de celebridade ou a "sede de nomeada" (a expressão, machadiana, é utilizada por Arantes, 1996b, p. 23, em sua transcrição de Schiller), tanto mais reafirmada estaria a "legitimidade" de um plágio. Certamente não há "produção" que mais combine com esse personagem.

[2] O expediente, porém, não é original. Eagleton fez o mesmo para a elaboração de seu livro *The Illusions of Postmodernism*, que a Blackwell Publishers editou em 1996 (versão brasileira publicada em 1998 pela Jorge Zahar). No prefácio, ele diz: "O aspecto mais pós-modernista deste livro consiste no seu descarado plágio de si mesmo. Embora a maior parte do texto seja original, vali-me de alguns escritos anteriores de minha autoria, que foram publicados nas revistas (...)" (1998, p. 9). Assim, se o presente trabalho não tiver mérito algum, terá tido ao menos a presença de espírito (involuntária, é bem verdade) de estar em linha com a filosofia de seu tempo.

é a economia, são sempre potencialmente críticos[3]. Refletir e questionar sobre fundamentos, escarafunchar os segredos ocultos da teoria, que a metateoria pode revelar, produz sempre uma sorte de desmistificação que, por assim dizer, não está em linha reta com a construção da ciência[4]. Trata-se, aqui, portanto, de trabalho transversal, no sentido literal do termo, ou seja, que atravessa a superfície do discurso econômico, para arrancar de suas entranhas as contradições que a história da ciência e seu andamento lógico-formal foram se incumbindo de dissimular e ocultar. Obliquamente cuida-se também de deslindar as relações entre algumas das principais ideias econômicas e seus contextos de origem, visando revelar sua conotação ideológica. Considerado o espírito de nossa época, esse mundo dominado pelos "homens de convicção"[5], não é de espantar que trabalhos como o que aqui se apresenta sejam cada vez menos atraentes para os bons quadros da academia, e sejam persistentemente colocados de lado.

Trata-se aqui, pois, de plágio, em todos os sentidos. Mas retornemos ao reescrito. Evidentemente foi ele precedido de uma releitura, prece-

---

[3] Evidentemente, para que esse potencial reflexivo se realize, é preciso que a assim chamada "área de metodologia" vá além das meras querelas *stricto sensu* metodológicas, que, na maior parte dos casos, são completamente inócuas relativamente ao andamento corrente do ofício acadêmico. Posso estar redondamente enganada, mas a impressão que tenho, ao folhear hoje em dia os principais *journals* dedicados à discussão epistemológica envolvendo a ciência econômica, é de que, infelizmente, mesmo nesta seara, assim como na área também potencialmente crítica da história do pensamento econômico, a "cultura de especialistas", com seu jargão e suas exigências formais, está tomando todo o espaço e salgando o terreno naturalmente fértil para a reflexão em que elas se constituem.

[4] Não é outra a razão pela qual, a despeito de sua vacuidade, tiveram tanto impacto as colocações de D. McCloskey sobre a retórica na economia, que vieram a público em 1983. Voltaremos ao tema.

[5] Na sua percepção contraditória do papel do intelectual, Hegel, ao mesmo tempo que critica a indeterminação do "pensamento sem amarras", porque ela acaba sendo preenchida pelo formalismo da "raciocinação", que tudo pode justificar, aprecia, de outro lado, a natureza sofística de sua atuação, sua capacidade de perceber o caráter limitado de todas as verdades. É assim que distingue o homem culto do homem inculto. Como estou mais uma vez seguindo a trilha de Arantes (1996b) na sua discussão sobre o paradoxo do intelectual e o que a dialética tem que ver com isso, reproduzo: "O homem inculto guia-se por razões extrínsecas e desconhece as determinações, ao passo que o sofista sabe que não há nada de firme e sólido nesse terreno; uma tal consciência, acrescenta Hegel, cujo argumento estamos condensando, é privilégio da sua cultura superior e nela reside 'o poder do pensamento que trata tudo dialeticamente'. Além do mais, o homem inculto é *pedante*, na acepção que Hegel dá à palavra, mais ou menos a seguinte: o indivíduo cuja ação é comandada

dida, por sua vez, de uma espécie de descoberta do que eu tentava fazer nessas peças, sem ter muita clareza do que fazia. Influenciada ainda por uma leitura de Marx e da Dialética quase cem por cento inspirada nos trabalhos de Fausto (1983, 1987), a redação daqueles ensaios, particularmente os que se referem a Hayek e Mill, buscava principalmente detectar as contradições em que se embaraça o discurso econômico convencional, por não admitir as contradições que estão postas no real. Partindo do princípio de que a Dialética, na acepção em que modernamente a colocou Hegel, é uma lógica que é uma ontologia, procurava "deixar falar" os objetos, especificamente o indivíduo e sua construção como *homo economicus*, para revelar, seja no discurso positivo de Mill, seja no negativo de Hayek, as ditas aporias. A intenção militante obviamente era mostrar a superioridade da visão marxista, que não se deixa enredar pelas mesmas teias.

Mas havia outro objetivo, não tão claro, que despontava já no título que conferi à pesquisa como um todo. A vinculação entre "Modernidade" e "Discurso econômico" aludia a uma relação que se buscaria explicitar, entre, por um lado, o surgimento de um determinado tipo de compreensão sobre a sociedade e, por outro, o momento histórico em que esse discurso passa a ser produzido. Como esse discurso não é qualquer discurso, mas atende inicialmente pelo nome de Economia Política, ganhando muito cedo o estatuto de "ciência", investigar mais de perto esses liames parecia-me uma operação fundamental para mais claramente demonstrar suas contradições.

Todavia, o que acabou me levando definitivamente para perto do conceito de Modernidade, de sua história e de sua evolução, foi a sensação paradoxal despertada pela leitura dos textos de McCloskey (1983, 1985) sobre a retórica na economia. Era inegável sua força contra o *mainstream*, e a acolhida quase unanimemente favorável por parte dos economistas heterodoxos apenas confirmava a correção dessa percepção. O fato de McCloskey provir da Escola de Chicago e ser economista que sempre

---

por máximas, para o qual elas 'valem como essências em si e para si e para quem uma multidão de regras de vida, de proposições empíricas, de princípios etc. têm o valor de verdades absolutamente firmes'. Enfim, um doutrinário, um homem de convicções, em tudo o oposto do sofista, que é um homem de espírito" (1996b, p. 43). Não é preciso pensar muito para perceber como o horizonte intelectual foi ficando mais e mais dominado, a partir do último quartel do século XX, pelos *pedantes* "homens de convicção", entre os quais conta, como se sabe, parcela significativa dos economistas. (Que os economistas ortodoxos são pedantes no sentido usual, sabemos todos, ressalvadas as exceções de praxe. Mas, seguindo Hegel, não há como não constatar que são também incultos.)

cerrou fileiras com a ortodoxia do ponto de vista de seu ofício teórico tornava ainda mais contundente sua pregação na seara metateórica contra o "método modernista", suas denúncias do caráter metafórico de determinados conceitos e de como isso convém à autoridade da ciência, sua lamentação quanto à "pobreza do modernismo econômico" etc. Contudo, alguma coisa parecia girar em falso ali. Vai daí que resolvi ir às fontes, com a intenção de descobrir de que platô filosófico-epistêmico pronunciava McCloskey aquela interminável coleção de *boutades* que tanto sucesso fazia entre os críticos do *mainstream*. Já que quase tudo naqueles trabalhos levava ao desconstrucionismo francês, fui investigar inicialmente, com o auxílio de Habermas, as origens do conceito de Modernidade, necessidade imperiosa para bem compreender a natureza do que veio a ser chamado "pós-modernismo", guarda-chuva que abriga, entre outros "ismos", também esse capítulo da ideologia francesa[6]. Percebi então a importância desse conceito – seja na acepção inicialmente empregada por Hegel, seja em seus desdobramentos posteriores, com Weber, por exemplo – não só como ferramenta indispensável para o correto diagnóstico da peroração mccloskeiana em defesa da retórica, mas para a própria compreensão da natureza do discurso da Economia como ciência, que começa "política" e termina "pura".

Minha investigação sobre a filiação epistemológica de McCloskey desembocou num resultado interessante. Olhando as coisas mais de perto, sua posição não se encaixava bem em lugar nenhum: nem no pós-modernismo, qualquer que fosse sua versão, nem no anarquismo metodológico de Feyerabend, nem na *Sprachethik* de Habermas, menos ainda na Teoria Crítica inaugurada por Marx[7]. Isto posto, o título do artigo veio-me quase naturalmente: "Ideias sem lugar: sobre a retórica da economia de McCloskey". É claro que eu ecoava aí meio irresponsavelmente o título do artigo mais que famoso de Roberto Schwarz, "Ideias fora do lugar", no qual, com a maestria que lhe caracteriza, ele demonstra o peculiar resultado que teve para a vida ideológica brasileira de meados do XIX a chegada do ideário liberal gerado nos centros avançados do capitalismo[8]. Não é preciso muito tino para perceber que

---

[6] Encontra-se em Arantes (1990) a discussão do sentido do termo, bem como de sua relação com o desconstrucionismo de Derrida e a filosofia foucaultiana, entre outros.

[7] A razão para tal orfandade era a fartura de sentidos que ele conferia à palavra *retórica*. Mais sobre isso à frente (capítulo 6).

[8] O que Schwarz mostra, como se sabe, é que a "ciência da economia política" e o ideário liberal importados e aclimatados ao Brasil escravista produziram uma reviravolta

a apropriação foi indevida, pois os "lugares" de ambos os títulos são de natureza radicalmente distinta. No original, significa o "local" (onde as ideias são geradas), o que remete inevitavelmente para a história do capitalismo e seu andamento desigual e combinado; na paródia, tem de ver com algum *locus* no plano puro das ideias. No original, filia-se à tradição de Marx e Lukács, que estudam os liames entre vida ideológica e realidade material; na cópia imprópria, restringindo-se ao plano das ideias em si, remete a uma sorte de "epistemologismo de esquerda", se é que o termo faz algum sentido, que buscou mostrar a importância da Teoria Crítica inaugurada por Marx e sua superioridade diante de uma espécie de falação radical (a pregação a favor da retórica) que não dizia a que vinha.

Essa inadequabilidade, porém, só se revelou mais tarde à autora. José Márcio Rego (1996a), sinceramente simpático à pregação em favor da retórica, criticara-me por não ter contraposto as ideias de McCloskey ao neopragmatismo americano de Rorty, concluindo derivar daí o resultado inglório de minha busca por um "lugar" onde ancorar suas ideias. Concedendo-lhe em parte razão, pois de fato não "testara" essa hipótese, e vendo-me obrigada a responder suas críticas, não só fui estudar

---

digna de nota, fazendo com que se prestassem a justificar uma realidade em tudo incompatível com aquela em que esses discursos haviam sido produzidos e em que eram necessários ideologicamente, visto legitimarem a aparência da nova ordem social que se impunha a passos largos. E o que tornava aí incompatível realidade e ideário não era apenas o trabalho escravo, de imediato incongruente com a economia política e sua categoria de trabalho livre, mas a mediação representada pelo "favor", na qual se enredava toda a multidão dos homens livres de então, vale dizer, nem proprietários, nem escravos. Vale a pena reproduzir: "Adotadas as ideias e razões europeias, elas podiam servir e muitas vezes serviram de justificação, nominalmente 'objetiva', para o momento de arbítrio que é da natureza do favor (...) Assim, com método, atribui-se independência à dependência, utilidade ao capricho, universalidade às exceções, mérito ao parentesco, igualdade ao privilégio. Combinando-se à prática de que, em princípio, seria a crítica, o Liberalismo fazia com que o pensamento perdesse o pé" (1981, p. 17-8). Mais ainda, Schwarz quis chamar a atenção para a "vantagem" do atraso brasileiro no que concerne à capacidade para perceber o ideológico desses ideários: "Inscritas num sistema que não descrevem, nem mesmo em aparência, as ideias da burguesia viam infirmada já de início, pela evidência diária, a sua pretensão de abarcar a natureza humana. Se eram aceitas, eram-no por razões que elas próprias não podiam aceitar. Em lugar de horizonte, apareciam sobre um fundo mais vasto, que as relativiza: as idas e vindas de arbítrio e favor. Abalava-se na base sua intenção universal. Assim, o que, na Europa, seria verdadeira façanha da crítica, entre nós podia ser a singela descrença de qualquer pachola para quem utilitarismo, egoísmo, formalismo e o que for são uma roupa entre outras, muito da época, mas desnecessariamente apertada" (1981, p. 22-3).

Rorty como adentrei a leitura de textos que se alinham com a melhor tradição daquilo que se poderia chamar "crítica materialista". Refiro-me principalmente à coletânea de artigos assinada por Paulo Arantes e que atende pelo título de *Ressentimento da dialética: dialética e experiência intelectual em Hegel (Antigos estudos sobre o ABC da miséria alemã)* (1996a). Na apresentação que faz do livro, o filósofo Bento Prado Júnior afirma que Arantes prolonga aí, "em todas as direções", o trabalho crítico de Marx, tal como desenhado nas páginas da *Ideologia alemã*. É nesse texto muito conhecido, como se sabe, que Marx explicita as razões de seu rompimento com o hegelianismo de esquerda, indicando as razões materiais (o atraso do capitalismo alemão) que faziam com que seus pares tivessem uma leitura crítica, mas inócua, porque radicalmente abstrata, do ideário liberal-burguês. Ele busca ali desmascarar os "heroicos filósofos alemães" que, imaginando-se perigosamente revolucionários, lutavam, contudo, com as "sombras da realidade", o que convinha, segundo seu diagnóstico, "ao sonhador e sonolento povo alemão". Cabe reproduzir o trecho famoso:

> O primeiro tomo da presente obra tem por finalidade desmascarar esses carneiros que se julgam lobos e que assim são considerados; propõe-se a mostrar como nada mais fazem do que balir filosoficamente as representações dos burgueses alemães e que as fanfarronices desses intérpretes filosóficos apenas refletem a derrisória pobreza da realidade alemã. Tem por finalidade colocar em evidência e desacreditar essa luta filosófica com as sombras da realidade (...) (1979, p. 17)

E foi graças a esse périplo e ao amparo que encontrei nos trabalhos de Arantes que deparei com uma obviedade que a mim ainda não se havia apresentado por inteiro e/ou com a clareza necessária (graças à simploriedade filosófica com que até então eu vinha absorvendo, de um lado, a leitura dialética de Marx e, de outro, as discussões epistemológicas envolvendo a ciência econômica): que a história das ideias não se determina por si mesma; a produção das ideias determina-se inescapavelmente pelo lugar histórico de sua germinação, pelas circunstâncias temporais e pelas contingências locais da vida material onde são geradas, donde sua inevitável transformação ideológica quando deslocadas de seu lugar de origem.

Percebi então que, de modo muito difuso e pouco claro, era no fundo esse tipo de análise que eu buscava fazer quando discutia a retórica de McCloskey, e derivava daí meu desconforto para com ela. De outro lado, a análise do individualismo de Mill e Hayek, se acertava na demonstração das contradições produzidas por seus discursos (que era meu primeiro objetivo), avançava muito pouco no diagnóstico da realidade contraditória que os gerava, de suas necessidades ideológicas e dos vínculos entre uns e outros.

A esta altura, o leitor já deve ter adivinhado que a reescritura que aqui se apresenta procura justamente ir mais fundo neste segundo objetivo, pouco trabalhado quando da primeira versão dos ensaios originais. Se a intenção militante era antes, pela via da investigação de seus fundamentos, demonstrar a superioridade da visão (e consequentemente da teoria) marxista diante daquilo que o próprio Marx chamaria "economia vulgar", trata-se agora de fazer o mesmo com a postura metateórica de Marx. Em outras palavras, com sua crítica materialista. De modo que, além de plágio, temos aqui um trabalho absolutamente ortodoxo no aspecto metodológico, visto que parte do princípio, para mim indisputável, de que, se se pode compreender as teorias, bem como suas máximas e princípios, não se pode compreender a vida teórica, nem as peripécias das ideias, tampouco o trabalho intelectual em seus diferentes matizes, se fecharmos os olhos para os determinantes históricos e locais dessas produções[9].

A empreitada obrigou-me, além de refundir em parte os ensaios originais, também a recortar alguns deles, de modo a dar maior coerência ao todo. Tenho a sensação de que ainda assim perco de dez a zero para a análise centrada no sedutor mundo das "ideias em si", mas isso não cabe a mim julgar.

---

[9] O potencial explicativo dos empreendimentos desse tipo, desde que bem-sucedidos, é incomensurável. Se Marx mostra de que modo o atraso alemão acabou por "produzir" o neo-hegelianismo de esquerda – de Feurbach, dos irmãos Bauer e de Stirner – e Schwarz, fazendo a operação inversa, mostra a interversão e ao mesmo tempo a fragilidade do ideário liberal em sua transposição para o atrasado Brasil escravista, Arantes (1996a) vai atinar nada mais, nada menos com a origem da própria Dialética, em sua versão moderna (veja o capítulo 1, a seguir). Nas palavras de Bento Prado Jr. é mais ou menos o seguinte o que faz Arantes: "A perspectiva que se instala agora é a da interpretação da Dialética a partir de seus efeitos mais tardios, lá onde ela de algum modo se subverte e quase se extingue, onde ela se transforma em crítica da ideologia – mas também onde, paradoxalmente, desvenda o mistério de sua origem. Numa palavra, Paulo Arantes, recomeçando tudo a partir da leitura de *A ideologia alemã*, transforma esse livro em instrumento seu, prolongando o trabalho crítico de Marx *em todas as direções*" (1996a, p. 10).

1

MODERNIDADE, HEGEL E O PRINCÍPIO DA SUBJETIVIDADE

O conceito de Modernidade, tal como aqui se apresenta, acompanha as ideias de Habermas (1990). O pensador alemão, percorrendo um caminho que vai de Kant a Weber, passando por Hegel, estabelece uma espécie de diagnóstico da Modernidade e de seus desafios que aqui reproduzo sucintamente[1].

Segundo Habermas (1990), a consciência histórica que se exprime no conceito de "tempos modernos" confere um horizonte à História como um todo. Mas é só no século XVIII que essa consciência vem à tona e reconhece o limiar fixado em torno de 1500 como o seu começo. Substancialmente esse espírito moderno caracteriza o presente (a atualidade) como uma transição que se consome sempre na expectativa do que é novo, do que está por vir. É precisamente nesse compulsivo e contínuo processo de renovação que se encontra a cisão dos "novos tempos" com o tempo passado. Configura-se, assim, o primeiro e

---

[1] Habermas, como bom alemão, não consegue escapar a uma certa tendência hermética, característica desse tipo de pensamento. Cometo, por isso, e em nome da divulgação de suas ideias – muitas delas particularmente interessantes para a compreensão da reflexão que se faz hoje sobre a ciência econômica –, uma espécie de profanação de seu discurso, visto que o trajeto de Habermas não é tão linear quanto o aqui apresentado.

grande desafio – filosófico, mas não apenas, da Modernidade: a mesma consciência histórica que "dá sentido" (para usar um termo forte) à História como um todo tem, ao mesmo tempo e contraditoriamente, de se fundamentar em si própria. Nas palavras de Habermas: "a Modernidade não pode e não quer ir colher em outras épocas os critérios para sua orientação, ela tem de criar em si própria as normas por que se rege" (1990, p. 18). Para compreender claramente qual é esse desafio é preciso voltar a Kant.

Kant teria expresso os traços essenciais da época moderna ao substituir o conceito substancial de razão da tradição metafísica (cartesiana) por uma razão cindida em seus momentos. Ao separar a faculdade da razão prática (que remete à esfera da moral) e a faculdade de julgar (que remete à esfera da arte), do conhecimento teórico (esfera da ciência), e ao assentar cada uma dessas faculdades racionais em seus fundamentos próprios, Kant teria concedido à razão uma unidade apenas formal. Mas, apesar disso, ele "faz da razão o supremo tribunal perante o qual tem de apresentar uma justificação tudo aquilo que de uma forma geral reclama qualquer validade" (Habermas, 1990, p. 29).

Hegel, ainda segundo Habermas, toma as proposições de Kant para mostrar que, apesar de sua filosofia poder ser considerada como a expressão mais acabada da autointerpretação do espírito moderno, ela não teria se dado conta do desafio imposto por esse novo espírito e, nesse sentido, não teria apreendido a Modernidade enquanto tal. Hegel vai descobrir o princípio dos tempos modernos na *subjetividade* e na liberdade que lhe é inerente. Essa subjetividade concebida como marco dos "novos tempos" comporta quatro conotações: a) o individualismo, ou seja, a possibilidade que a "singularidade infinitamente particular" tem, no mundo moderno, de fazer valer suas pretensões; b) o direito de crítica, vale dizer, o princípio que exige que aquilo que deve ser reconhecido por todos se mostre a cada um como legítimo; c) a autonomia da ação, isto é, o desejo natural que os tempos modernos infundem de que cada um responda por seus atos; e finalmente d) a filosofia idealista, cuja tarefa é apreender "a ideia que se sabe a si mesma".

Os acontecimentos históricos decisivos para o estabelecimento desse princípio teriam sido a Reforma, o Iluminismo e a Revolução Francesa. A partir deles, o mundo divino transforma-se em "algo postulado por nós", o livre-arbítrio surge como fundamento do Estado, em detrimento do direito histórico, a eticidade funda-se na vontade do homem e não é mais um mandamento divino, os conceitos morais adaptam-se ao reconhecimento da liberdade subjetiva do homem, a Natureza perde sua magia porque a ciência objetivante liberta o sujeito cognoscente, e, por fim, a arte passa a ter como princípio a autorrealização expressiva dos indivíduos.

Contudo, quando a Modernidade se concebe enquanto tal, é preciso saber se o princípio que a fundamenta – a subjetividade – é suficiente como fonte de orientação normativa para fundar a ciência, a moral e a arte e, mais importante, para dar solidez a uma formação histórica que se reivindica como de ruptura total com o passado e, que, além de tudo, encontra seu traço distintivo numa espécie de inquietação renovadora marcada pela autoconsumação. De acordo com Habermas, o grande problema, para Hegel, é que tal princípio parece satisfatório para formar a liberdade subjetiva e assegurar a reflexão, minando com isso a religião, antiga depositária de todos os preceitos e regras, mas não parece forte o bastante para garantir, a partir da própria razão, o poder unificador antes assegurado pela unidade doutrinária emanada da Igreja[2]. Kant, apesar de ter sido o grande intérprete da Modernidade, não teria percebido o problema, porque não via como partições as diferenciações dentro da razão por ele mesmo apreendidas. Esse desafio filosófico aparece para Hegel também como um desafio prático: a fragmentação que o princípio da Modernidade impusera à razão teria atingido igualmente o próprio sistema das condições de vida, de modo que caberia à filosofia diligenciar no sentido de demonstrar a razão como um poder unificador capaz de reconstituir a "destruída harmonia da vida" (Habermas, 1990, p. 31)[3]. Hegel toma a si essa tarefa e procura dela se desincumbir a partir de

---

[2] "Exceto algumas tentativas anteriores, coube sobretudo aos nossos dias reivindicar como propriedade dos homens, ao menos em teoria, os tesouros generosamente entregues ao céu; mas qual época terá a força para fazer valer esse direito e dele se apossar?" (Hegel apud Habermas, 1990, p. 19).

[3] É bastante conhecida a passagem da *Fenomenologia* em que Hegel, criticando a filosofia alemã de então (particularmente Jacobi), que intenta remediar a miséria do Espírito com a simples *intuição* do absoluto (não, portanto, com sua apreensão, como pretende Hegel), indica o rebaixamento imposto pela chegada dos novos tempos. Vale, contudo, a transcrição, dada a capacidade que tem esse texto de expressar essa nova situação: "A esta exigência [do espírito] responde o esforço notável, e quase ardoroso e fanático [da filosofia alemã de então] para arrancar o homem de seu afundamento no sensível, no vulgar e no singular, para fazer com que sua visão se eleve até as estrelas, como se o homem, esquecendo-se totalmente do divino, tivesse se disposto a alimentar-se somente de lama e água, como os vermes. Outrora o homem tinha um céu dotado de uma riqueza exuberante de pensamentos e imagens. O sentido de todas as coisas radicava no fio de luz que o prendia ao céu; então, ao invés de permanecer *neste* presente, o olhar deslizava até um mais além, até a essência divina, até uma presença situada no ultraterreno, se assim se pode falar. Para dirigir-se ao terreno e manter-se nele, o Espírito tinha de ser coagido. Foi preciso passar muito tempo para que aquela claridade que só o

uma crítica às oposições filosóficas características dos sistemas modernos – natureza e espírito, entendimento e razão, eu e não-eu, finito e infinito – e de um conceito de absoluto que, segundo Habermas, ele toma como pressuposto[4].

Porque nos adianta o caminho, cabe agora mostrar que é esse mesmo dilema que está por trás das leituras críticas da Modernidade, que, começando por Nietzsche e passando pela escola de Frankfurt, desembocam, entre outras empreitadas, no desconstrucionismo francês. Antes, porém, convém investigar um pouco de onde fala Hegel e que vínculos interessantes há entre, de um lado, a necessidade percebida por Hegel de demonstrar a razão como o poder unificador dos tempos modernos e, de outro, sua crítica ao iluminismo (que teria elevado algo finito – o entendimento – ao estatuto de "absoluto").

É de Arantes (1996b) que me socorro mais uma vez, e é seu caminho que sumario. O primeiro ponto a destacar é que, na Alemanha retardatária, onde vivia Hegel, o horror diante dos "especialistas" estava na ordem do dia. Por trás dele, o sentimento "contrafeito e desencontrado" perante a cultura da divisão social do trabalho, doutrina que seguia singela e indisputada nos países onde o desenvolvimento capitalista tinha andado mais rápido. Deslocadas de seu solo social de origem, uma das reações que tais ideias ensejaram na Alemanha foi a de uma "crítica idealista", que acabou por inverter o problema,

---

supraterreno possuía acabasse por penetrar na obscuridade e no extravio em que se escondia seu sentido aqui, tornando interessante e valiosa a atenção ao presente enquanto tal, à qual se dá o nome de experiência. Atualmente, parece que faz falta o contrário; que o sentido se acha tão fortemente enraizado no terreno, que é preciso a mesma violência para elevá-lo de novo. O Espírito se revela tão pobre que, como o peregrino no deserto, parece suspirar tão só por uma gota d'água, pelo tênue sentimento do divino em geral, do qual necessita para confortar-se. Por isto, pelo pouco de que necessita para contentar-se, pode se medir a extensão do que perdeu" (Hegel, 1985, p. 10-1, grifos do autor).

[4] Como se sabe, a partir da distinção entre "sistema" e "mundo da vida", Habermas advoga como característica da Modernidade uma razão comunicacional, ou seja, de fundamento intersubjetivo. Seria preciso, então, simplesmente impedir que a razão instrumental (de fundamento subjetivo, que escolhe meios adequados aos fins), que predomina no primeiro departamento (no sistema poder e no sistema dinheiro), continuasse a "colonizar" o mundo da vida, não permitindo que desse seus frutos à intersubjetividade (o verdadeiro princípio da Modernidade). É nesses trilhos que corre a crítica de Habermas a Hegel. Para o primeiro, Hegel teria tentado superar a subjetividade (e as partições que ela cria) dentro dos limites da própria filosofia do sujeito. Assim, argumenta Habermas, ele só consegue seu intento porque, ao pressupor o conceito de absoluto, ele hipostasia o resultado, realizando o poder reconciliador da razão.

transformando-o de econômico-social em epistemológico[5]. Além disso, olhada a distância e para além dos inegáveis efeitos materiais que produz, a divisão capitalista do trabalho como que põe a nu também suas mazelas[6], invisíveis, pelo efeito da proximidade em demasia, para aqueles que vivem concretamente sob seus marcos. Segundo Arantes, numa espécie de simulação às avessas, o deslocamento das ideias de seu contexto de origem "ao dissimular revela, como se as ideias fora de foco ganhassem em nitidez, deixando transparecer sua fragilidade ideológica" (1996c, p. 365).

E com esses dois efeitos – a crítica idealista, que redunda numa crítica da ilustração e do entendimento[7], e a possibilidade, forjada pelo atraso local, de intuir, mais facilmente do que na matriz, o estado fragmentado do homem dos novos tempos – atravessamos o caminho do fenômeno intelectual e social da Dialética, tal como, segundo Arantes (1996b), ela se

---

[5] A consideração reportada por Arantes (1996b) é de Lukács, que esmiuçou o tema dos efeitos, no plano cultural e teórico, do desenvolvimento desigual e combinado do capitalismo.

[6] "(...) o sentimento de ser a dissolução de tudo o que se consolida, de estar desmembrado através de todos os momentos de seu ser e quebrado em todos os seus ossos" (Hegel, 1985, p. 318).

[7] A distância que separava a Alemanha de então do mundo do iluminismo enciclopedista e do trabalho intelectual especializado percebe-se pela censura dos pais de Marx à escolha do filho em dedicar suas energias não só à agitação socialista, mas também ao estudo da economia política, "ciência, na época, tão pouco admirada na Alemanha" (Lafargue, 2004, p. 150). O próprio Marx, no posfácio que escreve, em 1873, para a segunda edição de *O capital,* explicita o atraso alemão como a razão desse mal querer e mostra em que situação ficou a ciência da economia política na Alemanha quando a realidade finalmente parecia que lhe ia ser congruente: "Na Alemanha, a Economia Política continuou sendo, até agora, uma ciência estrangeira. Gustav von Güllich (...) já discutiu (...) as circunstâncias históricas que inibiam o desenvolvimento do modo de produção capitalista entre nós e, portanto, também a construção da moderna sociedade burguesa. Faltava, por conseguinte, o terreno vivo da Economia Política. Ela foi importada da Inglaterra e da França como mercadoria pronta e acabada; seus catedráticos alemães não passaram de estudantes. Em suas mãos, a expressão teórica de uma realidade estrangeira transformou-se numa coletânea de dogmas, por eles interpretada de acordo com o mundo pequeno-burguês que os circundava, sendo, portanto, distorcida (...). Desde 1848, a produção capitalista tem crescido rapidamente na Alemanha, e já ostenta hoje seus frutos enganadores. Mas, para nossos especialistas, o destino continuou adverso. Enquanto podiam tratar de Economia Política de modo descomprometido, faltavam as relações econômicas modernas à realidade alemã. Assim que essas relações vieram à luz, isso ocorreu sob circunstâncias que não mais permitiam o seu estudo descompromissado na perspectiva burguesa" (1983, v. I, t. I, p. 16).

mostra contemporaneamente[8]. Estamos falando da dialética do intelectual, que é interminável, negativa e que não tem autonomia, pois está sempre na dependência de um acaso qualquer que lhe ponha em movimento. Ocorre que é precisamente essa dialética de segunda categoria – esta é a tese de Arantes[9], cujo argumento continuamos a acompanhar – que enseja a "dialética superior da narração fenomenológica", que é conclusiva, resolve-se numa relação positiva (pautada pelo saber absoluto) e realiza a tarefa da filosofia idealista, ou seja, a apreensão da "ideia que se sabe a si mesma"[10].

Em outras palavras, as doutrinas e saberes sobre si mesmas que as classes vitoriosas construíam nos países que estavam inaugurando a nova ordem mundial (além da cultura da divisão capitalista do trabalho, também a peroração em torno dos direitos naturais – Liberdade, Igualdade, Propriedade), ao pousarem numa realidade a eles ainda não congruente, produziram o resultado inesperado de exumar a Dialética, seja para fazer a crítica do intelectual (também ele um personagem dos novos tempos) e seu discurso vazio, que oscila interminavelmente entre o pró e o contra, e cujos conceitos *passam* quase que naturalmente uns nos outros, seja

---

[8] Dialética tinha primitivamente o sentido de arte do diálogo e da discussão. Aristóteles vai distingui-la da Analítica, pois, para ele, enquanto esta tem por objetivo a demonstração (a dedução que parte de premissas verdadeiras), aquela visa aos raciocínios que se assentam sobre opiniões prováveis. Na Idade Média, Dialética designa a lógica formal (no sentido da discussão por argumentos) e vai opor-se à Retórica, o que embaralha a distinção efetuada por Aristóteles. O fato é que desde a época grega clássica, a palavra acabou tendo dois sentidos opostos, que acabaram sendo mantidos modernamente: um elogioso, associando-a à lógica, à força do raciocínio; outro pejorativo, indicando-se por Dialética toda sorte de sutilezas e distinções tão engenhosas quanto inúteis. Kant vai jogar do lado da afirmação do sentido pejorativo da Dialética, designando por dialéticos todos os raciocínios ilusórios (particularmente os que ignoram os limites da razão transcendental). É Hegel, pois, quem vai ressuscitar positivamente a Dialética no sentido indicado no texto, ou seja, enquanto uma Lógica que é Ontologia, capaz, portanto, de realizar o objetivo da filosofia idealista, qual seja, demonstrar a Razão como o poder unificador dos tempos modernos (as informações foram retiradas de Lalande, 1999, p. 254-5).

[9] A tese tem evidentemente inspiração kojèviana, mas apenas inspiração. Como afirma Bento Prado Jr. (1996), para quem escreveu *Hegel e a ordem do tempo* e surpreendeu toda uma geração formada na leitura existencialista de Hegel patrocinada por Kojève, Arantes não poderia, em seguida, abraçar incondicionalmente as proposições kojèvianas. Veja a esse respeito, também de Arantes, "Kojève, um Hegel errado, mas vivo" (1991).

[10] O que significa mais ou menos o seguinte: as oposições que a razão produz, ela também tem de superar; só assim a unificação das várias esferas por ela "dominadas" deixaria de ser formal como em Kant, permitindo que ela cumprisse o papel outrora desempenhado pela religião.

pela necessidade de demonstrar a razão como o poder unificador capaz de resgatar a perdida harmonia da vida.

Comecemos pela primeira das tarefas da Dialética na cena contemporânea e aproveitemos para apresentar a galeria completa dos personagens hegelianos. Como já se mencionou, a raiz da má vontade de Hegel para com os intelectuais está na realidade atrasada da Alemanha de então e sua desconfiança em relação à moderna divisão do trabalho, para quem a própria atividade de pensar e raciocinar é apenas mais um elo da cadeia. Ao mesmo tempo que reconhece no intelectual moderno o espírito aguçado e a enorme "aptidão para discernir relações mais finas, diferenças inaparentes e para aproximar as representações mais distantes", critica-lhe a "raciocinação"[11] sem peias, que tudo pode justificar, e a "linguagem cintilante de espírito", mas vazia de conteúdo. Em suma, para Hegel,

> esse espírito cuja existência imediata é o juízo e a discussão – pois vive num mundo onde todos se criticam e onde se critica tudo, como dizia Kojève – está em casa quando se trata de *julgar* o substancial, mas se mostra incapaz de *apreendê-lo*. (Arantes, 1996b, p. 34-5, grifos do autor)

Contrapondo-se ao intelectual, e seu pensamento oscilante e *raciocinador* – em que o positivo passa no negativo tão naturalmente quanto faz o trajeto oposto –, estaria o pensador especulativo, antenado na experiência da coisa mesma, que não substitui a seriedade dessa tarefa pela atração cintilante do estilo retórico, que é, em resumo, um homem dotado de *esprit de sérieux*, não apenas o "homem de espírito" (culto, mas vazio, leve e leviano) que o primeiro personagem encarna[12]. Segundo

---

[11] Segundo Arantes (1996b), o termo, não por acaso de origem francesa (*raisonneur*), utilizado por Hegel, tem conotação pejorativa e serve justamente para designar o raciocínio típico do intelectual, contrapondo-o ao do pensador do Conceito, que seria, este sim, verdadeiramente racional.

[12] "Há que se assinalar mais firmemente os dois aspectos em que o pensamento *raciocinador* se contrapõe ao pensamento conceitual. De um lado, aquele se comporta negativamente com relação ao conteúdo apreendido, sabe refutá-lo e reduzi-lo a nada. Mas ver que o conteúdo 'não é assim' é simplesmente o *negativo*; é o limite final, que não pode ir além de si mesmo em direção a um novo conteúdo, senão que, para poder encontrar um novo conteúdo, não tem outro remédio que não seja tomar, seja de onde for, algum *outro* (...) Pelo contrário (...), no pensamento conceitual, o negativo pertence ao conteúdo mesmo e é o *positivo*, tanto enquanto seu movimento imanente e sua determinação, como enquanto a *totalidade* de ambos (...) Se tivermos agora em conta que aquele pensamento tem um conteúdo, trate-se aí de representações, de pensamentos ou de uma mescla de ambos, encontraremos o outro aspecto que lhe entorpece a concepção (...) Com efeito, assim, como em seu

Hegel, para ascender de intelectual a pensador do conceito, o primeiro tem de renunciar a essa sua condição, vale dizer, renunciar à intervenção arbitrária (que é típica de sua liberdade de pensar sem amarras) "no ritmo imanente do conceito".

Mas faltam ainda dois personagens, para completar a pequena galeria que Hegel constrói, ambos não só aquém do filósofo especulativo, como aquém, também, do intelectual e sua raciocinação desenfreada. São eles, de um lado, o homem de convicção, doutrinário, inculto, para quem princípios e máximas de vida erigem-se em verdades absolutamente firmes[13]; de outro, o acadêmico acanhado, com as bitolas produzidas por seu saber especializado e apequenado, mais um produto típico da difusão do mercado e do aprofundamento da divisão social do trabalho que a acompanha. Apresentados todos os personagens (a saber, por ordem decrescente de apreço para Hegel: o filósofo especulativo, o intelectual, o especialista acanhado e o homem de convicção)[14] que

---

comportamento negativo, do qual acabamos de falar, o pensamento raciocinador é por si mesmo o si a que retorna o conteúdo, agora, em seu conhecimento positivo, o mesmo é, pelo contrário, um *sujeito* representado, com o qual o conteúdo se relaciona como acidente e predicado. Este sujeito constitui a base na qual se enlaça o conteúdo e sobre a qual o movimento discorre numa ou noutra direção. No pensamento conceitual ocorre de outro modo. Aqui o conceito é o próprio si mesmo do objeto, representado como *seu devir* e, neste sentido, não é um sujeito quieto, que suporte imóvel os acidentes, mas é o conceito que se move e que recobre em si mesmo suas determinações" (Hegel, 1985, p. 40-1, grifos do autor).

[13] Já passamos pelo assunto. Veja nota 5 da Introdução.

[14] Essa pequena galeria de Hegel, bem como a transfiguração materialista que a Dialética vai sofrer nas mãos de Marx, é que estão por trás da escolha da segunda epígrafe deste trabalho. Javé é um lugarejo dos fundões do Brasil, ameaçado de sumir nas águas graças à construção de uma barragem. Informados de que se o pequeno vilarejo tivesse alguma relevância que permitisse considerá-lo patrimônio histórico escaparia do dilúvio armado pelo progresso, seus habitantes designam Antônio Biá, um excomungado que de lá havia sido expulso, para escrever "a grande história de Javé". A escolha inusitada deveu-se ao fato de que o renegado homem "era das letras", coisa rara naquela terra de analfabetos. Mas havia de ser um relato verídico, "científico", comprovado, sem o que a trabalheira não teria nenhuma valia. A única matéria-prima para o produto, todavia, eram os relatos dos próprios habitantes, desencontrados, movidos a orgulho familiar pela descendência dos antigos e supostamente heroicos fundadores e, portanto, mutuamente incompatíveis. Acaba que Biá desiste da empreitada, mesmo sabendo que iria enfrentar a ira de seus conterrâneos. Pronuncia então, para justificar a renúncia, as duras palavras que compõem a epígrafe. O "intelectuário" de Javé não se portou como um intelectual, não oscilou interminavelmente entre a verdade (na realidade veracidade) de cada uma das diferentes histórias, contadas com convicção, por seus vários narradores.

nos serão importantes nas considerações por fazer, quase sempre nos rodapés, sobre os personagens dos quais estaremos tratando – Bentham, Mill, Hayek e McCloskey –, resta mostrar de que modo a dialética do intelectual enseja a Dialética superior que sustenta o projeto hegeliano de reconciliar consigo mesmo o Espírito mendicante[15] dos novos tempos. Mais uma vez acompanharemos Arantes (1996b).

Como já mencionado, não foi apenas a crítica idealista ao intelectual (um sujeito "especializado em pensar") que o contato das novas ideias com a realidade retardatária da Alemanha provocou. Além disso, o posto de observação privilegiado proporcionado pelo atraso local possibilitou a percepção dos efeitos deletérios desse novo mundo, notadamente a perda da harmonia da vida, antes assegurada pela religião, e, atrelada a isso, a fragmentação do homem novo que nascia, seu desenraizamento. Ora, como comentamos inicialmente, Hegel vai se incumbir justamente de demonstrar a razão, parteira do novo mundo, como portadora desse poder unificador, e vai fazer isso a partir de uma crítica às oposições filosóficas características dos sistemas modernos, ou seja, para além do mero "discurso do entendimento", vai afirmar o pensamento especulativo, o pensamento do Conceito. Essa Dialética positiva, que respeita o objeto e o deixa falar, que abdica da liberdade intelectual e das intervenções arbitrárias na imanência do Conceito que ela propicia, nasce, portanto, da crítica à dialética interminável, indeterminada, negativa, que é característica do intelectual moderno. A suspeita, pois, parece ser a conclusão de Arantes, é que uma não existiria sem a outra, ou seja, sem o pé atrás que o retardo da realidade alemã provocou contra o novo tipo de pensamento que emergia forte nos países avançados, talvez não tivesse Hegel operado o renascimento positivo da Dialética, que viu como a

---

Ao contrário, percebeu que, no seu conjunto, o resultado de todas elas só podia ser um vale-nada sem remissão. Mais ainda, descobriu-lhe a causa. Era a vidinha pobre, acanhada e sem futuro a razão da geração de tantas e tão heroicas histórias, em que cada habitante via retratados seus ilustres antepassados. Muito mais que um intelectual, o intelectuário Biá raciocinou materialisticamente como um "pensador do Conceito", a mais alta patente da galeria hegeliana. Fora Biá, os demais javenenses eram todos homens de convicção, doutrinários, inamovíveis na crença de suas respectivas histórias. Intelectuais, evidentemente, não os havia por lá, que estes não vicejam em lugares miúdos, retraídos; precisam da *polis*, dos salões e dos cafés, onde desfiar seu brilhantismo; tampouco existiam os especialistas apequenados, para quem, como diz Hegel, a descoberta de um novo verme é uma grande felicidade, visto que Javé era terra de iletrados e evidentemente não contava com universidade, menos ainda com instituições de pesquisa.

[15] Veja nota 3 deste capítulo.

única forma de a Modernidade se redimir perante a pobreza de Espírito e a vida destroçada que produziu[16].

Contudo, apesar de este resgate imprevisto da Dialética ter ocorrido sob o patrocínio do déficit de reconhecimento que as novas ideias experimentaram ao irem de encontro a uma realidade atrasada, não ficam por isso problematizados nem o diagnóstico hegeliano da Modernidade (aliás, mais justo e adequado, como vimos, precisamente por ter sido produzido em tais circunstâncias), nem os desafios que, segundo Hegel, ela tem de enfrentar.

Retomemos então o caminho anteriormente indicado e reencontremos as leituras críticas da Modernidade que anteriormente mencionamos. Descontadas suas nuanças, que não são poucas, há um ponto em comum a unir todas elas: indiferentes aos resultados hegelianos, todas partem da necessidade inescapável de realizar uma crítica radical da razão. Uma vez que a Modernidade teria despromovido a religião e colocado a razão a seu lado, e como não teria conseguido forjar, a partir de si mesma, os critérios necessários para sua autocertificação e para a ordenação e o congraçamento do moderno sistema de vida em suas várias esferas, caberia apenas desmascará-la como esperança espúria, como autoritarismo mascarado por promessas (não cumpridas) de liberdade e autorrealização. Nesse sentido, todas essas concepções são pós-modernas, visto que são críticas da Modernidade. Mas nenhuma delas, segundo Habermas, logra escapar de um dilema: as críticas, supostas radicais, da razão acabam sempre por fazer uso, bem ou mal, em primeira ou em última instância, de instrumentos racionais, sejam analíticos, sejam empíricos. Ora, uma crítica *racional* da razão, ainda que possa ser crítica, não consegue ser, por isso mesmo, radical: "a autocrítica totalizante da razão enreda-se na contradição performativa de só poder persuadir a razão centrada no sujeito de sua natureza autoritária, recorrendo a seus próprios meios" (Habermas, 1990, p. 178). Mas existe um outro tipo de pós-modernismo que nos

---

[16] Mais tarde, Marx vai não só mostrar o lado mistificador dessa Dialética superior que Hegel apresenta, advogando a necessidade de sua inversão materialista, como vai indicar as razões de seu sucesso na Alemanha: "Em sua forma mistificada, a dialética foi moda alemã porque ela parecia tornar sublime o existente. Em sua configuração racional [materialista], é um incômodo e um horror para a burguesia e para os seus porta-vozes doutrinários, porque no entendimento positivo do existente, ela inclui ao mesmo tempo o entendimento da sua negação, da sua desaparição inevitável; porque apreende cada forma existente no fluxo do movimento, portanto, também com seu lado transitório; porque não se deixa impressionar por nada e é, em sua essência, crítica e revolucionária" (1983, v. I, t. I, p. 21).

interessa de perto. Para compreendê-lo e situá-lo, precisamos terminar o trajeto de Habermas e tomar Weber.

Na visão weberiana duas relações aparecem como fundamentais: a da Modernidade com sua autocompreensão – adquirida no horizonte da razão ocidental (iluminismo) – e a da Modernidade com o processo de modernização social, entendida esta última não apenas como o desenvolvimento da empresa capitalista (da economia de mercado) e do Estado burocrático, mas também como a difusão desse processo no âmbito da educação, dos direitos políticos, das formas urbanas de vida etc. A modernização social do Ocidente apareceria assim como a objetivação histórica do espírito da Modernidade. O segundo tipo de pós-modernismo a que nos referimos anteriormente – e que Habermas denomina "versão conservadora da leitura pós-moderna" – rompe com essas duas ligações. Por um lado, essa concepção dissocia o espírito da Modernidade de suas origens históricas (iluministas) e pode assim, por outro lado, transformar a modernização social numa espécie de "teoria geral" neutralizada espaciotemporalmente. Dentro dessa leitura, a modernização social é vista como um processo que se autonomizou e que se tornou autossuficiente, vale dizer, que não tem já a menor necessidade dos fundamentos autoconscientes da razão que caracterizaram o espírito moderno em sua origem[17]. De acordo com Habermas, Arnold Gehlen, pensador signatário dessa corrente, teria sintetizado essa visão na seguinte expressão: "as premissas do iluminismo estão mortas, apenas se mantêm em vigor as suas consequências"; completando depois: "conta com aquilo que tens" (Gehlen apud Habermas, 1990, p. 15). Para esses autores, a cultura moderna está cristalizada, no sentido de que já esgotou todas as suas possibilidades, mas o processo de modernização social segue em frente a todo vapor. É isso que caracterizaria a pós-modernidade nesta leitura. Ela é conservadora porque se despede dos fundamentos da Modernidade (e de suas consequentes manifestações culturais), mas aceita confortavelmente a objetivação social desse espírito que, segundo seus defensores, estaria mais viva do que nunca, porque autônoma e autossuficiente, e mais forte do que nunca, porque imune às críticas de uma cultura que já se fossilizou.

---

[17] Não custa notar a semelhança formal desse tipo de argumento com a constatação desolada do próprio Weber, na *Ética protestante*, quanto ao caráter supérfluo da doutrina moral da Reforma depois que a irracional máquina social capitalista ganhou autonomia. Numa passagem sobejamente conhecida, Weber pergunta-se que futuro poderá ter uma sociedade que prescinde, graças à sua própria lógica, de qualquer fundamentação de natureza transcendente.

Contrariamente, a vertente inicialmente considerada, que Habermas denomina anarquista, despede-se da Modernidade *in totum*, porque não aceita o rompimento das ligações estabelecidas por Weber. Para seus adeptos, a crítica radical da razão – inevitável porque inerente ao espírito mesmo da consciência moderna – revela sua (da razão) verdadeira face (a mera vontade de poder) e abala com isso também sua objetivação social. Para esses autores, então, a modernização social não poderá resistir e sobreviver ao "anarquismo vindo de tempos imemoriais" (1990, p. 16), que tomará de assalto o lugar antes ocupado pela Modernidade.

Nas próximas etapas discutiremos as relações existentes entre a Modernidade, tal como percebida por Hegel (visão que contempla também, como vimos, os desafios que ela tem pela frente) e o surgimento da ciência econômica, com foco na sequência: princípio da subjetividade – utilitarismo – homem econômico – individualismo. As questões que sustentam as leituras pós-modernas aqui brevemente resumidas serão retomadas quando da discussão relativa ao surgimento da temática da retórica no seio da ciência econômica, que para aí foi trazida pelas mãos de McCloskey, no início da década de 1980.

2

PRINCÍPIO DA SUBJETIVIDADE, BENTHAM E O UTILITARISMO

Coloquemos de lado, por ora, os desafios impostos à Modernidade, bem como as leituras pós-modernas que vimos de referir e retomemos as considerações de Hegel. Afirmar que a subjetividade – e a liberdade que lhe é inerente – é o princípio básico dos "tempos modernos", como o faz Hegel, traz de imediato à cena a figura do "indivíduo", este personagem por excelência da Modernidade[1]. Para que não pairem dúvidas sobre o sentido no qual aqui se emprega o termo, retomemos a crítica de Marx a Feuerbach nas páginas da *Ideologia alemã*. Na famosa tese VI contra seu ex-companheiro da esquerda hegeliana, Marx afirma que a essência humana "não é uma abstração inerente ao indivíduo singular", mas que, em sua realidade, "é o conjunto das relações sociais", e emenda na tese seguinte: "Feuerbach não vê que (...) o indivíduo abstrato por ele analisado *pertence a uma forma determinada de sociedade*" (1979, p. 13-4, grifos meus). A forma determinada de sociedade a que se refere Marx é evidentemente a sociedade moderna, capitalista. Sobre isso, ainda que longo, vale a pena reproduzir também este outro trecho:

---

[1] Como vimos no capítulo 1 deste trabalho, segundo Habermas, individualismo é uma das conotações que o princípio da subjetividade adquire no diagnóstico hegeliano da Modernidade.

> No próprio dinheiro já está implícito, portanto, que todo intercâmbio anterior era apenas intercâmbio de indivíduos sob determinadas condições, *e não de indivíduos enquanto indivíduos*. Estas condições agora se reduzem a duas: trabalho acumulado ou propriedade privada e trabalho real[2]. (...) De um lado, portanto, temos uma totalidade de forças produtivas que adquiriram como que *uma forma objetiva* e que, para os próprios indivíduos, não são mais suas próprias forças, mas as da propriedade privada e, por isso, são apenas *a força dos indivíduos enquanto proprietários privados*. *Em nenhum período precedente* as forças produtivas tinham adquirido *esta forma indiferente para o intercâmbio entre os indivíduos enquanto indivíduos*, porque seu próprio intercâmbio era ainda limitado. De outro lado, enfrenta-se com estas forças produtivas a maioria dos indivíduos dos quais estas forças se destacaram e que, portanto, despojados de todo conteúdo real de vida, tornaram-se *indivíduos abstratos*. (1979, p. 103-4, grifos meus)

Como fica claro, para Marx, nas formações sociais anteriores, os indivíduos não eram ainda propriamente indivíduos ("seu próprio intercâmbio era ainda limitado") porque estavam ligados por um cordão umbilical material à comunidade e à natureza. A posição do homem como indivíduo, com a liberdade e a propriedade que lhe são inerentes, é a História quem a faz. É só com o advento da Modernidade que se rompem definitivamente os laços pessoais de dependência, pondo-se efetivamente a liberdade; é igualmente seu surgimento que, ao impor e interpor cada vez mais o dinheiro nas relações de intercâmbio, se encarrega de generalizar a propriedade privada, a outra condição *sine qua non* para a efetiva existência do indivíduo.

É esse personagem, portanto, que se constitui na base real e material da "subjetividade", entendida por Hegel como o princípio básico da Modernidade. Por óbvias razões – lá a revolução burguesa aconteceu um século antes do que no restante da Europa (pautada de modo geral pela Revolução Francesa), e foi onde inicialmente o capitalismo se consolidou – é a Inglaterra o primeiro cenário em que ele aparece. Não por acaso, portanto, é lá que vai nascer a doutrina que, do ponto de vista da moral, vai casar com o racionalismo de base subjetiva, que conforma, por assim dizer, a "filosofia de trabalho" da Modernidade. Estamos evidentemente falando do utilitarismo.

---

[2] Para expressar a mesma coisa Marx empregará, em suas obras posteriores, os termos "trabalho morto" (trabalho acumulado, objetivado nos meios de produção) e "trabalho vivo" (força de trabalho, trabalho em potência).

A despeito de ideias que já circulavam na Inglaterra do século XVIII postulando o princípio da maior felicidade possível como objetivo de toda legislação, sinalizando já a possibilidade de tornar princípio moral a utilidade e, por conseguinte, o interesse, é só com Jeremy Bentham, este "gênio da estupidez burguesa"[3], como dirá Marx, que o utilitarismo ganha corpo como corrente filosófica e faz adeptos ilustres como James e John Stuart Mill.

A pretensão de Bentham, como se sabe, era transformar a ética numa disciplina tão exata quanto a geometria, tarefa que para ele era perfeitamente factível. Para entender o porquê dessa possibilidade que ele antevia, ouçamo-lo quando fala de "comunidade":

> O interesse da comunidade, eis uma das expressões mais comuns que pode ocorrer na terminologia e na fraseologia moral. Em consequência, não é de estranhar que muitas vezes se perca de vista o seu significado exato. Se a palavra tiver um sentido, será o seguinte. A comunidade constitui um *corpo* fictício, composto de pessoas individuais que se consideram como sendo os seus *membros*. Qual é, neste caso, o interesse da comunidade? A soma dos interesses dos diversos membros que integram a referida comunidade. (1979, p. 4, grifos do autor)

Como fica claro, para Bentham, qualquer coisa que vá além do indivíduo é mera ficção, um termo puramente abstrato. A concretude do termo "comunidade", portanto, só existe se somarmos os membros que se veem como seus partícipes. Daí a possibilidade, pela via do princípio da utilidade[4], de se avaliar, por meio de uma gigantesca contabilidade de prazer e de dor, a retidão e a justeza de cada ação. Para Bentham, portanto, tudo deve partir do *indivíduo concreto*, porque é só ele que de verdade existe.

Fosse Bentham alemão, seria um Feuerbach? Eis aí uma boa pergunta. Como vimos, Marx acusa seu compatriota de não perceber que o indivíduo abstrato por ele analisado pertence a uma forma determinada de socieda-

---

[3] A expressão encontra-se no capítulo 22 do livro I de *O capital*.

[4] Segundo o próprio Bentham, em seu *Princípios da moral e da legislação*, entende-se por princípio da utilidade "aquele princípio que aprova ou desaprova qualquer ação, segundo a tendência que tem a aumentar ou diminuir a felicidade da pessoa cujo interesse está em jogo, ou, o que é a mesma coisa em outros termos, segundo a tendência a promover ou a comprometer a referida felicidade" (1979, p. 3). Segundo John Stuart Mill em seu *Utilitarianism*, publicado em 1863, "o princípio da utilidade, ou princípio da maior felicidade, sustenta que as ações são boas na medida em que tendem a aumentar a felicidade, más enquanto tendem a produzir o contrário. Por felicidade, entende-se o prazer e a ausência de dor; pelo seu contrário, a dor e a ausência de prazer" (Mill apud Lalande, 1999, p. 1183).

de, ou seja, a sociedade capitalista já desenvolvida, que, no entanto, nos inícios do século XIX, não estava na Alemanha e sim na Inglaterra. Era lá, mais do que em qualquer outro lugar, que a aparência de autonomia e independência do homem, e sua suposta soberania na condução da própria vida se punham com mais intensidade. Em sua concretude, portanto, era na Inglaterra que o *indivíduo* existia "de verdade".

Se Feuerbach não pôde ver o que ainda não estava posto e por isso pôde imaginar que a mera afirmação da essência humana como a essência suprema libertaria os homens de todos os grilhões por eles mesmos construídos, até que o homem se tornasse praticamente o deus do homem, Bentham viu o indivíduo concreto à sua frente; concreto, mesmo quando reduzido à abstração material da não propriedade dos meios de vida, já que lhe restava, soberano e senhor de si, a posse indisputável de sua própria força de trabalho.

Mas retratou Bentham, por isso, a realidade? Não! Retratou a sua aparência. A autonomia e a independência do homem posto como indivíduo é apenas aparente. Para a efetiva realização de sua independência, ele depende como nunca de cada um dos outros indivíduos na sociedade. Para dar conta dessa situação paradoxal, para mostrar como esse indivíduo tão independente e soberano é resultado do grau mais elevado de desenvolvimento social que a humanidade já atingiu, Marx cunha, na Introdução de *Para a crítica da economia política,* uma expressão magnífica: "o indivíduo só pode isolar-se em sociedade"[5].

Que essa independência e soberania é apenas aparente mostra-o também a situação daqueles "indivíduos abstratos" a que se refere Marx ao final da passagem que acabamos de transcrever. A abstração de que se trata aí não é evidentemente um produto ideal do cérebro pensante. O indivíduo concreto, ou seja, livre e senhor de si mesmo, mas desprovido de meios de vida, torna-se abstrato. Essa abstração é, pois, concreta, é resultado da realidade material, objetiva. Despossuído de meios de vida, ou seja, de propriedade e de dinheiro, o indivíduo é concretamente, e miseravelmente, *abstrato.* A autonomia e independência que ele aparenta revelam aí dolorosamente a ilusão em que se constituem. Ele não é dono e senhor de seu destino, não arbitra sobre a condução de sua vida, apenas sobrevive, e mal, quando consegue. Ressalte-se que à época em que Bentham escreve os *Princípios da moral e da legislação,* a situação de pobreza na Inglaterra era extrema, particularmente nos bairros fabris de Manchester.

---

[5] Na *Minima moralia,* Adorno diz a mesma coisa de forma ainda mais contundente: "Na sociedade individualista (...) a sociedade é essencialmente a substância do indivíduo" (1992, p. 9).

Àquela época, nos inícios da Revolução Industrial, a despeito da enorme procura de mão de obra e, portanto, da ausência do que chamamos de desemprego, as condições de vida dos trabalhadores industriais era extremamente precária, com jornadas de trabalho que podiam ultrapassar as 16 horas diárias e com salários que não permitiam que eles vivessem a não ser nas "lúgubres e fétidas vielas dos bairros baixos de Manchester" (Hobsbawm, 1994, p. 322). Essas imensas massas desenraizadas e inseguras só tinham como exercício concreto de soberania o submeter-se a essas desumanas condições de vida.

Assim, é por conhecer perfeitamente a natureza do discurso que Bentham constrói que, com a ironia que se conhece, Marx o traz para as páginas de *O capital*:

> A esfera da circulação ou do intercâmbio de mercadorias, dentro de cujos limites se movimentam compra e venda de força de trabalho, era de fato *um verdadeiro éden dos direitos naturais do homem*. O que aqui reina é unicamente Liberdade, Igualdade, Propriedade e Bentham. Liberdade! Pois comprador e vendedor de uma mercadoria, por exemplo, da força de trabalho, são determinados apenas por sua livre vontade. Contratam como pessoas livres, juridicamente iguais (...) Igualdade! Pois eles se relacionam um com o outro apenas como possuidores de mercadorias e trocam equivalente por equivalente. Propriedade! Pois cada um dispõe apenas sobre o seu. Bentham! Pois cada um dos dois só cuida de si mesmo (...) E justamente porque cada um só cuida de si e nenhum do outro, realizam todos, em decorrência de uma harmonia preestabelecida das coisas ou sob os auspícios de uma previdência toda esperta, tão somente a obra de sua vantagem mútua, do bem comum, do interesse geral. *Ao sair dessa esfera da circulação simples ou da troca de mercadorias, da qual o livre-cambista* vulgaris *extrai concepções, conceitos e critérios para seu juízo sobre a sociedade* do capital (...) já se transforma (...) em algo a fisionomia de nossa *dramatis personae*. (1983, v. I, t. I, p. 145, grifos meus)

Assim, como a essência espia pelas brechas da aparência, chega a ser espantosa a existência de um pensamento tão simplista como o do utilitarismo professado por Bentham. Parece, pois, haver algo mais, além da aparência – bem avariada, como vimos –, a justificar a emergência de tais ideias. Segundo Marx, Jeremy Bentham, "o oráculo insípido, pedante e tagarela do senso comum burguês do século XIX é um fenômeno puramente inglês", "só poderia ter sido fabricado na Inglaterra". Em nenhum tempo e em nenhum país, continua Marx,

> o lugar comum mais comezinho jamais se instalou com tanta autossatisfação. O princípio da utilidade não foi invenção de Bentham. Ele apenas

reproduziu, sem espírito, o que Helvetius e outros franceses do século XVIII tinham dito espirituosamente[6]. Se, por exemplo, se quer saber o que é útil a um cachorro, precisa-se pesquisar a natureza canina. Essa natureza não pode construir-se *a partir do "princípio da utilidade"*. Aplicado ao homem, isso significa que, se se quer julgar toda a ação, movimento, condições etc. humanos segundo o princípio da utilidade, trata-se primeiramente da natureza humana em geral e depois da natureza humana historicamente modificada em cada época. Bentham não perde tempo com isso. Com a mais ingênua secura ele supõe o filisteu moderno, especialmente o filisteu inglês, *como o ser humano normal*[7]. O que é útil para esse original homem normal e seu mundo é em si e para si útil. E por esse padrão ele julga então passado, presente e futuro. (1983, v. I, t. II, p. 185, grifos meus)

---

[6] Essa forma de Marx referir-se ao histórico do princípio da utilidade – "Bentham só reproduziu sem espírito o que Helvétius e outros franceses do século XVIII tinham dito espirituosamente" – produz o espaço para retomar a questão, já comentada anteriormente, sobre o papel do intelectual. Contudo, por importante que seja para nosso propósito primeiro, que é fazer uma releitura materialista dos ensaios antes escritos apenas da perspectiva das ideias em si e de suas contradições, não há como trabalhar a questão de modo mais central. Fica ela então confinada, como já ficou na Introdução, ao espaço marginal do rodapé. Mas por que esse modo de falar de Marx nos abre tal espaço? Como vimos anteriormente (veja nota 5 da Introdução e o capítulo 1), para Hegel, o que distingue os homens pautados pela atuação sofística, ou seja, os "homens de espírito", dos incultos "homens de convicção" é a capacidade dos primeiros de perceberem o caráter limitado de todas as verdades, enquanto para os últimos os princípios e máximas de ação valem como essências em si e para si e têm o valor de verdades absolutamente firmes. Não parece haver dúvida, portanto, de que, para Marx, Bentham é um pedante e doutrinário "homem de convicção", um inculto pregador que recita por onde passa o mesmo catecismo e que nenhum parentesco tem com o intelectual. E lembremos que Hegel não morria de amores por este último personagem, pois, atribuía ao raciocínio sofista típico do intelectual a "indeterminação do pensamento sem amarras, que tudo pode justificar". O que Bentham produz, portanto, não chega sequer a ser ideologia. Trata-se de simples matraquear apologético do juízo que fazem de si mesmo e de seu mundo as classes burguesas. É um pouco diferente, contudo, como veremos mais adiante, a apreciação que ele tem de Mill, cujas contorções acompanharemos no próximo capítulo deste trabalho.

[7] A secura ingênua de Bentham a que se refere Marx revela-se num episódio que o confirma como simplório e pedante pregador. As reformas que Bentham via como necessárias e possíveis a partir de seu princípio moral assentado na utilidade e no interesse, e que expressavam a burguesia britânica das primeiras décadas do século XIX, foram singelamente por ele sugeridas a ninguém menos que Catarina, a Grande, da Rússia (Hobsbawm, 1994, p. 18-9). Não por acaso, o risível episódio lembra Jeffrey Sachs, quase dois séculos depois, receitando para a mesma Rússia (pós-colapso do socialismo real) receita de estabilização econômica idêntica à aplicada na Bolívia.

O que Marx parece então estar querendo dizer é que, além da *aparência* de autonomia e soberania dos indivíduos que o espaço social das trocas produz, particularmente nos lugares onde as relações mercantis estão mais desenvolvidas, só a arrogância de uma classe indiscutivelmente vitoriosa e que vai conformando o mundo à sua imagem e interesses, como era o caso da Inglaterra na passagem do XVIII para o XIX, é que poderia ter "produzido" um Bentham.

De fato, observado tão somente o espaço social das trocas não há como negar a posição da Liberdade, da Igualdade, da Propriedade. Bentham ressoa despudoradamente em seu discurso moral essa aparência, sem a qual o sistema não seria o que é, e que tão bem vem a calhar, essa aparência que promove a convergência auspiciosa e redentora dos interesses particulares com o interesse geral.

Assim, se a abstração que condena Feuerbach tem seu solo no prosaísmo da realidade alemã, Bentham não está, a despeito da verossimilhança maior entre a realidade e o juízo que sobre ela é feito ("a comunidade é a soma dos interesses de seus vários membros"), a salvo da ilusão. Como mostra Marx, liberdade, igualdade e propriedade servem a alguns indivíduos soberanos e absolutamente donos de si mesmos para que, em suas próprias palavras, "tímidos e contrafeitos levem sua pele ao mercado e não tenham mais nada que esperar a não ser o curtume" (1983, v. I, t. I, p. 145). A pretensão de dar conta da natureza humana não se sustenta quando a independência e a autonomia individuais não são acompanhadas dos meios de vida – dinheiro e/ou algum tipo de propriedade que não se reduza à força de trabalho –, pois que elas são aí meras abstrações, cuja efetividade não existe.

De qualquer modo, dado o peso que tem essa aparência na constituição do sistema (não custa lembrar mais uma vez a relação de necessidade entre aparência e essência, que faria dele outra coisa, fosse outra sua aparência), não parece completamente abstrusa a ideia de que cada ser humano, agora livre e independente para buscar seus próprios interesses, constitua a célula de que se conforma a "comunidade humana", de modo que a soma de todos esses interesses conscientemente buscados redunde no bem-estar de todos.

Qualquer semelhança com uma certa mão invisível que garante um resultado bom para todos, o qual não estava nas intenções particulares de nenhum dos indivíduos autocentrados que para ele involuntariamente contribuem, não é, como se adivinha, mera coincidência. Essa metáfora, para lá de famosa, saída da pena de Adam Smith, que não por acaso também é britânico, está no berço da economia política e transforma-se, na língua ferina de Marx, numa "previdência toda esperta".

O que não está nesse berço, mas que é peça indispensável do "kit ciência econômica", tal como ela veio a ser considerada, caberá a John Stuart Mill, mais um britânico, fabricar. É Mill quem transforma esse personagem contraditório que é o indivíduo, no *constructo* mais famoso dessa ciência. A despeito de ser Mill considerado o autor que "fechou" o sistema da economia clássica, o *homem econômico racional* que ele forja será responsável por uma enorme mudança do ponto de vista metodológico, que abrirá as portas para a vitória da revolução marginalista que estava a caminho. Conscientemente ou não, Mill prestou um imenso favor à classe burguesa, pois, abrindo metodologicamente esse caminho, tirou da frente a representação do funcionamento do sistema capitalista que Smith e Ricardo haviam elaborado. Fantasmas, tais como a inequívoca constituição de classes da nova sociedade (que, no entanto, se via como representando os direitos do homem abstratamente considerado) ou, a despeito da confusão de Smith, a clara percepção de que só o trabalho gera riqueza e valor (com tudo que havia aí de apavorante), estavam definitivamente enterrados. Com a vitória do novo paradigma, o palavrório antigo do velho sistema – "capitalistas", "trabalhadores", "donos de terra" – tinha sido "cientificamente" suplantado pelo "agente econômico", este sim suficientemente abstrato e, pois, universal. Vejamos mais de perto essa empreitada de Mill e as contradições em que ele se envolve.

3

UTILITARISMO, MILL E O HOMEM ECONÔMICO

Apesar de escrito há mais de 150 anos, o texto clássico de John Stuart Mill "Da definição de economia política e do método de investigação próprio a ela"[1] revela-se, quando examinado mais de perto, ainda atual[2]. Sua contemporaneidade tem que ver com os descaminhos da evolução da ciência econômica ela mesma e com a natureza do debate metodológico tal como hoje se coloca. O que se busca aqui demonstrar é que, involuntariamente, ao longo de seu périplo reflexivo, Mill teria expressado, ainda que de forma indireta, o caráter contraditório da nova disciplina – decorrente da necessidade histórica, que aí se apresenta imperiosamente, de se considerar o ser humano em sua forma autônoma, vale dizer, enquanto indivíduo livre, independente e soberano, e de ter de se ver, simultaneamente, com as "limitações" que tal configuração histórica impõe a essa mesma autonomia. Subsidiariamente tentar-se-á também demonstrar as raízes materiais seja da necessidade de se construir o "homem econômico", seja do titubeio de Mill quanto ao verdadeiro método da recém-nascida ciência.

---

[1] O texto foi escrito em 1831-1833, mas publicado pela primeira vez em 1836.

[2] A esse respeito afirma Whitaker: "Qualquer que seja a autoridade que a visão de Mill sobre as ciências físicas possa ter tido algum dia, certamente ela já se perdeu. Mas nas ciências sociais os problemas de Mill ainda permanecem conosco (...)" (1975, p. 1034).

Sendo responsável por um dos esforços pioneiros no sentido de pensar metateoricamente a ciência da economia política[3], Mill, como é sabido, procura traçar, no referido ensaio, as linhas mestras que deveriam presidir o trabalho de reflexão de todo aquele que se dispusesse a pensar sobre os fenômenos constituintes da esfera material da vida humana. Esbarra, por isso, num largo leque de questões metodológicas que vai do embate "indução x dedução" até o problema do caráter subjetivo da investigação social, passando, entre outras, pelo papel do trabalho empírico e pela problemática mais ampla relacionada à visão da vida humana em sociedade e ao caráter dos processos históricos. Esse grande arco de questionamentos vê-se ainda mais avultado com a publicação, cerca de sete anos mais tarde (1843), de uma de suas obras mais importantes, *A System of Logic*, cujo livro VI trata precisamente da lógica das "ciências morais" (denominação através da qual então se reconhecia o grupo de fenômenos que hoje constitui a esfera das chamadas ciências humanas ou sociais).

A partir das considerações que ele então tece em *The Logic of Moral Sciences* (daqui por diante referido apenas como *LMS*), os fenômenos humanos só se mostram passíveis de receber um tratamento verdadeiramente científico a partir da utilização do que Mill vai então denominar "método dedutivo inverso", na realidade uma nova denominação que ele cria para o método (histórico) que ele emprestava de August Comte. Isto posto, surge a questão do estatuto metodológico da ciência da economia política, visto que, no ensaio de 1836, Mill argumentava exatamente na direção oposta. Ele ali advogava uma ciência da economia política autônoma, ou seja, erigida aprioristicamente sobre a psicologia, particularmente sobre uma das motivações constituintes da natureza humana, qual seja,

---

[3] Segundo Blaug (1993), "a ciência da economia política contava apenas cinquenta anos quando Nassau William Senior publicou sua obra *Introductory Lecture on Political Economy* (1827), a primeira discussão consciente sobre os problemas da metodologia econômica" (p. 96). A esse respeito, Schumpeter lembra, na *História da análise econômica*, que foi justamente ao longo desse período (de predomínio da chamada escola clássica) que os economistas começaram a interpretar-se, o que, para ele, representa um sinal da maturidade que a ciência econômica então adquiria: "um dos aspectos marcantes desse período é que os economistas começaram a interpretar-se, ou seja, a teorizar (ou 'racionalizar') seus próprios objetivos e procedimentos. (...) É somente quando um campo evolui para uma ciência estabelecida, que seus adeptos desenvolvem um interesse, não infenso à ansiedade, pelos problemas de escopo e método e de fundamentos lógicos" (1954, p. 534).

a da busca de riqueza. É daí que surge o *constructo* mais importante da ciência econômica, o famoso "homem econômico"[4].

Sendo os fenômenos da esfera material parcela de um grupo maior concernente à vida humana em sociedade, como justificar essa exceção? É bem verdade que Mill não reconhece, ou pelo menos não assume, a existência de tal paradoxo[5], visto que, na *LMS*, são reproduzidas amplas passagens do ensaio de 1836, sem nenhuma alteração[6]. Contudo, a questão existe e cedo é percebida. Ashley (1965), por exemplo, acredita que a denominação "dedutivo inverso" que Mill confere ao método defendido na *LMS* deve-se exatamente à possibilidade que ela oferece de camuflar a contradição aí existente (já que ambos os métodos mostram-se então como "dedutivos")[7]. Também por isso, Mill teria tentado, na segunda das obras em questão, precisamente frisar a equivalência entre os dois métodos[8].

---

[4] Segundo Blaug, é das famosas passagens de Mill no ensaio de 1836, no qual ele se refere à forma como a humanidade é encarada pela economia política ("como estando ocupada unicamente em adquirir e consumir riqueza", "como sendo determinada pela necessidade de sua natureza a preferir, em qualquer caso, uma maior porção de riqueza a uma menor"), que "nasceu a concepção bastante difamada do 'homem econômico'" (1993, p. 99-100). Persky lembra, contudo, que, apesar de ser geralmente identificado com sua criação, Mill efetivamente nunca usou a designação "homem econômico" em seus escritos. Ele reconhece, porém, que o termo emergiu em reação ao trabalho de Mill (1995, p. 222).

[5] Segundo Whitaker, a reprodução na *LMS* de passagens substanciais do ensaio de 1836 bem como a disposição de Mill em republicá-lo em 1844 são bons indícios de que Mill via como perfeitamente compatíveis os dois textos (1975, p. 1041).

[6] De toda forma, a questão só parece ter efetivamente se colocado a partir do surgimento da *LMS*, visto que, no ensaio sobre economia política, o método por ele prescrito para tal ciência parece ser o mesmo advogado para todo o universo das ciências sociais, isto é, o método dedutivo ou *a priori*.

[7] A hipótese encontra-se na introdução que Ashley faz, em 1909, para os *Principle of Political Economy* de J. S. Mill. Segundo esse comentador, dada a influência que Mill tinha, quando escreveu a *LMS*, do pensamento de August Comte, ele não estava contente com a visão "departamental" que criara para a ciência econômica, visão inconciliável com a postura que ele agora defendia. Procurou, por isso, construir novas pontes entre as suas novas e as suas antigas opiniões. Um de seus estratagemas teria sido precisamente o de descrever o método histórico de Comte de uma forma tal que lhe permitiu designá-lo também como "método dedutivo", muito embora, "inverso". Dessa forma, o evidente contraste entre os dois métodos fica suavizado e reduzido à simples diferença entre a dedução direta e a "inversa" (1965, p. xvi).

[8] Lewisohn (1972) tem posição diferente a esse respeito. Para ele, a influência de Comte (e dos pensadores do século XIX) sobre o pensamento de Mill, particularmente sobre a *LMS*, não foi tão grande assim. Enfatizando inúmeras diferenças entre eles,

Dos vários e diferentes tipos de discussão que a existência de tal oscilação pode suscitar[9], uma tem especial importância para a questão que aqui nos concerne: aquela relativa à oposição entre individualismo e coletivismo metodológico. Popper (1968) trata diretamente dela num ensaio denominado "A autonomia da sociologia" (que é parte de seu livro *A sociedade aberta e seus inimigos*)[10]; outros autores, direta ou indiretamente, também lidam com a questão, ainda que não tão extensivamente. No que se segue, tentaremos: a) mostrar que o paradoxo de Mill está preso a um tipo de contradição que *é constitutiva* da ciência econômica; b) mostrar os liames entre o surgimento do *homem econômico* e o paradoxo de Mill, de um lado, e a realidade do capitalismo europeu de meados do XIX, de outro; e c) refletir sobre a relação entre o homem econômico e o individualismo metodológico.

O método da ciência econômica

É na *LMS* que Mill expõe sua visão geral sobre a natureza das ciências sociais e sobre a postura metodológica mais adequada para enfrentar as questões que daí surgem. Escrito, entre outras, sob a influência de August Comte[11], tais reflexões vão implicar, como adiantamos, uma contradição entre, de um lado, as recomendações que ele faz na *LMS* e, de outro, aquelas que ele apresentara no ensaio anterior sobre a definição e o método da economia política.

---

por exemplo, a distinção operada por Comte entre as ciências orgânicas e as inorgânicas e as consequências que ele daí tira no que tange aos métodos aplicáveis às ciências sociais, resultados dos quais Mill não compartilha, afirma Lewisohn: "a partir de uma análise do desenvolvimento da teoria social de Mill, pode-se demonstrar que a maior parte dessa teoria foi formulada em 1830-31, dez anos antes de que a influência de Comte sobre Mill se tornasse um fator digno de nota" (1972, p. 315). Voltaremos à questão.

[9] Por exemplo, sobre o caráter verificacionista (ou não) da posição de Mill (Hirsch, 1992; Blaug, 1993).

[10] Este ensaio foi republicado numa coletânea editada por J. B. Schneewind (*Mill: A Collection of Critical Essays*, 1968), que é a versão utilizada neste trabalho.

[11] A esse respeito afirma Ashley: "(...) é bastante claro que, durante os anos de 1841-43, quando ele estava engajado em completar seu grande tratado sobre lógica, Mill estava fascinado pelo sistema geral de Comte, tal como apresentado na *Filosofia positiva*" (1965, p. xi). No mesmo sentido, diz Mattos: "A visão madura de Mill sobre a sociedade e sobre o método das ciências sociais foi muito influenciada pela obra de autores que não se filiavam à filosofia radical inglesa. Entre esses pensadores podemos destacar a influência do pensamento de August Comte (...)" (1996, p. 3).

Apesar de na *LMS* Mill condenar todas as tentativas de se estudar a sociedade seja pela pura e simples indução, seja por deduções não corretamente assentadas do ponto de vista epistemológico (Whitaker, 1975, p. 1039), ele também reconhece que o principal problema enfrentado pelas ciências que têm esse objetivo é encontrar as leis segundo as quais um determinado estado de sociedade é sucedido por outro, que toma o seu lugar. Os fenômenos envolvidos em tais mudanças são tão intrincados e complexos, argumenta Mill, que dificilmente se pode dar conta deles a partir de um processo de dedução que toma como premissas leis primeiras das quais se tem certificação por meio da indução direta e da introspecção, ou seja, as leis da mente ou leis psicológicas. Nesses casos torna-se necessário empregar o "método dedutivo inverso", que, contrariamente ao anterior, não deixa a verificação empírica para o final. Bem ao inverso, trata-se aí de descobrir as regularidades empíricas envolvidas nas mudanças sociais para só depois elevá-las à categoria de leis científicas, por meio de sua conexão com os princípios etológicos e psicológicos dos quais elas realmente dependem.

Ora, tais reflexões e prescrições vão no sentido exatamente inverso daquele pregado para a economia política. Sobre esta diz Mill no ensaio de 1836:

> [a economia política] diz respeito ao homem somente enquanto um ser que deseja possuir riqueza e que é capaz de julgar a eficácia comparativa dos meios para obter aquele fim (...) a ciência procede então investigando as leis que governam essas várias operações, sob a suposição de que o homem é um ser que é determinado, *pela necessidade de sua natureza*, a preferir uma maior porção de riqueza ao invés de uma menor em todos os casos (...).

E mais adiante ele completa:

> Na definição que tentamos construir da ciência da economia política, a caracterizamos como essencialmente uma ciência abstrata e seu método como o método *a priori*. (...) Ela raciocina e, como sustentamos, deve necessariamente raciocinar, a partir de assunções, não a partir de fatos. (...) A economia política, portanto, raciocina a partir de premissas assumidas (...) [suas] conclusões, consequentemente, como as da geometria, são verdadeiras somente enquanto a expressão comum é no abstrato (...) (1979, p. 306-10, grifos meus)

Portanto, para a economia política, as recomendações são: dedução direta ao invés de "dedução ao inverso", método *a priori* ao invés de *a posteriori*, verdades abstratas e não deduções a partir de regularidades empíricas. Como conciliar esses dois conjuntos se a economia política afigura-se inequivocamente uma ciência da sociedade? Como tentaremos demonstrar, ao se enredar em tal paradoxo, Mill fez muito mais do que colocar na berlinda uma questão técnica passível de ser reduzida à oposição "dedução x indução". Na tentativa de justificar por que seria defensável uma ciência da economia política autônoma mesmo considerando que, nos fenômenos sociais, há sempre em ação uma multiplicidade de causas (motivações humanas) e que toda e qualquer esfera de operação da sociedade acaba por ter influência sobre todas as demais[12], e ao tentar justificar a universalidade do método *a priori* para a economia política mesmo considerando que o estado geral da civilização e do progresso social possuem uma ascendência suprema sobre todos os fenômenos particulares[13], Mill acaba

---

[12] Como se viu, Mill reivindica o método *a priori* para a economia política precisamente pelo fato de que, nessa esfera, o comportamento humano derivaria de uma única motivação, qual seja a da busca de riqueza. No entanto, no capítulo 8 da *LMS* ele diz: "Os fenômenos da sociedade não dependem essencialmente de uma única força ou lei da natureza humana sofrendo apenas modificações desprezíveis dos demais. É a totalidade das características da natureza humana que influencia aqueles fenômenos e não há nenhum que os influencia em grau menor. Não há nenhum cuja remoção ou grande alteração não afete a sociedade como um todo, alterando, mais ou menos, a sequência dos fenômenos sociais" (1987, p. 81). E, mais adiante, no mesmo capítulo, Mill completa: "Tudo aquilo que afeta, num grau apreciável, qualquer elemento do estado social, afeta, através dele, todos os outros elementos (...) Não há nenhum fenômeno social que não seja mais ou menos influenciado por todas as demais partes dessa mesma sociedade e, portanto, por todas as causas que estão influenciando quaisquer outros dos fenômenos sociais" (1987, p. 87).

[13] Contestando a possibilidade de se realizar uma ciência política autônoma, Mill toma como exemplo a Bentham School. Segundo sua avaliação, essa corrente de pensamento fundava sua teoria geral de governo na premissa de que as ações dos homens são sempre determinadas por seus próprios interesses. Daí eles derivavam, por exemplo, a conclusão (não totalmente estranha ao pensamento contemporâneo, a julgar pela importância que tem ganhado a obra de J. Buchanan) de que os governantes tenderiam sempre a agir em causa própria e contrariamente aos interesses dos governados. Em sua crítica a tal procedimento, Mill diz então o seguinte: "(...) as características e o curso de sua ação [dos governantes] são grandemente influenciados (independentemente do cálculo pessoal) pelos sentimentos e sensações, pelos modos usuais de pensar e agir que prevalecem no seio da comunidade à qual eles pertencem. E ninguém será capaz de compreender ou conseguirá decifrar seu sistema de conduta se não levar em consideração todas essas coisas" (1987, p. 79). Para nossos propósitos não é demais lembrar a observação de Ashley demonstrando que a crítica que faz Mill à ciência política autônoma obedece a um modelo que ele segue fielmente, pelo menos em sua forma, justamente da crítica que faz Comte à ciência da economia política. Segundo o pensador francês, "Pela natureza de seu objeto, nos estudos sociais, os vários aspectos são necessariamente mutuamente inter-relacionados e inseparáveis, de modo que um aspecto só pode ser adequadamente explicado através da consideração de todos os outros. É evidente que a análise econômica e industrial da sociedade não pode ser positivamente realizada com a exclusão das análises

esbarrando na questão concernente ao estatuto de ser humano que está na base de suas considerações: se o homem é, efetivamente, um ser "que é determinado, *pela necessidade de sua natureza,* a preferir uma maior porção de riqueza ao invés de uma menor em todos os casos", então a ciência econômica é de fato autônoma, os fenômenos que busca elucidar podem ser considerados como dependentes de uma única causa e, mais ainda, ela é uma ciência que se coloca acima dos fatores contingenciais representados pelos condicionantes históricos e culturais, pelo caráter das instituições sociais, pelo estado da civilização e do progresso etc., o que indicaria a universalidade de seu método. Se assim não for, se esses fatores (culturais, institucionais, históricos) são determinantes de cada um dos fenômenos sociais em particular, então implica erro partir de uma suposta natureza humana e, erro talvez ainda maior, partir de uma única "lei da mente" para construir o homem econômico, que embasa a ciência da economia política. Pelo contrário, ter-se-ia que admitir que a motivação "busca de riqueza" só pode se impor nos casos em que os fatores que constituem um dado estado de sociedade acabam por produzi-la.

Já fica clara aí a natureza do debate no qual Mill involuntariamente se inseriu: de um lado os que advogam a possibilidade de se realizar uma ciência social nos mesmos moldes da ciência natural, vale dizer, uma ciência abstrata, dedutiva, baseada em premissas ou axiomas tomados como verdadeiros, portanto, uma ciência de validade universal, posição essa que é hoje advogada pelo positivismo de raízes popperianas como o de Nagel (1968); de outro, aqueles que, contrariamente, não vislumbram essa possibilidade visto que, aquilo que eventualmente possa ser tomado como "natureza humana", revela-se efetivamente produto de condições históricas e sociais específicas, posição defendida pelo historicismo em todos os seus matizes, particularmente pelo marxismo. Popper, em seu ensaio sobre a autonomia da sociologia, coloca o dilema de Mill exatamente nesses termos, para criticar-lhe justamente o fato de seu individualismo metodológico acabar redundando no historicismo. Antes, porém, de entrarmos nessa discussão cabe precisar melhor as posições de Mill propriamente ditas, para definir com exatidão a natureza do problema com o qual ele se defrontou.

---

intelectual, moral e política; e, portanto, essa *irracional* separação fornece uma evidente indicação da natureza essencialmente metafísica das doutrinas sobre ela baseadas" (Comte apud Ashley, 1965, p. xiv, grifos meus). Bem se vê por aí o tamanho do nó que Mill teria de desatar para manter simultaneamente, de um lado, o método histórico de Comte que tanto o seduzia e, de outro, a possibilidade de uma ciência da economia política autônoma e realizada pelo método dedutivo direto.

Como reconhece hoje boa parte dos estudiosos de seu trabalho, Mill se colocava, do ponto de vista das ciências da sociedade, como um psicologista. Ele estabelecia uma espécie de hierarquia entre a natureza das leis capazes de explicar os fenômenos sociais[14]. Existem inicialmente certas leis fundamentais que funcionam como axiomas e das quais podem ser deduzidas leis intermediárias. Leis inferiores seguem-se então das várias combinações entre as leis mais elevadas e as intermediárias e assim por diante, num caminho descendente até atingir as explicações da variada gama de ocorrências cotidianas. Nas ciências sociais e do comportamento, as leis fundamentais que estão no topo da hierarquia são as "leis da mente" ou psicologia. Estas últimas são vistas como "verdades empíricas", das quais tomamos conhecimento por um processo de indução direta ou de introspecção. Essas leis devem ser tomadas tal como são descobertas, não necessitando de nenhuma teoria adicional para serem racionalizadas. Na sequência surgem as leis derivadas da ciência da "etologia", que dão conta dos processos responsáveis pela formação do caráter dos seres humanos. O caráter é, para Mill, o produto complexo da múltipla interação entre, de um lado, o ambiente no qual cada um vive e, de outro, as leis da mente. Em função disso, diferentemente das leis da mente, as leis etológicas não podem ser obtidas pelo processo de indução direta. A etologia seria então uma ciência dedutiva, cujas leis seriam deduzidas das leis da mente, mas que considera também conjuntamente as condições que estruturam o ambiente no qual vivem os seres humanos (Whitaker, 1975, p. 1037-8).

Da necessidade de que se estabeleça esse cotejo entre natureza humana (leis psicológicas), de um lado, e circunstâncias específicas (históricas, sociais, institucionais), de outro, tal como demandado pela etologia, percebe-se a tensão que vai percorrer o pensamento de Mill no que tange à postura metodológica exigida pelas ciências da sociedade. Segundo alguns estudiosos (Ashley, 1965; Popper, 1968; Whitaker, 1975; Mattos, 1996 e 1998), essa tensão permanece irresolvida na obra de Mill[15]. Na *LMS*, muito mais do que no ensaio de 1836, essa tensão está claramente

---

[14] Whitaker (1975, p. 1037) vai argumentar que a compreensão mais detalhada da visão de Mill sobre o método nas ciências sociais fica sensivelmente dificultada pelo caráter vago dessa hierarquia que ele estabelece e que é essencialmente tratada por ele como sinônimo da hierarquia entre causa e efeito.

[15] Como veremos mais à frente, Lewisohn (1972) e Persky (1995) têm posição diferente a esse respeito.

posta[16], e assume a forma objetiva da reivindicação do "método dedutivo inverso" para as ciências da sociedade. Contudo, mesmo aí, encontra-se, por exemplo, a seguinte afirmação:

> As leis dos fenômenos da sociedade são e não podem senão ser aquelas leis das ações e paixões de seres humanos reunidos no estado social. Os homens, não obstante o estado social, ainda são obedientes às leis da natureza humana individual. Os homens não são quando juntos convertidos em outro tipo de substância com propriedades diferentes (...). Seres humanos em sociedade não têm outras propriedades senão aquelas derivadas de, e que podem ser decompostas naquelas leis da natureza do homem individual. (1987, p. 65)[17]

---

[16] A partir de uma colocação de Robson ("Rational Animals and Others", em *James and John Stuart Mill: Papers of the Centenary Conference*, Toronto, 1976, p. 146), Mattos faz algumas considerações que podem ser úteis para explicar esse fato. Diz Robson: "A questão de se a sociedade é obra do homem ou o homem é obra da sociedade é muito mais intrigante/enigmática para o filho [J. S. Mill] do que para o pai [James Mill]". Segundo Mattos, "isso tem relação com o fato de James Mill apesar de ter vivido grande parte de sua vida intelectual no século XIX poder ser inteiramente identificado com o pensamento do século anterior. Mill inclusive refere-se a seu pai como o último dos pensadores do século XVIII" (1996, p. 5). Ora, sabendo que a visão madura de Mill (etapa na qual se deve incluir a *Lógica*) foi muito influenciada pela obra de pensadores como Comte, pode-se compreender por que a tensão entre natureza humana, de um lado, e condicionantes históricos, de outro, está muito menos presente no ensaio sobre a economia política. Segundo Whitaker (1975, p. 1036), é só em 1837-1838, vale dizer, depois de ter escrito (entre 1831 e 1833) o referido ensaio, que Mill vai ler os três volumes do *Curso de filosofia positiva*, de Auguste Comte. Por isso, ele denomina a visão esposada por Mill no ensaio de pré-comtiana e indica que ali Mill concebe um processo em três etapas: primeiro toma-se o homem puramente isolado e autocentrado (*self-regarding*); em seguida abrem-se-lhe emoções altruísticas e emulativas a partir do momento em que se o coloca em contato com outros homens; finalmente, o homem é integrado à sociedade, fazendo parte de uma união ou agregação de seres humanos que visam a propósitos comuns (1975, p. 1040). H. B. Acton, na introdução que faz a uma publicação inglesa de uma coletânea de textos de Mill (*Utilitarianism, On Liberty, and Considerations on Representative Government*, 1976), também toca na questão. Acton lembra que, no capítulo X da *Lógica*, no qual método histórico é apresentado como o mais adequado para as ciências sociais, há algumas referências sobre Coleridge (outro dos pensadores do século XIX com grande influência sobre Mill). Segundo Acton (1976, p. xi), Mill acreditava que Coleridge tinha expressado aquilo que havia de mais valioso na filosofia alemã, cujos pensadores teriam suplementado a "mera análise e o método do detalhe" de seus predecessores do século XVIII.

[17] Talvez não seja demasiado afirmar que um advogado moderno do individualismo metodológico assinaria embaixo dessas afirmações de Mill. Veja-se, por exemplo, o que diz Elster: "Individualismo metodológico [é] a doutrina segundo a qual todos os fenômenos sociais (sua estrutura e sua mudança) são explicáveis, em princípio, apenas em termos de indivíduos: de suas características, fins e crenças" (1989a, p. 164).

Cabe então a pergunta: qual é, afinal de contas, a concepção de Mill a respeito do homem e que ele coloca na base das ciências sociais? Existe efetivamente uma natureza humana que se coloca como um *a priori*, porque é abstrata e universal, ou, pelo contrário, ela é sempre resultante de condições específicas, apresentando-se, portanto, como histórica e mutável? Mattos coloca com precisão a posição dúbia de Mill:

> Na resposta a estas questões Mill situa-se entre dois polos. Por um lado ele deseja adotar uma noção de natureza humana (no sentido de ter conteúdo universal, aistórico e abstrato) e utilizá-la como fundamento, como átomo organizador, das demais ciências sociais. Por outro, Mill entrou em contato com a obra de pensadores do século XIX, para quem o homem era um ser concreto, histórico e mutável que só poderia ser definido/descrito com referência a um dado estado social. Ele oscila, então, entre estas duas formas de encarar o homem (...) (1996, p. 5)

A posição da ciência da economia política tal como Mill a entende no ensaio de 1836, bem como a manutenção dessas colocações na *LMS* praticamente nos mesmos termos, implica, pois, uma série de perguntas, das quais a principal, porque basilar, é esta sobre a forma de encarar o homem. Dela decorre, contudo, uma série de outras. O método mais adequado para as ciências sociais é afinal dedutivo ou histórico? As conclusões das ciências sociais são universais ou apenas situacionalmente válidas? Existem esferas de fenômenos que podem ser estudados autonomamente ou a sociedade só pode ser compreendida em seu conjunto? O papel das instituições na evolução das sociedades é constitutivo ou marginal? Devemos sustentar o individualismo metodológico ou devemos rejeitá-lo? Qual é a natureza do processo "indutivo" por meio do qual se chega às leis primeiras e psicológicas que devem sustentar todas as ciências da sociedade? Essas leis primeiras são parentes das ideias claras e distintas de Descartes ou são produto de analogias subjetivas, tendo, portanto, um caráter empírica e, logo, historicamente determinado? Investiguemos então os capítulos 9 e 10 da *LMS*, nos quais ele defende o método que considera adequado ao estudo dos fenômenos sociais, mantendo, ao mesmo tempo, a postura que havia adotado no ensaio de 1836 quanto à ciência da economia política.

O paradoxo de Mill e o indivíduo como contradição

Como indicamos anteriormente, Mill coloca, na base das ciências do homem, as leis psicológicas. São elas que fornecem os princípios primeiros que permitem a "dedução" de asserções propositivas sobre o comportamento do homem em sociedade. Sendo assim, ele recusa, como não adequado às ciências da sociedade, aquilo que chama, no capítulo 7 da *LMS*, de "método químico ou experimental" e apresenta, contra este, as vantagens do método dedutivo. Um dos principais problemas com o primeiro método é que, segundo Mill, para que ele pudesse ser aplicado às ciências da sociedade ter-se-ia que considerar que os homens, quando em contato com outros homens, mudam a natureza de sua substância, assim como hidrogênio e oxigênio, quando juntos, não são mais esses elementos, mas água. Isso contrariava a hierarquia que ele via nas leis capazes de explicar o comportamento humano em sociedade:

> O método de filosofar que pode ser chamado de químico desconsidera esse fato, e procede como se a natureza do homem enquanto indivíduo não estivesse relacionada, ou o estivesse apenas num grau inferior, com as operações dos seres humanos em sociedade. Qualquer raciocínio em questões políticas ou sociais fundamentado em princípios da natureza humana é rejeitado, por quem pensa desta forma, como "teoria abstrata". Isto porque a direção de suas opiniões e a conduta que eles professam estão na dependência, em todos os casos, sem exceção, de uma experiência específica. (1987, p. 65)

Em suma, parece concluir Mill, a observação e o estudo de casos específicos não parecem suficientes para compreender os fatos sociais nem constituem a parte principal desse tipo de reflexão. Segundo sua visão, efeitos que dependem de uma numerosa e intrincada gama de causas, tal como se dá com os fenômenos sociais, não podem ser objeto de uma verdadeira indução que se paute pela observação e pela experiência (ibidem, p. 66-7). Sendo assim, uma boa ciência social demanda, em alguma dimensão, a utilização de um esquema abstrato, sem o que as leis que derivam da natureza humana não encontrarão lugar nos argumentos que têm por objeto fatos sociais. Um método assentado na pura experiência, na pura "indução" mostra-se, pois, falacioso, porque não tem como considerar devidamente a influência das leis da mente no comportamento humano em sociedade.

É nesse sentido que o método dedutivo parece a Mill mais adequado. Mas ele precisa ser qualificado. No capítulo 8, Mill procura então mostrar um tipo de equívoco inverso ao anterior. Analisando aquilo que ele chama de "método geométrico ou abstrato", afirma ele:

O método também equivocado do qual agora trataremos é, ao contrário, peculiar às mentes reflexivas e estudiosas[18]. Ele jamais pode ocorrer a não ser a pessoas com alguma familiaridade com a pesquisa científica; àqueles que – conscientes da impossibilidade de estabelecer, pela mera observação causal ou experimentação direta, uma verdadeira teoria sobre sequências tão complexas quanto as dos fenômenos sociais – recorrem às simples leis que imediatamente operam nesses fenômenos, que não são outras senão as leis da natureza humana (...) Esses pensadores percebem (...) que a ciência da sociedade deve ser necessariamente dedutiva. Mas, por não considerarem devidamente a natureza específica do objeto em questão (...) é à geometria mais do que à astronomia e à filosofia natural que eles inconscientemente assimilam a ciência dedutiva da sociedade. (p. 74-5)

A principal objeção de Mill a esse método, que, contrariamente ao anterior, é puramente abstrato, é que ele leva a crer que cada efeito resulta de apenas uma causa, uma figuração muito distinta do verdadeiro caráter dos fenômenos sociais:

> Na teoria geométrica da sociedade parece que vigora a suposição de que este é realmente o caso dos fenômenos sociais; que cada um deles resulta sempre apenas de uma única força, de uma única propriedade da natureza humana. (p. 75)

E, para insistir na inadequabilidade de um tal método, ele prossegue:

> Não há, dentre esses que são os mais complexos e, por esta razão, também os mais mutáveis dentre todos os fenômenos [os fenômenos sociais], *nenhum* sobre o qual não atuem múltiplas forças, *nenhum* que não dependa da conjunção de inúmeras causas. (p. 75, grifos meus)

Mill acreditava que esse erro era frequentemente cometido, e seu principal alvo era aqui a Bentham School. Como indicamos anteriormente (veja nota 13), Mill faz críticas profundas ao esquema de pensamento que está por trás dos adeptos dessa escola, principalmente à sua insistência em

---

[18] No que tange ao método químico ou experimental, argumenta Mill: "O equívoco discutido no capítulo anterior é, como dissemos, cometido principalmente por pessoas não muito acostumadas à investigação científica: praticantes da política (...) ou pessoas de nível de educação mais reduzido que, ignorando a cuidadosa seleção e a meticulosa comparação de evidências requeridas para a formação de uma sólida teoria, imaginam poder criar uma meramente a partir de um pequeno número de coincidências que eles casualmente tenham notado" (1987, p. 74). Em outras palavras, Mill julga que o método experimental, se utilizado descuidadamente ou com o objeto errado, pode produzir um conhecimento de verdade discutível, que pouca distância teria do senso comum.

tomar como base para várias de suas conclusões uma única premissa, a saber, a de que as ações dos homens são sempre determinadas por seus próprios interesses. Argumentando que eles raciocinam por silogismos e que tomam os fenômenos como sendo resultantes não de um conjunto de causas, mas de uma única causa, Mill conclui duramente: "Eu não estou aqui tentando estabelecer uma teoria de Governo (...) Estou apenas interessado em mostrar que seu método é não científico, não em medir a magnitude do erro que afeta suas conclusões" (p. 80). Mill concede que, tratando-se, no caso em questão, de pensadores extremamente refinados, eles utilizam essa metodologia cautelosamente, fazendo concessões, sempre que necessário. Mas retruca que isso não adianta, que há poucas chances de resolver os problemas quando é a própria superestrutura da teoria que está em xeque.

Isto posto, Mill passa à explicação do verdadeiro método das ciências sociais. Concluindo o capítulo, ele afirma:

> A teoria que foi objeto dessas reflexões é, pelo menos em nosso país, o principal exemplo contemporâneo daquilo que eu denominei o método geométrico de filosofar em ciências sociais. (...) Tendo ilustrado suficientemente os dois métodos equivocados [o químico e experimental e o geométrico e abstrato], podemos passar, sem maior demora, ao verdadeiro método; aquele que (conforme a prática das ciências físicas mais complexas) procede dedutivamente, mas pela dedução de muitas, não de uma ou de algumas poucas premissas originais; considerando cada efeito (como ele realmente é) enquanto um resultado agregado de muitas causas que operam, às vezes por meio da mesma, às vezes por meio de diferentes ações ou leis mentais. (p. 81-2)

Como fica claro, Mill recusa-se a pensar que uma ciência da sociedade possa ser puramente experimental, puramente indutiva. De outro lado, alerta também para o fato de que a dedução que os fenômenos sociais demandam não pode ser inteiramente "abstrata". Mas o que significa esse termo aqui? Significa especificamente que a dedução não pode ser tal que ignore a complexidade típica dos fenômenos sociais, que simploriamente admita que cada fenômeno possa ser explicado como resultado de uma única causa. Pelo contrário, é a totalidade das características da natureza humana que influencia esses fenômenos, e não há nenhuma delas que os influencie em menor grau, ou cuja modificação não afete a sociedade como um todo. Sendo assim, o método mais adequado para se estudar esses objetos é o método dedutivo, mas uma dedução à moda da astronomia não à moda da geometria. Ao que tudo indica, portanto, o incômodo de Mill com o método dedutivo abstrato aqui não é de substância, mas de forma. Para ele, ao que parece, não se trata de resgatar a importância da observação, da indução, do estudo das regularidades empíricas, mas de fazer a dedução *correta*, vale dizer, a dedução que leve em conta a existência de múltiplas causas para cada efeito. Como vimos anteriormente, isso coloca um problema para Mill, visto que, no caso da economia política, Mill advogara precisamente o inverso, vale dizer, que ela dizia respeito ao homem somente enquanto um ser que deseja possuir riqueza. A partir dessa única lei da natureza humana é que deveria ser construído todo o edifício dessa ciência. Mas antes que retomemos essa questão, vejamos mais de perto as considerações de Mill a respeito do método correto que ele então batiza de "método dedutivo concreto", por oposição ao anterior "abstrato".

A primeira providência de Mill é lembrar das dificuldades envolvidas no estudo dos fenômenos sociais mesmo empregando a metodologia correta. Diz ele:

> Se todos os recursos da ciência não são suficientes para nos tornar capazes de calcular *a priori* e com completa precisão a ação mútua de três corpos gravitando em torno de um outro, pode-se por aí imaginar com que perspectivas de sucesso nós devemos nos empenhar para calcular o resultado de tendências conflitantes que estão agindo em mil direções diferentes e promovendo mil mudanças num determinado momento numa dada sociedade. (p. 84)

Apesar disso, alega Mill, nós podemos e devemos, partindo das leis da natureza humana, distinguir as tendências e indicar seus efeitos sobre a sociedade. As dificuldades com esse método não devem ser exageradas, porque existe um remédio para elas: a verificação. Ela consiste no confronto da conclusão do raciocínio com os fenômenos concretos eles mesmos ou, quando disponíveis, com suas leis empíricas. Entendendo-a como parte essencial do método dedutivo, ele afirma que o fundamento da confiança que se pode ter em qualquer ciência dedutiva concreta não é o raciocínio *a priori* ele mesmo, mas a conformidade de seus resultados com aqueles da observação *a posteriori*[19].

A partir da postulação de que a observação é parte indispensável e essencial do método dedutivo concreto, Mill começa a manobra para forjar uma espécie de método intermediário entre o puramente abstrato e o puramente concreto. Comentando a relação aí existente entre o *a priori* e o *a posteriori*, ele afirma: "qualquer um desses dois processos, separados um do outro, diminuem em valor à medida que o objeto cresce em complexidade e isto tão rapidamente que eles cedo tornam-se inteiramente sem

---

[19] Estaria aí o germe do instrumentalismo *à la* Friedman?

valor" (p. 85). Já quando considerados conjuntamente, sua importância e o grau de confiança que podemos ter são sempre elevados, mesmo se, eventualmente, a forma de operá-los tenha de se modificar. Nesses casos, lembra Mill, ocorre uma espécie de distúrbio na ordem de precedência dos dois processos, podendo-se chegar a uma verdadeira inversão,

> de tal maneira que, ao invés de deduzir nossas conclusões por raciocínio e verificá-las pela observação, nós, em alguns casos, começamos por obtê-las provisoriamente de uma experiência específica e, a partir daí, as conectamos com os princípios da natureza humana por meio de raciocínios *a priori*, os quais constituem então a verdadeira verificação. (p. 85)

Eis aí, pois, a definição do método dedutivo inverso, que, no capítulo 10 da *LMS*, Mill vai indicar como o único adequado para estudar quais são as causas que produzem e quais são os fenômenos que caracterizam os diversos estados de sociedade, estas últimas, para ele, as verdadeiras questões das quais se deve ocupar a ciência da sociedade[20].

Qual é a natureza dessa inversão, porém? Que consequências ela traz para a forma de conceber os fenômenos sociais e de tratá-los teoricamente? Só muito ingenuamente poder-se-ia ver aí um mero "expediente técnico", inofensivo, que utilizamos quando é preciso. Reparemos bem que, não se trata mais aqui, como no caso anterior, de encontrar formas de contemplar a possibilidade de que um determinado efeito seja resultado de várias causas; o "concreto" aparece aqui efetivamente como tal, como experiências específicas, como contextos dados... e determinantes. Assim, afirmar que este é o verdadeiro método para estudar em sua complexidade as questões sociais mais relevantes, implica, de alguma maneira, abandonar a hierarquia que Mill estabelece entre as leis de diversas naturezas que estão envolvidas nesse tipo de reflexão. Se as leis devem ser agora primariamente obtidas pelo estudo de experiências históricas específicas, então que estatuto passam a ter as famosas leis da mente e a concepção de natureza humana que está por trás delas? Proceder assim não é tomar o homem, antes de tudo, como um ser histórico e mutável? Em que medida tal método permanece então "dedutivo"?

No que tange à ciência da economia política, a situação de Mill fica agora ainda mais complicada que antes. Quando Mill simplesmente de-

---
[20] No capítulo 9 da *LMS*, Mill indica de forma clara a relação entre seu "método dedutivo inverso" e o pensamento de Comte. Diz ele: "O único pensador que, com um competente conhecimento dos métodos científicos em geral, buscou caracterizar o Método da Sociologia, A. Comte, considera esta ordem inversa como inseparavelmente inerente à natureza da especulação sociológica" (1987, p. 85).

fende o método dedutivo concreto contra o método dedutivo abstrato, o problema que surge quanto ao estatuto dessa ciência tem que ver apenas com aquilo que ele mesmo denomina de *consensus* das várias instâncias sociais, a saber, que nos fenômenos sociais há sempre em ação uma multiplicidade de causas, e que qualquer esfera de operação da sociedade acaba por ter influência sobre todas as demais. Sendo assim, Mill tem de justificar por que, no caso específico da economia, temos permissão de raciocinar "geometricamente"[21], ou seja, deduzir todas as leis de seu funcionamento tomando por base uma única lei da natureza humana e estudar autonomamente esse grupo de fenômenos. Todavia, no método dedutivo concreto, apesar da complexidade maior das tarefas, pode-se ainda raciocinar a partir do postulado da existência no homem de um núcleo fixo de características, a partir das quais as leis da mente podem ser deduzidas e combinadas posteriormente com as leis etológicas.

Mas, quando entra em cena o método dedutivo inverso, é precisamente esse procedimento que é colocado em xeque: se as "leis" são retiradas das experiências específicas, todas elas, por definição, historicamente condicionadas, como falar ainda em "leis da mente", em "natureza humana"? Uma solução para o impasse seria alargar de tal forma esse conceito que ele passasse a incluir também as leis que decorrem de experiências históricas determinadas. Mas ele guardaria nesse caso o mesmo estatuto que tinha anteriormente? Ou, alternativamente, poder-se-ia reduzi-lo a um mínimo, que contivesse apenas as determinações antropológicas gerais (por exemplo, formas físicas, capacidade de associar ideias, capacidade de se comunicar linguisticamente). Mas que funcionalidade ele teria então para a explicação dos fenômenos sociais?

Todos esses impasses ficam, pois, irresolvidos na obra de Mill. No capítulo 9 da *LMS*, ele procura, em primeiro lugar, mostrar que há, nas ciências sociais, lugar para ambos os métodos, o dedutivo direto e o inverso:

> [Comte] considera esta ordem inversa como inerentemente inseparável da natureza da especulação sociológica. Ele vê a ciência social como consistindo essencialmente de generalizações a partir da história, generalizações

---

[21] No ensaio de 1836 aparece explicitamente a indicação da geometria como ciência que guardaria, no que tange à relação teoria–verdade, postura semelhante à da economia política: "A economia política, portanto, raciocina a partir de premissas assumidas – a partir de premissas que poderiam não ter nenhum fundamento nos fatos e que não se pretende estarem universalmente de acordo com eles. As conclusões da economia política, consequentemente, como as da geometria, são verdadeiras somente enquanto a expressão comum é *no abstrato* (...)" (1979, p. 310).

verificadas, não originariamente sugeridas a partir de deduções das leis da natureza humana. Apesar da verdade dessa opinião, e sobre a qual eu me empenharei em mostrar a importância, eu não posso deixar de pensar que ela foi enunciada de uma maneira ilimitada, e que há um considerável escopo na investigação sociológica tanto para o método dedutivo direto quanto para o método dedutivo inverso. (p. 85)

Logo em seguida, porém, ele vai mostrar as dificuldades que o método dedutivo direto enfrenta nas ciências sociais, e refere-se, mais uma vez, tanto ao *consensus* quanto à natureza eminentemente mutável dos fenômenos sociais: "as circunstâncias não são as mesmas, nem mesmo proximamente as mesmas, em duas diferentes sociedades, ou em dois períodos distintos da mesma sociedade (...)" (p. 87). Assim, um tanto contraditoriamente, ele conclui:

A ciência dedutiva da sociedade não estabelecerá um teorema, asseverando de uma maneira universal o efeito de uma causa qualquer; mas ela nos ensinará como construir o teorema adequado para as circunstâncias de um dado caso. Ela não fornecerá as leis da sociedade em geral, mas os meios de explicar os fenômenos de uma dada sociedade a partir dos elementos particulares ou dos dados daquela sociedade. (p. 88)

É nesses marcos, portanto, que ele tenta defender a ciência da economia política como ciência autônoma, preservando-lhe as prescrições metodológicas que havia feito no ensaio de 1836. E começa dizendo:

Não obstante o *consensus* universal dos fenômenos sociais por meio do qual nada do que acontece em qualquer instância da sociedade deixa de influenciar todas as demais, e *não obstante a suprema ascendência que o estado geral da civilização e o progresso social em cada sociedade exercem sobre todos os fenômenos parciais e subordinados*, não é menos verdade que diferentes espécies de fatos sociais estão na dependência principal, imediatamente e em primeira instância, de diferentes tipos de causas; e, portanto, não apenas constitui uma vantagem como eles devem ser estudados à parte (...) Há, *por exemplo*[22], uma

---

[22] A expressão "por exemplo" dá a entender que a economia política seria apenas um caso entre outros de fenômenos sociais que seriam mais adequadamente estudados a partir de uma única característica da natureza humana. Como acabamos de ver, porém, para Mill, os fenômenos sociais são mais adequadamente estudados pelo "método dedutivo inverso", constituindo a economia política a única exceção, que não só tem como método mais eficiente o método dedutivo direto, mas, mais que isso, aquele método dedutivo mais abstrato, que raciocina à moda da geometria. Assim, por força da expressão "por exemplo", Mill tenta, talvez sem se dar conta disso, reduzir a importância do paradoxo metodológico em que se enreda.

ampla classe de fatos sociais cujas causas determinantes são principalmente aquelas que agem por meio do desejo de riqueza e cuja lei psicológica fundamental é aquela muito familiar de que um ganho maior é preferido a um menor (...) Um departamento da ciência pode então ser construído e tem sido chamado de Economia Política. (p. 88-9, grifos meus)

A partir daí Mill reproduz largas passagens de seu ensaio sobre a definição e o método da economia política e conclui pela importância de proposições gerais como essas, "mesmo se as influências perturbadoras de múltiplas outras causas não tenham sido levadas em conta e os efeitos das mudanças sociais em marcha tenham sido desconsiderados" (p. 91-2). Lembra finalmente que, ainda que se possa criticar os economistas por enunciarem incondicionalmente, como universais e absolutas, verdades que talvez só sejam aplicáveis a um determinado estado de sociedade,

> isto não desmerece o valor das proposições para o estado de sociedade a partir da qual elas foram construídas; e mesmo sua aplicabilidade para outros estados de sociedade (...). Embora muitas de suas conclusões sejam verdadeiras apenas localmente, seu método de investigação é aplicável universalmente. (p. 92)

Considerado todo o malabarismo intelectual que Mill se viu obrigado a realizar, cabe então perguntar: que estatuto tem aí o *homem econômico*? Como se relaciona ele com a "natureza humana"? A julgar pela defesa que Mill faz, mesmo na *LMS*, do método "universalmente aplicável" da economia política, existe uma natureza humana inescapável, que condena o homem desde sempre a buscar riqueza e a agir movido por tal interesse. Se assim não for, o que poderíamos entender por "método" aí? De outro lado, porém, Mill, incomodado com a complexidade dos fenômenos sociais e com seu caráter fortemente condicionado pelas circunstâncias específicas de cada época, acaba por atribuir ao método histórico de Comte um estatuto extremamente importante, obrigando-nos a retirar, não das leis da natureza humana, mas de experiências históricas específicas, as leis que devem explicar os fenômenos sociais. Nesse caso, e se o *consensus* é para ser levado a sério, como interpretar o *homem econômico*? Certamente, ele não poderá ser considerado como resultado da natureza humana, mas sim como produto de um conjunto determinado de circunstâncias históricas.

Com qual dos dois resultados devemos ficar? Do ponto de vista metodológico, o primeiro resultado nos leva a uma ciência dedutiva e, mais que isso, a uma ciência dedutiva abstrata e não concreta, como julgava ideal o próprio Mill, visto que, parte-se aí de uma única lei da mente, valendo então as considerações empíricas meramente como fontes de validação das leis descobertas. Consequentemente, abraça-se aqui também o individualismo metodológico, visto que é a partir do comportamento do homem como indivíduo necessariamente ávido por (mais) riqueza que todo o edifício da ciência deve ser construído. Além disso, o *consensus*, que tanto preocupava Mill, não parece ter aqui muita importância, já que os fenômenos do mundo econômico podem ser estudados autonomamente, liberando-nos da necessidade de compreender a sociedade em seu conjunto. Já o segundo resultado nos leva a posições opostas. Os fenômenos econômicos não podem ser devidamente explicados sem que compreendamos a natureza da sociedade em que eles se inserem. A ciência, portanto, jamais poderá ser dedutiva, menos ainda abstratamente dedutiva, porque seu objeto é por natureza historicamente condicionado. O indivíduo que busca riqueza tem de ser entendido como um resultado histórico, não como produto da natureza humana, e, pois, são os fatores supra-individuais que primordialmente devem dar conta da explicação dos fenômenos sociais. Nesse caso, ainda que se possa continuar a falar em "leis da mente", elas terão de ser entendidas *cum grano salis*, vale dizer, como tendo validade somente em relação a sistemas sociais específicos. Outro teria de ser, portanto, o processo atribuído à construção de tais leis. Elas não decorreriam de um movimento de introspecção em abstrato (tal como as ideias claras e distintas de Descartes), mas, sendo o homem um ser historicamente determinado, tal introspecção refletiria justamente esse contingenciamento[23], descaracterizando a propriedade "universal" a elas atribuída.

Como esperamos ter demonstrado, ambas as posturas são igualmente atribuíveis a Mill, que se mostra então como um exemplo emblemático da contradição que atinge a ciência econômica desde seu início, contradição que, por sua vez, prende-se à natureza contraditória do indivíduo ele mesmo. Por não admiti-la, a contradição, que é do objeto, passa para o discurso que é feito sobre ele, e o discurso se contradiz[24]. Mas será essa a única explicação para tamanha oscilação? Veremos na próxima seção que, se essa é uma explicação razoável para dar conta do paradoxo de Mill, outras variáveis existem que também podem explicá-la e elas têm seu solo nas contingências locais da produção desse discurso.

---

[23] Nesse caso caberia a famosa frase de Marx no prefácio de *Para a crítica da economia política*: "não é a consciência dos homens que determina seu ser, mas, ao contrário, é seu ser social que determina sua consciência".

[24] Sobre o processo de passagem da contradição do objeto para o discurso que dele se faz veja Fausto (1987).

O paradoxo de Mill e a realidade do capitalismo europeu em meados do século XIX

Como indicamos anteriormente, o homem não nasce indivíduo enquanto tal (a não ser, é claro, enquanto individualidade fisiológica). Ele é *posto* como indivíduo pelo processo histórico, através da igualdade jurídica que lhe concede a liberdade, e através do direito privado de posse que o liberta da comunidade. E, como já assinalamos, é na Inglaterra de Mill e Bentham que o homem veste primeiramente esse figurino. Antes deles, já Hobbes e Locke haviam se preocupado com essa aparição, ainda que, ideologicamente, como também vai ocorrer no caso de Bentham, imaginassem estar falando da "natureza humana" ou do "estado de natureza", na fórmula que eles tornaram clássica. Qual era a preocupação de Hobbes e Locke (e que cada um resolveu teoricamente à sua moda) quando procuraram distinguir "o estado de natureza" do "estado de sociedade"? Encontrar os fundamentos (ou a origem) do Estado, ou seja, resolver o problema da organização social e do poder. Mas esse problema, ainda que possa ser visto de forma abstrata como um problema do homem genericamente considerado, só passa a existir concretamente num mundo em que os parâmetros hierárquicos que antes o estruturavam (sabia-se por meio deles quem mandava em quem e quem obedecia a quem) estavam se perdendo a olhos vistos, graças à importância cada vez mais avassaladora do dinheiro. Apesar de travestidas de teorias que lidavam com problemas decorrentes da "natureza humana", era de problemas de seu tempo que elas estavam tratando (ou, mais especificamente, dos "novos tempos", que já estavam arrombando a porta da História). Assim, a "guerra de todos contra todos" a que se refere Hobbes pode, à revelia do próprio autor, ser compreendida tanto como a situação gerada pelo fato de que, a partir do advento da Modernidade, a sociedade aparece a cada indivíduo apenas como uma necessidade externa, servindo a cada um deles como simples meio para a realização de seus fins particulares, quanto como uma representação metafórica da encarniçada guerra que a concorrência intercapitalista põe em marcha[25].

---

[25] Mais à frente, quando discutirmos as posições de Hayek, veremos que, de fato, tanto em Hobbes quanto em Locke, precisamente pelo foco de os dois autores não estar exclusivamente no plano das relações materiais, mostra-se com um pouco mais de clareza a contradição constitutiva do indivíduo moderno. Todavia, não parece ilegítimo pensar o "homem lobo do homem" como o indivíduo para quem a "sociedade" constitui tão somente um instrumento para fazer valer seus interesses privados e/ou como uma descrição da concorrência capitalista.

Como vimos, ao tentar fazer da ética uma disciplina tão exata quanto a geometria, Bentham não fez nada mais do que ecoar a fantasia que o novo mundo e sua vitoriosa classe faziam de si mesmos, a despeito dessa luta sem tréguas que o capital instaura e da miséria dos trabalhadores na Inglaterra de então[26]. Demonstrar a necessária coincidência entre os interesses particulares e o interesse geral (decorrência obrigatória do axioma que postula que a comunidade é a soma dos indivíduos que dela fazem parte) era, por assim dizer, o arremate moral de que necessitava a economia política, que já havia nascido e que já havia revelado mão previdente do mercado[27].

Todas essas teorias compunham um quadro adequado à explosão das relações capitalistas que se verifica na Inglaterra a partir do fim do século XVIII. Segundo Hobsbawm (1994, p. 18-20), a "era das revoluções" – 1789-1848 – foi o período em que as forças que vinham solapando a velha sociedade e construindo uma nova puderam celebrar definitivamente a conquista. Desde então não apenas os países diretamente afetados por esse súbito triunfo, mas praticamente o mundo todo ficou exposto ao impacto explosivo dessas novas forças.

> Sua mais notável consequência para a história mundial foi estabelecer um domínio do globo por uns poucos regimes ocidentais (e especialmente pelo regime britânico) que não tem paralelo na história. *Ante os negociantes, as máquinas a vapor, os navios e os canhões do Ocidente – e ante suas ideias* – as velhas civilizações e impérios do mundo capitularam e ruíram (...) Por volta de 1848, nada impedia o avanço da conquista ocidental sobre qualquer território que os governos ou os homens de negócios ocidentais achassem vantajoso ocupar,

---

[26] Segundo Hobsbawm (1994, p. 322-3), a despeito de todos os triunfos materiais da Europa e particularmente da Inglaterra, a partir do último quartel do século XVIII, que os quadros estatísticos não cansam de apontar, há um lado obscuro que os números não contam. A Revolução Industrial criara o mundo mais feio no qual o homem jamais vivera "como testemunhavam as lúgubres, fétidas e enevoadas vielas dos bairros baixos de Manchester". Esse mundo era, além do mais, um mundo infeliz de "homens e mulheres desarraigados em quantidades sem precedentes, e privados de toda segurança (...) Ninguém podia negar que havia uma pobreza espantosa. Muitos sustentavam que estava mesmo aumentando e se aprofundando. E ainda assim, pelos eternos critérios que medem os triunfos da indústria e da ciência, poderia até mesmo o mais lúgubre dos observadores racionalistas sustentar que, em termos materiais, o mundo estava em condições piores do que em qualquer época anterior, ou mesmo do que em países não industrializados do presente?"

[27] *Princípios da moral e da legislação* é publicado pela primeira vez em 1789; *A riqueza das nações*, em 1776.

como nada, a não ser o tempo se colocava ante o progresso da iniciativa capitalista ocidental. (Hobsbawm, 1994, p. 19)

Ao mesmo tempo, lembra o historiador, no último quartel do século XVIII, ainda que talvez não suficientemente disseminada, já se podia contar como certa a crença ideológica no progresso individualista. O *homo economicus* de Mill viria assim, poucas décadas depois, completar o quadro das imagens mais bem pintadas que o ideário vitorioso de então podia fazer do "homem". Invertendo as coisas, o homem econômico pode ser visto como uma outra forma de falar do esperto mercado, só que agora, mais visivelmente, atribuindo tão arguta previdência ao próprio indivíduo e sua capacidade racional de buscar os melhores resultados possíveis.

Um ideólogo ingênuo, que se limitasse a matraquear de modo mais sofisticado os juízos que as orgulhosas classes negociantes faziam de si mesmas e do mundo que criavam, dar-se-ia por satisfeito. Mas Mill hesita e a posição em que coloca o homem econômico na *LMS* é dúbia, para dizer o mínimo. Como entender esse titubeio de Mill? Além da contradição inerente ao indivíduo enquanto tal e da qual Mill evidentemente não se dá conta, uma explicação que se encontra amiúde em sua fortuna crítica está ligada à influência que ele teria sofrido das ideias de August Comte, opostas, em vários sentidos, à escola utilitarista da qual ele provinha. Ainda que exista aí um grão de verdade, creditar a contínua oscilação de Mill apenas a isso não satisfaz. Cabe perguntar também: que mundo era esse no qual vivia Mill e que mundo o aguardava perto da metade do século XIX, quando ele escreve a *LMS* que vimos de comentar, com todos seus paradoxos e incongruências?

De um lado, essa é uma época de afirmação dos negócios e das crenças do mundo burguês, um período de prosperidade econômica, a despeito dos maus resultados de 1841-1842, particularmente na Inglaterra; de outro, porém, é um período de enorme tensão, em que um vulcão social está prestes a eclodir, o que ocorre de fato em 1848. Quanto a este último aspecto, segundo Hobsbawm (1994), cujos argumentos continuamos a acompanhar, o que se sentia concretamente em toda a Europa, pouco antes da metade do século, era a consciência de uma revolução social iminente, consciência que não se restringia aos revolucionários que a preparavam ou aos governantes que a temiam, mas que se difundia mesmo pelas camadas mais baixas e pobres da população.

Em meio a tal conturbação, a própria aparência do mundo social denunciava as contradições dos "novos tempos", por mais alto que o mundo burguês falasse bem de si mesmo. Nessas circunstâncias, mostrar a liberdade individual como meio indisputável para se atingir o ideal da boa sociedade – no qual progresso individual e progresso social coincidem – era tarefa das mais árduas[28].

Como imaginar que tal situação não tivesse nenhum efeito sobre Mill, que, além de pensador, tinha pretensão de reformador? Para se ter uma ideia do nível a que chega a oscilação de Mill, consideremos suas reflexões sobre a questão da injustiça social, que ele elabora no seu *Principles of Political Economy* (*PPE*), publicado pela primeira vez justamente em 1848. Ali, segundo Mattos (1998), ele vai indicar que

> a lesgislação vigente em seu tempo gerava e perpetuava a existência de uma classe de pessoas que, apesar de não trabalhar nem contribuir com qualquer sacrifício para a sociedade, tinha o direito de se apropriar de uma parcela do produto social.

E Mattos reproduz do *PPE* o seguinte trecho:

> [Não seria] justo ou salutar um estado de sociedade no qual exista alguma "classe" não trabalhadora (...) [Não deveriam existir] seres humanos isentos de ter que dar sua contribuição aos trabalhos necessários à vida humana (...). (Mill apud Mattos, 1998, p. 98)

Ao mesmo tempo, apesar de ancorá-la em justificativas de natureza moral e ética, tais como a necessidade de encorajar o desenvolvimento de um caráter individual forte, sem o que a sociedade moderna não chegaria à "boa sociedade", Mill vai fazer, na mesma obra, uma defesa incondicional do *laissez-faire*, por exemplo: "os agentes individuais têm um interesse tão mais forte e direto no resultado, que os meios têm muito mais probabilidade de serem melhorados e aperfeiçoados se deixados à sua livre escolha" (p. 131); e ainda "[o *laissez-faire*] deveria ser a prática geral; qualquer desvio em relação a ela, a não ser que seja justificado por um grande bem, é com certeza um mal" (p. 128).

Como fica claro, o titubeio de Mill não é apenas metateórico. Resvala fortemente para o plano teórico e mais ainda para o plano teórico-normativo ("não deveriam existir seres humanos isentos de trabalhar", ao mesmo tempo que: "o *laissez-faire* deveria ser a prática geral; qualquer desvio em relação a ela é um mal"). A despeito da oscilação, ou melhor, por causa dela, é que Mill é um ideólogo muito mais convincente e sofisticado do que o simplório Bentham. Sua oscilação é o reflexo, no plano do discurso, da dubiedade da própria aparência da nova sociedade, desde que, eviden-

---

[28] Mattos (1998) faz um estudo competente das relações entre economia política e reforma da sociedade no pensamento de Mill.

temente, se tivesse olhos para ver um pouquinho além do que mostrava, em meados do século XIX, a abstrata e rasa superfície do mundo dos negócios nas terras britânicas. Daí as palavras de Marx:

> A revolução continental de 1848 também repercutiu na Inglaterra. Homens que ainda pretendiam ter algum significado científico e que queriam ser algo mais do que meros sofistas e sicofantas das classes dominantes procuravam sintonizar a Economia Política do capital com as reivindicações não mais ignoráveis do proletariado. Daí surge um sincretismo desprovido de espírito, cujo melhor representante é Stuart Mill. (Marx, 1983, v. I, t. I, p. 17)

Mas se a hesitação de Mill é o reflexo, no plano das ideias, da dubiedade da própria aparência da nova sociedade, ela também, é, por outro lado, um produto típico do pensamento oscilante, que vagueia incansavelmente entre um e outro de dois polos opostos, em uma palavra, da *raciocinação*. Reparemos que Mill alinha, junto com a defesa da doutrina livre-cambista, reflexões que o aproximam perigosamente das considerações socialistas. E tornando públicas tais considerações justamente em 1848, por que não foi ele tomado por um perigoso revolucionário? Arantes vai buscar Gramsci para lembrar que: "só uma classe consciente de sua força, e das suas debilidades, pode assegurar o solo fértil da autocrítica, engendrar os intelectuais que 'representam a autoconsciência cultural, a autocrítica da classe dominante' (...)" (1996b, p. 27), e vai buscar Sartre, para quem "só as classes dirigentes podem se permitir o luxo de retribuir uma atividade tão improdutiva quanto perigosa" (Sartre apud Arantes, 1996b, p. 27).

Assim, além de ser sinal inequívoco da força das novas classes dominantes, os sentimentos e ideias desencontrados de Mill perante a realidade dos novos tempos, expressos, além do mais, com tamanha veracidade, funcionavam como a consciência crítica dessas classes e ao mesmo tempo prestavam-lhes um favor, como se eles mesmos estivessem dizendo: "Calma pessoal, sabemos dos problemas que a nova sociedade produziu, mas ainda assim ela é muito melhor do que as anteriores e esses pequenos defeitos serão resolvidos no seu devido tempo". Em uma palavra, Mill não faz aí nada mais do que cumprir seu típico papel de intelectual produzindo a ideologia adequada ao momento[29].

---

[29] Sobre ele, no mesmo capítulo 22 do livro I de *O capital*, em que desanca com Bentham, diz Marx: "Para evitar mal-entendido, quero deixar claro que, se homens como John St. Mill devem ser censurados pela contradição entre seus velhos dogmas econômicos e suas tendências modernas, seria absolutamente injusto confundi-los com o séquito de apologistas da Economia vulgar" (1983 v.I, t. II, p. 186). Mas a oscilação de Mill e seus frequentes volteios para escapar das contradições e conciliar o inconciliável irritam

Resumindo, Mill percebe a aparente autonomia do homem econômico e vislumbra, pois, a possibilidade de explicar todos os fenômenos dessa esfera tomando por base tão somente seu comportamento. Não deixa de ser legítima, portanto, apesar de sua confusão metodológica, a insistência de Mill na manutenção da economia política como ciência autônoma. Some-se a isso sua sincera crença nos benefícios que a nova sociedade traria ao homem e em como a necessidade de incessantemente buscar a satisfação de seus próprios interesses fortaleceria o caráter individual e tornaria auspicioso o futuro desses novos tempos. Mas Mill é traído nessas certezas pela realidade e pelo pensamento do século XIX e começa a se dar conta dos riscos de tal simplificação. Essa dubiedade com relação à forma de encarar o homem demanda analisarmos, mais acuradamente, qual a relação que existe entre as posições de Mill e o individualismo metodológico na ciência econômica. Retornemos, portanto, ao mundo das ideias em si, depois deste parêntese no mundo real.

O "homem econômico" e o individualismo metodológico

Como todo pensador de fôlego e com amplo escopo de preocupações, Mill desperta, até hoje, à semelhança de tantos outros do século XIX, reações as mais diversas. Por exemplo, há quem veja confusão e mudança inesperada de posições onde outros veem tão somente evolução e continuidade. No que tange à pertinente questão da relação de Mill com o individualismo metodológico na ciência econômica por conta de sua involuntária criação da figura do "homem econômico", as coisas não se passam de modo distinto. Há os que o filiam sem ressalvas a essa postura, indicando a coerência de seu pensamento: Lewisohn (1972), Persky (1995) indiretamente e, ao que tudo indica, Schumpeter (1954).

Marx e despertam-lhe inúmeras vezes os juízos cáusticos com que brindava os pensadores de sua época. Por exemplo, no capítulo 14 do livro I de *O capital*, Marx mostra que Mill generaliza de tal forma as categorias trabalho assalariado e capital que elas deixam de constituir categorias historicamente determinadas e ironiza: "Depois que Mill comprova claramente, dessa forma, que a produção capitalista, mesmo se não existisse, sempre existiria, é agora bastante consequente para provar que ela não existe, mesmo quando existe. (...) Na realidade, o trabalhador adianta, de fato, seu trabalho ao capitalista durante uma semana etc. de graça, para, no final da semana etc. receber seu preço de mercado; isso faz dele, segundo Mill, um capitalista! Na planície, até os montes de terra parecem colinas; que se meça a trivialidade de nossa burguesia hodierna pelo calibre de seus 'grandes espíritos'" (1983, v. I, t. II, p. 111-2).

Há, porém, aqueles que assim o enquadram, mas asseverando que ou isso é parte de sua confusão metodológica (Blaug, 1993), ou essa intenção reverte em seu contrário (Popper, 1968). Há, finalmente aqueles que indiretamente apontam para um paradoxo de Mill nessa questão (Mattos, 1996). Vejamos então essas diferentes posições.

Segundo Lewisohn,

> [Mill] não aceita a existência de fatos gerais nem a crença de que, na sociologia, as totalidades sociais são melhor conhecidas e podem ser conhecidas antes da investigação de suas partes. A análise de Mill das instâncias sociais e institucionais *segue o individualismo metodológico* de Hobbes, Locke e Bentham (...) a teoria benthamita ainda continuava a ser o fundamento do pensamento de Mill sobre o método das ciências sociais. (1972, p. 324, grifos meus)

Para Lewisohn, a influência sobre Mill da obra dos pensadores do século XIX, particularmente Comte, não foi tão grande quanto se imagina. Pelo contrário,

> (...) a partir de uma análise do desenvolvimento da teoria social de Mill, pode-se demonstrar que a maior parte dessa teoria foi formulada em 1830--31, dez anos antes de que a influência de Comte sobre Mill se tornasse um fator digno de nota. (p. 315)

Ele parece admitir, no entanto, que, em função desse contato, teria havido um *turn* ideológico no pensamento milliano, o que o teria levado a um certo ecletismo. A despeito disso, procura mostrar a coerência de seu discurso e seu apego à tradição anterior, que ele identifica com o individualismo metodológico de Hobbes, Locke e Bentham. Mas a posição de Lewisohn não é confortável. Fica extremamente difícil, a partir de seus argumentos, explicar o capítulo 8 da *LMS*, no qual, como vimos, Mill gasta um bom número de páginas para mostrar a insuficiência daquilo que então chama "método dedutivo abstrato ou geométrico" e em que usa, para mostrar como é efetivo tal equívoco no pensamento de sua época em seu país, precisamente o pensamento da escola benthamita[30].

Posição semelhante à de Lewisohn parece advogar Persky (1995). Para esse autor, Mill usa, de fato, uma psicologia "rudimentar" para construir o seu homem econômico. Contudo, segundo sua visão, Mill nunca abandona o mé-

---

[30] A crítica de Mill à escola benthamita é mais um indício a reforçar a dubiedade de seu pensamento, visto que Mill, nove anos antes do surgimento da *LMS*, publica *Remarks on Bentham's Philosophy*, em que, segundo seus comentadores, procura responder às críticas sofridas pela moral benthamita, tentando estruturar filosoficamente aquilo que seria uma moral liberal.

todo dedutivo que ele prescrevera no ensaio de 1836. Mesmo nas passagens dos *Princípios de economia política* nas quais Mill analisa a situação da Irlanda e seu sistema de *Cottier*[31], ele estaria simplesmente mostrando, caso a caso, como se dá a interação entre o homem econômico e as instituições econômicas (regime de propriedade, estrutura de incentivos etc). Segundo esse autor, Mill esteve sempre demonstrando a validade de sua proposta, qual seja, *postular uma natureza humana simples* e mostrar como ela interage com as instituições reais. Notemos que o estratagema de Persky aqui consiste precisamente em restringir o núcleo fixo de características ao qual se poderia atribuir o rótulo de "natureza humana".

Persky tendo razão, o resultado seria o mesmo de Lewisohn: não existiria contradição na reflexão de Mill acerca da natureza e do método das ciências da sociedade; ela seria apenas aparente. Cumpre assinalar, porém, que, no intuito de demonstrar o psicologismo/individualismo de Mill, Persky chega paradoxalmente à conclusão oposta: "Na verdade, o projeto teórico e empírico *central* de Mill era usar o homem econômico, com sua rudimentar mas manejável psicologia, para provar que *as instituições importam*" (1995, p. 224, grifos meus).

A esse respeito, aliás, Mattos (1998) tem, a nosso ver corretamente, posição totalmente oposta. Para ela há efetivamente uma certa ambiguidade no pensamento metodológico de Mill. Por isso, nas passagens dos *Princípios* em que Mill analisa a Irlanda, ele estaria utilizando o método dedutivo inverso e não o método dedutivo direto, justamente em função do fato de não estar ali presente a motivação que fundamenta a ciência da economia política. Mattos conclui então que, em sua prática enquanto economista, Mill teria conseguido manter uma coerência metodológica que não se sustenta em seu discurso sobre a ciência. Em outras palavras, a prática de Mill enquanto economista teria revelado, a despeito de seu discurso metodológico em defesa do método dedutivo direto para a ciência da economia política e da universalidade desse

---

[31] Sistema de arrendamento da terra predominante na Irlanda do tempo de Mill, em que os trabalhadores arrendavam a terra diretamente dos proprietários e o valor dessa renda era determinado pela concorrência. A concorrência entre os trabalhadores pela obtenção do pedaço de terra a cultivar tornava-a, porém, fictícia, de modo que o resultado prático era o seguinte: todo o produto obtido tinha de ser entregue ao proprietário (excetuados o mínimo necessário para dar continuidade à produção e para a subsistência dos próprios trabalhadores). Segundo alguns de seus comentadores, essa é uma das passagens de seu *PPE*, em que ele explicitamente utiliza o "método dedutivo inverso", e não o método abstrato que advogava para a ciência econômica e que utilizara na maior parte dos *Principles*. Persky, como se vê, não concorda com essa avaliação.

método, que mesmo nesse campo de reflexão a pesquisa tem de ser realizada pelo método dedutivo inverso, o que implicaria concluir, mas agora a conclusão é nossa, que a motivação "busca de riqueza" não pode ser creditada a uma natureza humana inflexível e desde sempre determinada, mas que, contrariamente, ela é o resultado da influência sobre os seres humanos de um determinado conjunto de circunstâncias sociais e históricas.

Se a conclusão estiver correta, ainda que possa ser legítima a defesa do individualismo metodológico nas reflexões da economia política, é preciso ter clareza de que essa não é uma "ciência universal", mas uma ciência que tem por objeto um determinado arranjo social, no qual a generalização das trocas constitui-se na forma por excelência de organização da vida material do homem. E por que razão pode-se dizer que há, feitas tais qualificações, legitimidade na defesa do individualismo metodológico? Precisamente pelo fato de que tal postura envolve implicitamente a percepção da importância que tem, na sociedade moderna, o indivíduo, e, portanto, seu comportamento. Entendido como personagem social posto pela História, o indivíduo transforma-se, no mundo das relações materiais, em "homem econômico", e é só aí que sua individualidade parece poder efetivamente se realizar. Nessa esfera, a "sociedade", que poderia antepor-se como constrangimento a seu comportamento, não aparece como tal, vale dizer, como *locus* de relações sociais, mas como "coisas" – o dinheiro, as mercadorias etc. Estas últimas considerações, de inspiração claramente marxista, indicam, no entanto, que, ainda que legítima, tal postura metodológica é discutível, visto que a autonomia do homem econômico, vale dizer, sua realização como indivíduo, não é, nesta visão, uma efetiva realização.

Mas deixando, por ora, de lado, essa questão da legitimidade/discutibilidade da defesa do individualismo metodológico na ciência econômica, vale lembrar que é nesse sentido, ou seja, na consideração da autonomia de que de fato parece dispor o homem econômico, que Mill poderia ser enquadrado como um individualista metodológico. Do que coloca Schumpeter, porém, deduz-se que esta não seria uma postura original. Para ele, Mill, no ensaio de 1836, não teria feito nada mais do que tornar explícita e consciente uma relação desses cientistas com seu objeto que transparecia desde os primeiros trabalhos da chamada economia clássica. Diz Schumpeter:

> Como vimos, a sociologia econômica e, em particular, o conhecimento histórico e etnológico das instituições sociais tiveram um progresso bastante satisfatório no período em questão [Schumpeter refere-se aqui ao período posterior a 1870]. Mas a economia geral de que vou tratar foi muito pouco afetada por esses desenvolvimentos. Seu arcabouço institucional permaneceu praticamente

intacto, isto é, nos mesmos marcos em que havia sido lançado pelos clássicos ingleses e, em particular, por J. S. Mill. As nações continuaram os mesmos conglomerados amorfos de indivíduos. As classes sociais não eram entidades vivas e atuantes, mas simples rótulos afixados a funções econômicas (ou categorias funcionais). Tampouco eram os indivíduos seres vivos e atuantes: continuavam a ser simples cabides nos quais se penduravam proposições de lógica econômica. E com o crescente rigor da apresentação, estes cabides tornaram-se ainda mais visíveis do que haviam sido nos trabalhos do período precedente. (1954, p. 886-7)[32]

Mais adiante, Schumpeter enquadra essa postura no que chama de individualismo metodológico. Ele lembra que os críticos sempre desdenharam essa simplificação com a qual trabalhava a economia política (segundo estes últimos tratava-se de uma pobre sociologia e de uma ainda mais pobre psicologia). Segundo sua visão, porém, esses críticos nunca perceberam que, considerado um conjunto limitado de problemas, esta poderia ser uma metodologia inteligente. Para ele é preciso realmente criticar o "individualismo sociológico", largamente difundido nos séculos XVII e XVIII (segundo o qual a soberania individual constituiria a unidade última das ciências sociais), se se pretende, a partir dele, conceber uma teoria do progresso social. Contudo, não se segue daí que

(...) para propósitos especiais de um particular conjunto de investigações, não seja admissível partir de um comportamento dado dos indivíduos, sem entrar em consideração sobre os fatores que o determinaram. (...) Neste caso, falamos de individualismo metodológico. (p. 889)

Como se vê, Schumpeter não faz aqui referência ao paradoxo de Mill que vimos de analisar. Pelo contrário, Mill aparece como uma figura determinante no desenho da postura metodológica que teria marcado toda a evolução da ciência econômica, desde seu nascimento, com os clássicos ingleses, até sua transformação operada pela revolução marginalista.

---

[32] Essa interessante atribuição aos indivíduos do papel de "cabides onde se penduram proposições de lógica econômica" feita por Schumpeter é sintomática da contradição constitutiva do indivíduo que estamos tentando demonstrar. Cabide é por acaso alguma coisa da qual se possa dizer que tem autonomia e independência na condução de seu próprio destino? É um desajuste dessa ordem que vai deixar Hayek irado e vai fazê-lo defender "contra o falso individualismo atomista da teoria neoclássica", o verdadeiro individualismo de Smith. Schumpeter parece não fazer essa distinção, pois não separa Smith – no qual, apesar do caráter autocentrado do ser humano, o homem econômico ainda não estava presente, estando em seu lugar as classes sociais – e Mill, que precisamente advoga a construção da ciência da economia política a partir do homem econômico. Mais sobre isso à frente.

Posição muito distinta dessa tem Popper (1968). Para ele, o aspecto saudável da postura de Mill encontra-se justamente na sua insistência em afirmar que os homens, quando em conjunto, não alteram sua substância. Depois de quotar a passagem do capítulo 7 da *LMS* em que Mill se refere a essa questão, afirma Popper:

> Esta última obsevação de Mill apresenta um dos aspectos mais louváveis do psicologismo, vale dizer, sua saudável oposição ao coletivismo e ao holismo (...) Acredito que o psicologismo é correto apenas na medida em que persevera no que pode ser chamado "individualismo metodológico", em oposição ao "coletivismo metodológico": com razão ele insiste em que o "comportamento" e as "ações" das coletividades, tais como estados ou grupos sociais, devem ser reduzidos ao comportamento e às ações de indivíduos humanos. (1968, p. 430)

Mill, porém, teria se equivocado ao identificar o individualismo ao psicologismo. Segundo sua visão, este último redunda no historicismo, porque é obrigado a operar com a ideia do começo da sociedade e de uma natureza humana pré-social e, daí (eis de fato o que incomoda Popper), com a ideia de um desenvolvimento histórico causal e, portanto, do determinismo, com o qual se julga poder profetizar o curso da História (1968, p. 431-5).

Independentemente da correção ou não do argumento de Popper, parece-nos que sua posição no que concerne às causas da reversão do pensamento de Mill não é correta. Segundo esse autor, "é, *sem dúvida*, o psicologismo de Mill o que o força a adotar um método historicista" (1968, p. 431, grifo meu). Em primeiro lugar parece discutível a identificação que ele opera entre o individualismo de Mill e o psicologismo, tal como ele entende este último. Em segundo lugar, Popper não define exatamente o que seria o "método historicista" que Mill teria adotado. Tudo indica, porém, que ele se refere mesmo àquilo que Mill chamou "método dedutivo inverso", e que era, de fato, o método histórico de Comte. As passagens que Popper seleciona da *LMS* para mostrar a situação, segundo ele "desesperada", em que Mill fica com seu "historicismo-psicologista", encontram-se no capítulo 10 dessa obra, precisamente aquele em que Mill defende e apresenta esse método como o único adequado para lidar com as questões mais relevantes das ciências da sociedade.

Ora, ainda que possamos admitir que o psciologismo, tal como Popper o entende, possa levar a uma visão determinista da História e do progresso social, parece-nos, em função de tudo que aqui vimos, muito mais plausível a hipótese de que a posição dúbia de Mill deriva: a) do caráter contraditório do indivíduo, do qual ele não se dava conta; b) de seu contato com pensadores como Comte, com uma visão de sociedade totalmente distinta daquela que marcava a tradição à qual ele pertencia; e *last but not least* c) dos constrangimentos reais que o desenvolvimento capitalista de meados do século XIX na Europa impunha a seu pensamento. Adepto sincero do liberalismo e tendo se preocupado de início com a ciência da economia política, Mill teve de considerar o homem tal como ele *aparece* na esfera econômica, ou seja, enquanto ser autônomo, livre e independente. Preocupado, porém, com a questão da mudança e do progresso da sociedade e acuado pela conturbação social que agitava a Europa nessa época, além da miséria que se alastrava, Mill, aproximando-se do "pensamento do século XIX", acabou por ficar numa posição paradoxal[33], seja no tocante à questão da metodologia mais adequada para lidar com as questões sociais, seja no que diz respeito à possibilidade de uma ciência econômica autônoma, seja, finalmente, quanto ao estatuto do "homem econômico" e suas relações com a "natureza humana" e o individualismo metodológico. Vejamos, para finalizar, a posição de Blaug (1993), um popperiano confesso, a respeito dessa questão.

A irritação maior de Blaug com as reflexões metodológicas de Mill sobre as ciências da sociedade deriva, ao que tudo indica, do fato de, nessa área, ter ele abandonado o método indutivo, que defendia para todo o restante do universo científico:

> (...) após devotar quase todo o livro [a *Lógica*] à defesa dos métodos indutivos na ciência e na matemática, Mill aborda na parte final a metodologia do que denominou "ciências morais" (...), onde surpreendentemente aceita que os métodos indutivos sejam considerados inúteis, de uma forma geral, devido à frequência de causas combinadas de muitas fontes. (1993, p. 108)

Mais adiante, ele afirma:

> Após desenvolver os quatro métodos [da indução] para ajudar na descoberta de leis causais e provar que elas podem ser universalmente aceitas, ele se volta na última parte da *Lógica* às ciências sociais, onde candidamente admite que os quatro métodos não são aplicáveis. (p. 109)

---

[33] A contradição do discurso, é bom que se diga, não é privilégio de Mill. Popper, ele mesmo, é extremamente contraditório. Ao mesmo tempo que defende o individualismo metodológico, o aspecto "saudável" do psicologismo de Mill, ele afirma coisas como: "É preciso admitir que a estrutura de nosso ambiente social é feita pelo homem num certo sentido; isto é, que as instituições e as tradições não são nem trabalho de Deus, nem da natureza, mas os resultados das ações e decisões humanas (...) Mas isso não significa que elas sejam conscientemente desenhadas e explicáveis em termos de necessidades, esperanças ou motivações" (1968, p. 432-3).

Surpreendentemente, Blaug apresenta uma explicação extremamente simplória para essa atitude de Mill, que só parece compreensível em função de sua irritação por não ter sido Mill, que justamente dispunha das credenciais para tanto, uma espécie de popperiano *avant la lettre* ou de precursor na defesa do que é, para ele, a postura metodológica correta com relação à ciência econômica. Blaug credita essa mudança de posição de Mill no que tange às ciências sociais a um *deliberado* (!!!) intuito de confundir, colocando no mesmo diapasão a adesão, para ele firme, de Mill, ao individualismo metodológico:

> Ainda há mais na última parte da *Lógica* de Mill [a *LMS*]: uma arrojada defesa do monismo metodológico; uma adesão firme ao princípio do individualismo metodológico; e uma insistência em indicar que a análise positiva e não a normativa é a chave para a ciência, até mesmo no campo social. Porém, o súbito apoio aos métodos dedutivos após uma centena de páginas com elogios aos indutivos, sem mencionar o fato de que a maior parte da discussão no final se dá acerca da então nascente ciência da sociologia e toca apenas superficialmente na já madura ciência da economia, *mostra bem sua intenção de deixar o leitor completamente confuso* (...). (p. 110)

Como se percebe, em virtude dos particulares óculos com que Blaug enxerga as reflexões de Mill, ele não se dá conta justamente do paradoxo mais interessante no pensamento desse autor, vale dizer, aquele que contrapõe o método dedutivo direto ao método dedutivo inverso, com todas as consequências que daí advêm no que diz respeito à noção de natureza humana, ao caráter historicamente marcado dos fenômenos sociais etc. Tampouco entra Blaug nas considerações que marcaram a interpretação de seu mestre (Popper) a respeito da natureza do individualismo metodológico de Mill. Para ele, simplesmente, Mill defende o princípio do individualismo metodológico em função de sua incompreensível mudança de postura, no sentido dos métodos dedutivos, quando o universo em questão é o dos fenômenos sociais. A esse respeito, portanto, acreditamos que, apesar do equívoco de sua análise, Popper enfocou um aspecto muito mais interessante das reflexões metodológicas de Mill acerca das ciências da sociedade.

Como esperamos ter demonstrado, há muita controvérsia a respeito do significado do pensamento de Mill sobre questões metodológicas atinentes aos fenômenos sociais, o que só prova o caráter controvertido e paradoxal do conjunto de tais reflexões, entre as quais a problemática do individualismo metodológico. Como indicamos anteriormente, tal caráter decorre, segundo nossa visão, da natureza contraditória da própria figura que está no centro de toda essa discussão, vale dizer, o indivíduo, e da forma como ele aparece na esfera dos fenômenos econômicos que primeiramente ganhou a atenção de Mill. Trata-se aqui, como em vários outros casos, de uma contradição que invade o discurso, precisamente pela tentativa que se faz, por meio dele, de evitar a contradição que é inerente a seu objeto. De outro lado, a agitada fisionomia da sociedade em que Mill viveu e seu papel como advogado do liberalismo também fizeram sua parte na produção desse discurso interminavelmente oscilante.

Resta, porém, uma última observação. Ela diz respeito ao efetivo papel que teria tido Mill na discussão acerca da importância que tem o individualismo metodológico para a ciência econômica. Para nós parece claro que, ao desenhar involuntariamente a figura do "homem econômico" no ensaio de 1836, e independentemente das contradições em que posteriormente se envolve por conta das reflexões desenvolvidas na *LMS*, Mill aponta na direção de uma defesa de tal postura. Ao assim proceder, ele estaria tornando explícito aquilo que estava implícito no discurso da economia clássica que o precedeu. Mas ao pôr o indivíduo como homem econômico no nível do discurso metateórico, Mill, sem o saber, abria as portas para sua efetiva posição (isto é, para sua explicitação) também no nível do discurso teórico, o que se concretizaria pouco depois com o advento da revolução marginalista. Certamente é a isso que Schumpeter se refere quando diz que, no período posterior a 1870, com o crescimento do rigor na apresentação da ciência econômica, o papel dos indivíduos, enquanto simples cabides em que se dependuram proposições de lógica econômica, ficou ainda mais visível.

Contudo, não ocorre a Schumpeter a diferença que há entre o implícito e o explícito no nível do discurso. Daí por que, parece-nos, ele dá a entender que não teria havido nenhum tipo de modificação entre, de um lado, o indivíduo tal como ele se mostra nos primeiros trabalhos da economia clássica e, de outro, o indivíduo tal como posto pela teoria neoclássica. No entanto, essa diferença é forte o suficiente para que um pensador da estatura de Hayek diferencie os dois tipos de individualismo que daí surgem, chamando o primeiro (da economia clássica) de verdadeiro e o segundo (da economia neoclássica) de falso[34]. Sem o saber, Hayek está com isso demonstrando aquilo que vimos de reivindicar, a saber, o caráter contraditório do indivíduo ele mesmo: explicitamente posto como tal no nível da teoria, ele se mostra em sua contradição e daí a "falsidade" que Hayek percebe no individualismo da teoria neoclássica. Para que ele não se

---

[34] "Individualismo: Verdadeiro e Falso" (1948b, p. 1-32) é o ensaio em que Hayek trata dessa questão.

mostre como contraditório, portanto, ele tem de permanecer implícito, isto é, "não dito", tal como se encontrava no mundo clássico. Mill teria assim dado, com o ensaio de 1836, um largo passo no sentido de (para o bem ou para o mal) viabilizar essa operação de passagem do explícito para o implícito e, pois, também para a mudança na natureza do individualismo, que marca a ciência econômica. Nem por isso, contudo, acreditamos que, do ponto de vista da ciência que Mill efetivamente praticou nos *Principles*, tal postura tenha sido seguida. Enquanto economista, parece-nos, Mill foi ainda um economista clássico, o que, aliás, conta como um ponto a mais a indicar a dimensão da contradição na qual se envolveu seu pensamento.

4

HOMEM ECONÔMICO, HAYEK E O INDIVIDUALISMO

Como temos tentado demonstrar, a sociedade forjada pelo advento da Modernidade é eivada de contradições: a ordenação racional das novas formas de vida fragmentou o homem; a igualdade e liberdade que prometeu só existem no plano fenomênico; a propriedade, que, em princípio, contempla a todos, pode ser uma pura abstração; e por aí vai.

Todavia, no plano das relações materiais, como demonstra Marx, igualdade e liberdade parecem efetivamente existir, uma vez que, no mundo das trocas e do mercado, todos são igualmente donos de mercadorias e livres para efetuar ou não as trocas possíveis. Da mesma forma, a propriedade se mostra uma instituição efetivamente universal, visto que, em princípio, todos têm algo de seu para vender, mesmo que este algo seja uma mercadoria que, em determinadas circunstâncias, pode não ser desejada por ninguém, como a força de trabalho.

O personagem principal dessa nova sociedade é evidentemente o indivíduo, e seu funcionamento dentro da nova engrenagem é caracterizado por um duplo posicionamento. De um lado, pela própria complexidade da nova ordem social que ele protagoniza, sua relação com seu outro, que é a sociedade, é uma relação contraditória, de atração e repulsa, de necessidade e indiferença. Ele precisa dela para realizar seus fins particulares, mas não pode abrir mão de seu autocentramento. Sua participação na "sociedade" é apenas formal: ele faz parte dela, mas não se sente organicamente a ela ligado. É determinado por ela, mas a forma dessa determinação o faz cultivar a sensação contrária da pura e total autodeterminação. No mais das vezes, portanto, age como um solipsista, para quem a existência do mundo externo é vista e sentida como uma ficção. E, no entanto, nunca na história humana, o homem precisou tanto da existência do mundo "externo" e de seu bom funcionamento do que quando vestiu a pele de indivíduo.

Mas na esfera ruidosa das trocas e dos negócios, este o outro lado da moeda, essa contradição parece não existir. É precisamente aí, no plano fenomênico da circulação, que o indivíduo experimenta sua autonomia, exerce sua liberdade, negocia suas propriedades, busca às claras apenas e tão somente seu próprio interesse; em suma tenta provar que "é mais indivíduo que os outros", na expressão feliz de Bianchi (1988, p. 31). Não por acaso, portanto, ele se transmuta em homem econômico e, por força da propulsão ideológica de seus cantores, erige-se mesmo em natureza humana.

A maior parte das vezes sem se dar conta disso, julgando que tratam de problemas inerentes à "natureza humana", uma série de pensadores de grande importância vem dedicando, pelo menos desde o século XVII, boa parte de seus esforços intelectuais para dissecar esse novo personagem e para diagnosticar o estatuto das relações entre indivíduo e sociedade que então se estabelecem, seja buscando encontrar a solução para a questão da ordem e do poder nessa nova formação social, seja procurando-lhe uma fundamentação moral, seja discorrendo sobre sua reprodução material. É neste último plano, porém, que o discurso sobre ele, em geral produzido pelos intelectuais forjados pela nova ordem e pelas classes que a dominam, torna-se mais interessante, visto que, como já comentamos, a essência espia pelas brechas da aparência, às vezes mais, às vezes menos, e complica o raciocínio de quem quer sobre ele discursar de forma clara, evitando a contradição por tomá-la como um defeito do pensamento, quando, de fato ela é constitutiva do objeto de que o pensamento se alimenta.

Nesse sentido, talvez não haja pensamento mais instigante e revelador dessa existência contraditória do que o pensamento de Hayek (1948b, 1948c, 1948d e 1948e). As críticas contundentes que ele faz ao individualismo que sustenta as proposições da escola neoclássica e que redundaram naquilo que se convencionou chamar "a transformação de Hayek" constituem um discurso privilegiado para se observar a contradição que vimos de afirmar. Daí a necessidade de investigá-lo.

A posição dúbia do indivíduo pela Modernidade e o questionamento de Hayek

A existência do indivíduo e de sua liberdade de decisão e escolha é um dos pressupostos fundamentais da esfera de saber que conhecemos por ciência econômica[1]. Desde seus primórdios, nas considerações de A. Smith, até os atuais e sofisticados modelos de inspiração neoclássica, o indivíduo se coloca como peça fundamental. Sem ele nem propensão à troca, nem preço de mercado girando em torno de preço natural, nem maximização sujeita a restrições, nem preferências reveladas, nem propensão a consumir e a poupar, nem decisões de investimento, nem demanda efetiva como ponto de oferta, nem antecipação racional de medidas de política econômica, nem progresso tecnológico, nem concorrência, nem crises... nem mercado.

Esse pequeno inventário arrola categorias e observações, hipóteses e conceitos que constituem a matéria-prima de nosso trabalho e com os quais, pois, estamos, nós economistas, bastante familiarizados. Todos esses elementos, contudo, apontam para fenômenos que não se apresentariam enquanto tais, nenhum deles, na inexistência da posição do homem como indivíduo. Mas o que significa isso concretamente? Como se dá essa posição, quem a opera? Não devemos nos esquecer de que o próprio Smith, dito pai de nossa ciência, assenta a propensão natural à troca na consideração que cada um tem pelo seu próprio interesse[2]. Mas como poderia um ser humano atado a outros por relações de hierarquia e dependência pessoal lutar pelo seu próprio interesse? E como poderia fazê-lo se sua identidade fosse antes comunitária do que individualmente definida? No primeiro caso faltar-lhe-ia a igualdade e a liberdade; no segundo, o direito privado de posse.

---

[1] Louis Dumont (1977) é um dos autores que assinala essa relação, apontando o indivíduo como o ponto de partida do conjunto de ideias que vem a constituir a ciência econômica. A metáfora de Robinson Crusoé e a distinção que Dumont opera entre indivíduo (em que a parte é mais importante que o todo) e pessoa (que remete do particular para o geral, cada um sendo, em primeiro lugar, parte de um todo maior) indicam claramente qual é a natureza dessa figura, criada pela Modernidade, e em que sentido ela se apresenta como o alicerce dessa ciência. Voltaremos a esse ponto mais adiante. A esse respeito veja também Bianchi (1985 e 1988).

[2] É bastante conhecida a proposição smithiana a esse respeito: "Não é da benevolência do açougueiro, do cervejeiro ou do padeiro que esperamos nosso jantar, mas da consideração que eles têm pelo seu próprio interesse. Dirigimo-nos não à sua humanidade mas à sua autoestima (...) (1985, p. 50).

Todas essas considerações vêm no sentido de indicar que esta figura seminal de nossa ciência, e que implícita ou explicitamente está sempre no centro de nossas reflexões, não pertence ao universo das determinações antropológicas gerais, mas é historicamente constituída. Mais especificamente, repisando argumentos já utilizados, diríamos que ela é posta pela Modernidade, a qual deve ser entendida weberianamente, vale dizer, enquanto um determinado "espírito de época" que se torna autoconsciente a partir do Iluminismo, e enquanto um determinado processo de modernização social (direito de voto, educação universal, formas urbanas de vida etc.), que aparece como a objetivação histórica desse espírito.

A economia mercantil, ou seja, aquele sistema no qual a troca constitui a forma por excelência de organização da existência material do homem, é, também ela, parte da concreção desse novo espírito. Assim, indivíduo e economia mercantil, indivíduo e capitalismo estão intimamente ligados. Um não existe sem o outro. E se a ciência econômica pretende estudar o funcionamento dessa sociedade não pode desprezar o indivíduo enquanto elemento ativo dentro desse processo. Daí a dominância metodológica que a *rational choice* alcançou em nossa ciência (e que hoje se estende também a outros campos da área social)[3], pois que se afigura legítimo partir do indivíduo.

Mas se o indivíduo, como já assinalamos, não é antropologicamente definido, mas sim constituído historicamente, tomá-lo metateoricamente como ponto de partida implica consequências do ponto de vista teórico que remetem, para o bem ou para o mal, ao *status* que o indivíduo ocupa dentro do sistema: ele se mostra efetivamente como sujeito, é a

---

[3] Przeworski diz a esse respeito: "Hoje em dia as ciências sociais estão sendo assediadas por uma ofensiva que não se via desde a década de 1890: um esforço deliberado para impor o monopólio do método econômico a todo o estudo da sociedade. De acordo com os economistas neoclássicos, tudo o que acontece enquadra-se em duas categorias: fenômenos econômicos e fenômenos aparentemente não econômicos. O desafio do individualismo metodológico (...) questiona da mesma forma tudo que se costumava chamar ciência política, sociologia, antropologia e psicologia social. Os conceitos (...) são todos submetidos ao mesmo desafio: o de fornecer microfundamentos para os fenômenos sociais e, especificamente, basear toda a teoria da sociedade nas ações dos indivíduos concebidas como orientadas para a realização de objetivos racionais" (1988, p. 5). Hausman (1984), na mesma linha, lembra que a ciência econômica (e, deduz-se, seu aparato metodológico) é hoje considerada o modelo ou padrão que todas as demais ciências sociais deveriam seguir. Mäki (2000), por seu lado, retoma a questão da inclinação imperialista da ciência econômica e cita as obras de Gary Becker, Gordon Tullock, Mancur Olson e Anthony Down como exemplos de investidas da "ciência lúgubre" em áreas (família, discriminação, democracia) para as quais ela não foi convidada, configurando assim um verdadeiro ataque às disciplinas vizinhas.

pergunta que surge, ou sua necessária autonomia é questionada pelos resultados? Em outras palavras, reconhecer a preponderância do indivíduo, enquanto ator privilegiado na sociedade moderna (principalmente no âmbito das relações materiais), e, por isso, optar metodologicamente por ele implica demonstrar sua efetiva realização enquanto ator-sujeito? Será que a ciência econômica fornece o argumento requerido pela pregação do discurso liberal? Será que a partir de seus resultados pode-se garantir de fato a existência do indivíduo em sua plena autonomia de sujeito que soberanamente escolhe e age obtendo o que pretende?

São essas as questões das quais nos ocuparemos, e é em função de sua natureza que as reflexões de Hayek ocupam aqui um lugar tão central. Como se sabe esse autor, num artigo clássico (*Economics and Knowledge*, publicado pela primeira vez em 1937), faz uma crítica devastadora ao caráter do individualismo que embasa a teoria de extração neoclássica, e a partir de então dirige suas investigações para outras questões que não mais as propriamente econômicas. Muito se discute sobre tal mudança de curso na vida intelectual de Hayek, se ela teria se dado em função do impacto das considerações de Popper sobre o apriorismo metodológico que Hayek herdara de Von Mises (Hutchison, 1981), se fora resultado do chamado "debate sobre o cálculo socialista", no qual ele se metera junto, entre outros, com Oskar Lange, (Caldwell, 1988)[4], se fora por fim uma espécie de resultado natural de suas próprias considerações teóricas desenvolvidas em sua fase anterior de "economista", tendo Wicksell como sua principal influência (Soromenho, 1994)[5].

Voltaremos ao assunto mais adiante. Por ora, o que interessa assinalar é que, depois de *Economics and Knowledge*, Hayek nunca mais voltou a ser um economista "de verdade". Como tentaremos demonstrar, a trajetória de Hayek é indicativa da natureza contraditória do indivíduo e da posição dúbia em que o coloca a Modernidade. Não é de espantar, portanto, que Hayek, notório defensor do liberalismo, seja então, sem grande dificuldade e por contraditório que isso possa ser, enquadrado no coro dos pós-modernos, como faz Burczak (1994)[6].

Antes, porém, que nos detenhamos no pensamento hayekiano, é preciso: 1) mostrar a contradição indivíduo–sociedade e sua relação com

---

[4] Caldwell reafirma sua posição em mais dois artigos: "Hayek, the Falsificationist? A Refutation" (1992) e "Hayek's Scientific Subjectivism" (1994).

[5] Encontra-se aí, além de uma vigorosa defesa de tal posição, também uma boa resenha desse debate.

[6] Para uma posição contrária veja Caldwell (1994).

a ciência econômica; e 2) especificar os conceitos de individualismo metodológico e de individualismo ontológico, bem como dar conta da relação entre os dois.

A contradição indivíduo–sociedade e sua relação com a ciência econômica

Dissemos anteriormente que o indivíduo não pertence ao universo das determinações antropológicas gerais, que ele é posto pela Modernidade e, portanto, é historicamente constituído. Mas como se dá essa posição, e que elementos a sustentam? Para responder à primeira parte da questão é preciso inicialmente lembrar que as críticas de ordem metodológica que normalmente são feitas à teoria econômica convencional incomodam-se basicamente com uma espécie de "despreocupação" que ela demonstra, ao partir axiomaticamente do indivíduo, com o problema da coesão e da consistência da sociedade.

Procedendo por comparação a formas pretéritas de organização social, afirmei em outro lugar (Paulani, 1994, p. 20) que,

> numa sociedade de castas ou estamentos, ou no mundo feudal da Idade Média, [esse] problema [da coesão social] não se coloca: ainda que existam aí conflitos, a questão da organização da existência material do homem está *a priori* resolvida por uma bem definida estrutura hierárquica, que diferencia os homens uns dos outros a partir de suas origens e estabelece de modo explícito suas relações de dependência pessoal e, a partir daí, seus papéis no processo produtivo.

Nesse sentido, não será demais lembrar, por exemplo, uma interessante observação de um intérprete althusseriano de Marx. Para Balibar (1973), a diferença entre o modo de produção capitalista e o feudal, por exemplo, é que, no segundo, é perfeitamente visível, na própria forma de organização do trabalho, o tempo em que o trabalhador está labutando para a produção de um excedente que irá sustentar as classes hierarquicamente superiores, e aquele no qual trabalha para si mesmo e sua família. No capitalismo, ao contrário, não há necessidade de nenhum expediente extraeconômico para garantir a extração do excedente e sua transferência para outra classe. Daí a relativa autonomia das diversas esferas da vida social, ao passo que, no feudalismo, os dois níveis (o político e o econômico) são inseparáveis[7].

---

[7] Sobre esse ponto veja também Benton (1984).

Contudo, não é preciso ser marxista para aceitar nossas colocações iniciais, menos ainda ser althusseriano. O que simplesmente tentamos mostrar é que, nas formações anteriores, o homem não era livre, e se não era livre não podia lutar por seu próprio interesse, não era, nesse sentido, indivíduo. Quando a História liberta o homem das amarras tradicionais e o coloca livre, soberano e senhor de si mesmo, cria também um problema que não existia anteriormente, qual seja, o problema da coerência de uma tal formação social constituída por iguais, cada um dos quais com plena liberdade para decidir o que bem entender sobre seu próprio destino. A dissolução das relações hierárquicas constitui assim – e com isso começamos a responder a segunda parte da questão que abre esta seção – o primeiro passo da posição do homem como indivíduo[8], e quem dá esse passo é a própria história da formação da sociedade moderna.

O que essa dissolução produz, a igualdade jurídica, não é suficiente, no entanto, para a constituição do indivíduo tal como o conhecemos. Nas comunidades tribais primitivas, existia a igualdade, mas não o indivíduo. A busca do interesse próprio não tinha ainda canais para se conduzir. E isto porque a propriedade não era aí privada, era comunal, ou seja, a relação de posse era antes social do que individual. Mesmo nas civilizações mais adiantadas, como as da Antiguidade Clássica, na qual já existia algo mais parecido com a moderna propriedade privada, ainda aí era a comunidade o pressuposto da propriedade[9]. Ou seja, para a criação do indivíduo moderno, o processo histórico teve de acrescentar, ao lado da dissolução das relações hierárquicas, também a institucionalização jurídica do direito privado de posse[10].

---

[8] Tanto Dumont (1977) quanto Heller (1991) assinalam esse ponto. A esse respeito veja também Fernandes de Souza (1995).

[9] "[No mundo antigo] a propriedade significa pertencer a uma tribo (comunidade), ter sua existência subjetiva/objetiva dentro dela e, por meio do relacionamento desta comunidade com a terra (...) ocorre o relacionamento do indivíduo com a terra (...)" (Marx, 1985a, p. 86). "Entre os povos antigos, já que muitas tribos viviam juntas em uma mesma cidade, a propriedade tribal aparece como propriedade do Estado e o direito do indivíduo sobre ela como simples *possessio* (...) Nos povos surgidos da Idade Média, a propriedade tribal desenvolve-se passando por várias etapas diferentes – propriedade feudal da terra, propriedade mobiliária corporativa, capital manufatureiro – até chegar ao capital moderno (...) isto é, até chegar à propriedade privada pura, que se despojou de toda aparência de comunidade e que excluiu toda influência do Estado sobre o desenvolvimento da propriedade" (Marx, 1979, p. 96-7). Sobre esse ponto veja também Schmidt (1977).

[10] É na *Fenomenologia do Espírito* (parte IV, principalmente item A), como se sabe, que Hegel retrata o nascimento do indivíduo moderno, mais particularmente de sua

Eis aí, portanto, os dois elementos que constituem o indivíduo moderno e garantem sua posição na História. Resta mostrar a contradição que necessariamente se estabelece em sua relação com a sociedade e o que isso tem que ver com a ciência econômica. Nesse sentido, o primeiro ponto a ser lembrado é que sua constituição enquanto elemento autônomo, livre, independente e dotado de vontade própria só se realiza de fato se lhe for garantido o reconhecimento (de outros indivíduos, evidentemente). Já deixa aí, portanto, de ser verdadeiramente autônoma sua natureza, visto que, na ausência de tal reconhecimento, os atributos que determinam o indivíduo carecem de sentido e não existem efetivamente[11]. Se entendermos que, do ponto de vista do indivíduo, o conjunto de todos os indivíduos constitui justamente a "sociedade", fica estabelecida então de partida e posta pela Modernidade uma complexa, intrincada e contraditória relação entre essas duas figuras que se constituem simultaneamente, uma em oposição à outra.

Mas acrescenta-se a isso, ainda, a interdependência recíproca de todos com relação a todos que a profundidade da divisão social do trabalho na sociedade moderna institui. Um sapateiro, por exemplo, se ainda conseguir manter sua atividade artesanal, certamente terá sapatos para calçar, mas ele não come sapatos, não se veste com eles e tampouco eles lhe servem de abrigo. Um padeiro certamente terá pão para se alimentar; mas não pode vesti-lo ou calçá-lo, nem com ele fabricar uma residência.

---

consciência como indivíduo, sem o que ele não se constitui como tal. Mas, lembra Habermas (1987, p. 31-2), é nas *Lições de Iena* que aparece mais claramente a relação entre a institucionalização do reconhecimento individual e o poder privado de disposição que têm os indivíduos sobre as coisas. Sobre isso veja ainda Habermas (1990, p. 13-55) e Flickinger (1986).

[11] Pode-se dizer, por exemplo, que Robinson Crusoé é livre? Não, a não ser no sentido absolutamente não social de que ele está só na ilha. Naquilo que nos concerne neste trabalho a liberdade tem de ser definida negativamente, vale dizer, como ausência de coerção, e não há ninguém na ilha de Crusoé para não coagi-lo. Não custa lembrar que a defesa que faz Hayek da propriedade privada enquanto um espaço necessário para garantir a preservação da liberdade do indivíduo também implica um conceito negativo de liberdade. Porém, como assinala Burczak, e isto é ainda mais interessante para nós, Hayek não deduz tal necessidade de qualquer caráter supostamente livre da natureza humana mas dos limites impostos pelo conhecimento objetivo e racional: "[Para Hayek] a liberdade da interferência coercitiva por parte do Governo ou de outros indivíduos e grupos é importante porque ninguém pode saber o que é bom para as outras pessoas. Não há nenhum conhecimento objetivo padrão de acordo com o qual um grupo possa legitimamente forçar outro grupo a agir. De fato, Hayek defende a liberdade garantida pela propriedade privada porque os indivíduos frequentemente não sabem sequer o que é bom para eles mesmos." (1994, p. 52) Voltaremos a esse ponto mais adiante.

Um sujeito especializado em pensar encontra-se em situação ainda pior, pois pensamentos, como se sabe, não podem servir de alimento (a não ser para o espírito); além do mais, ele não pode se cobrir com eles (por mais que eles lhe deem cobertura social), nem servem ditos artefatos para tirá-lo do sol, da chuva e do frio.

Como compreender então a primeira figura (o indivíduo) na ausência da segunda (a sociedade)? E, invertendo, como compreender a sociedade moderna sem lembrar a todo momento quais são seus elementos constituintes[12]? Numa explicação puramente funcionalista, por exemplo, o indivíduo não é ator-sujeito, portanto não é propriamente indivíduo, já que é mera peça (funcional) de uma engrenagem chamada sociedade que opera segundo suas próprias leis. Numa concepção holista desse tipo, o indivíduo não tem, portanto, o *status* que a Modernidade deveria, em princípio, lhe conceder[13]. No outro polo, numa tentativa de escapar da contradição constitutiva seminal, uma explicação puramente individualista[14] não consegue dissecar figuras importantes de seu universo, como as instituições, por exemplo, nem encontrar nexos causais capazes de explicar determinados fenômenos (principalmente as chamadas contrafinalidades), isso quando não sucumbe pura e simplesmente a contradições de ordem lógica[15]. Nesse

---

[12] A esse respeito diz Marx: "só no século XVIII, na 'sociedade burguesa', as diversas formas do conjunto social passaram a apresentar-se ao indivíduo como simples meios de realizar seus fins privados, *como necessidade exterior*. Todavia, *a época que produz esse ponto de vista, o do indivíduo isolado, é precisamente aquela na qual as relações sociais (...) alcançaram o mais alto grau de desenvolvimento*. O homem é no sentido mais literal um *zoon politikon*, não só animal social, mas animal que *só pode isolar-se em sociedade*. A produção do indivíduo isolado fora da sociedade (...) é uma coisa tão absurda como o desenvolvimento da linguagem sem indivíduos que vivam juntos e falem entre si" (1974, p. 110, grifos meus).

[13] Cabe aqui uma distinção entre funcionalismo e holismo. Enquanto o primeiro é um tipo particular de explicação com características "técnicas" mais ou menos claras, tais como, explicar um fenômeno pelas suas consequências, inverter a relação causa–efeito etc., o último é uma concepção do objeto. Um exemplo do primeiro tipo: a lógica do capital (ou o capital) explica o comportamento dos empresários em sua eterna busca de novos meios para elevar a produtividade do trabalho. Exemplos do último: as concepções de Leibnitz, de Hegel, de A. Smith, de Marx, de Mandeville, de Durkhein. Evidentemente há uma forte ligação entre ambos, pois as explicações funcionalistas são típicas das concepções holistas. Nem sempre isso é verdade, porém.

[14] Como veremos, Hayek denomina "racionalista" tal individualismo e mostra a contradição que implica sua defesa (1948b, p. 4).

[15] Como mostra De Villé (1990), as tentativas de a Teoria do Equilíbrio Geral dar uma resposta ao problema da coordenação econômica tomando por base apenas e tão

tipo de visão, a sociedade propriamente dita é que não existe e é introduzida sempre *ad hoc*.

A ciência econômica, contudo, nasce sob o signo da conciliação. Para mostrar isso é ilustrativo trazer à cena uma outra ciência social, no caso a ciência política. Se, desconsiderando Maquiavel, tomarmos Hobbes e depois Locke como os pais dessa ciência, perceberemos que, sob esse enfoque, a sociedade (o "estado de sociedade") surge como resultado de um ato deliberado – consciente, portanto – dos indivíduos em seu "estado natural". Ainda que respeitadas as imensas diferenças entre as concepções dos dois autores – em Hobbes, como se sabe, o contrato que funda a sociedade é de submissão (para evitar a guerra de todos contra todos), enquanto em Locke configura-se como um "pacto de consentimento" (para que o Estado preserve a vida, a liberdade e a propriedade dos indivíduos) – a despeito disso, portanto, para a ciência política não parece haver grande problema em se considerar metodologicamente a sociedade, concretizada na figura do Estado, como resultado de uma ação intencional dos indivíduos[16]. Mas o que acontece com a ciência econômica em seu nascimento, vale dizer, considerada sob o enfoque econômico, como se constitui a relação entre indivíduo e sociedade? Adam Smith mostrou, como é sabido, que, nessa esfera, o indivíduo, agindo de acordo com seus próprios interesses e sendo movido conscientemente apenas por eles, acaba produzindo um resultado – o progresso e a riqueza da nação – que não fazia parte de suas intenções.

Assim, se, no que tange à ordem política, a sociedade só nasce a partir da consciência dos indivíduos a respeito da necessidade do *Estado*, na ordem econômica, a sociedade – concretizada no *mercado* e em seu dinamismo progressista – surge como que *naturalmente* e de modo independente da vontade dos indivíduos. A metáfora da mão

---

somente o comportamento racional dos indivíduos – guiados pelas informações do sistema de preços – apelam quase sempre para hipóteses contraditórias com as premissas. Por exemplo, no mundo walrasiano, os indivíduos são completamente passivos, pois têm de esperar o sinal do leiloeiro para efetuar as trocas. Mas faz sentido um indivíduo completamente passivo, sem nenhuma autonomia? Nesses marcos, portanto, o indivíduo está muito mais próximo do escravo do que do homem livre, soberano e senhor de si, que é figura frequente das peças ideológicas forjadas pela Modernidade.

[16] Apesar de simplificada aqui a resolução do problema é muito complicada também em Hobbes. Como mostra Prado (1993a), baseado em Parsons, a solução de Hobbes implica um agente que não é mais simplesmente autocentrado, mas que leva em conta o funcionamento da sociedade como um todo.

invisível sugere precisamente – para usar uma expressão forte – que os indivíduos, que pensam estar agindo por si mesmos, autonomamente, estão, na realidade, *obedecendo* a uma coordenação que vem de fora, a uma força anônima chamada mercado[17]. São indivíduos que agem, não há negar, mas sua propalada autonomia fica, para dizer o mínimo, sensivelmente abalada.

Dessa forma, Smith teria expressado em seu discurso, sem disso se dar conta, o caráter inerentemente contraditório dessa figura que a Modernidade cria, e caráter esse que é ainda mais patente, a despeito de menos visível, quando o foco sobre o qual a observamos é o econômico: o indivíduo só é livre, autônomo, independente, só é indivíduo propriamente, se não for indivíduo, se depender, para o exercício de sua soberania, de uma "regulação invisível" que cai fora de seu arbítrio; essa ilusão, no entanto, é vital para ele, pois só assim ele se comporta como aquilo que pensa ser. Se a sociedade aparece, para o indivíduo político, sob a forma de um Estado e um código de leis – que ao mesmo tempo que lhe concede direitos também lhe exige respeito e lhe impõe deveres, delimitando-o em suas ações e expondo, por isso, de certa forma, a contradição que o constitui –, para o indivíduo econômico a sociedade fica invisível[18], e quando aparece em sua concretude, sob a forma do dinheiro, por exemplo, ela não surge para ele como *locus* de relações sociais, mas como um "mundo natural", e continua, portanto, invisível.

O *homo economicus* é então um iludido, porque a contradição que o constitui é reificada, preservando-o em sua soberana liberdade. A referência ao fetichismo, tal como Marx o expõe, é inevitável e é de fato disso que se trata. No que tange ao mundo econômico, o indivíduo moderno tende a compreender como natural e "coisal" aquilo que é social. Nesse sentido, parafraseando Heller (1991, p. 208), diríamos que, se é verdade que "na sociedade moderna (funcional) não é possível qualquer conhecimento verdadeiro da sociedade sem a reificação dos sujeitos (atores)",

---

[17] Diz Smith: "[o indivíduo, quando procura alcançar o maior valor para sua produção] *é levado* como que por uma mão invisível a promover um objetivo que não fazia parte de suas intenções" (1985, p. 379, grifos meus).

[18] Gorz (1988), num contundente texto de crítica à razão econômica e ao imperialismo dessa razão, mostra que, de fato, a lógica do sistema implica um apagamento da sociedade diante do mercado, o qual deve ser entendido, portanto, como uma coleção de agentes que produz o melhor resultado coletivo possível a partir das decisões individuais de cada um de seus componentes.

essa situação implica para a ciência econômica um problema ainda maior, uma reificação de segundo grau. Nesse campo, o cientista reifica o que já está reificado, ou, se preferirmos, fetichiza o fetiche.

Em outras palavras, se politicamente a contradição é visível, economicamente ela fica escondida: o agente econômico parece inteiramente livre e pode agir soberanamente; o que o restringe não é a sociedade, mas uma coisa chamada dinheiro (por meio dessa coisa, o mercado esconde que é sociedade). Assim, se no plano político a admissão da sociedade é o pressuposto da existência efetiva da individualidade (expondo e acomodando a contradição), no plano econômico a individualidade parece se pôr autonomamente, e, como a contradição parece não existir, fica irresolvida.

Individualismo metodológico e individualismo ontológico na ciência econômica

A discussão até agora efetuada implica, para que se esclareçam melhor os termos em que se estrutura, uma distinção entre individualismo metodológico e aquilo que chamaremos aqui de *individualismo ontológico*. Comecemos pelo individualismo metodológico. Segundo Elster,

> individualismo metodológico [é] a doutrina segundo a qual todos os fenômenos sociais (sua estrutura e sua mudança) são explicáveis, em princípio, apenas em termos de indivíduos: de suas características, fins e crenças. (1989a, p. 164)

A declaração não diz muito. Segundo Przeworski, companheiro de Elster, ela é mesmo estéril. "Elster está em boa companhia", diz ele, e ironicamente lembra: "ele poderia ter citado a frase de Marx (da *Sagrada família*) segundo a qual 'a história não é senão a atividade dos homens na busca de seus objetivos' (1988, p. 5-6)"[19]. É preciso, portanto, ir um

---

[19] A ironia de Przeworski poderia ser rebatida althusserianamente com o argumento de que a frase por ele citada é de uma obra de juventude de Marx. Contudo, contra as teses simplistas de que a teoria marxiana é completamente holista e não deixa espaço para a atuação dos indivíduos, encontram-se frases ainda mais fortes mesmo na obra madura de Marx. Por exemplo: "A tese frequentemente encontrada em São Max [Max Stiner, filósofo alemão, contemporâneo de Marx e Feuerbach, hegeliano de esquerda], segundo a qual o que cada um é o é através do Estado, no fundo identifica-se com aquela que sustenta que o burguês é apenas um exemplar da espécie burguesa, tese que pressupõe que a *classe* burguesa existiu antes dos indivíduos que a constituem" (*A ideologia alemã*, 1979, p. 118). Ou ainda "As mercadorias não podem por si mesmas ir ao mercado e se trocar. Devemos, portanto, voltar a vista para seus guardiões, os possuidores de mercadorias. (...) Para que essas coisas se refiram umas às outras

pouco além. Considerando que o funcionalismo, importado da biologia, é estranho ao mundo dos fatos sociais[20], Elster conclui que "o paradigma adequado para as ciências sociais é uma explicação causal-intencional mista – compreensão intencional das ações individuais e explicação causal de suas interações" (1989a, p. 181) e desafia o marxismo: "Sem um conhecimento sólido sobre os mecanismos que operam a nível individual, as teses marxistas de amplo alcance sobre as macroestruturas e as mudanças de longo prazo são condenadas a permanecer como especulações" (p. 165).

Com base nesses indícios poderíamos, pois, sumariamente, dizer que o individualismo metodológico é um preceito metateórico atinente ao mundo dos fatos sociais e segundo o qual a explicação de um fenômeno social qualquer só pode ser considerada científica se, por intermédio dela, pudermos reduzir tal fenômeno às ações *intencionais* (particularmente ao grupo das concebidas como racionais) dos indivíduos e à forma como elas interagem. Como indicamos anteriormente, não se pode dizer que não seja legítima tal reivindicação, considerando-se a natureza da sociedade moderna: se o que a caracteriza é precisamente a constituição do indivíduo enquanto ser livre e autônomo para decidir e agir, é nos indivíduos que é preciso colocar o foco, pois são eles que têm, como quer Elster, "olhos que veem e mãos que se movem". Recusam-se, portanto, atores como "o Estado", "o Capital", "a Cultura" etc. Quem faz uso de tais sujeitos em suas explicações dos fenômenos sociais, é funcionalista, acredita em "totalidades", inverte a relação causal, especula, não faz ciência.

Mas no que consiste efetivamente uma explicação funcional? Segundo o mesmo Elster, "na explicação funcional referimos a consequência real do fenômeno a fim de dar conta dele. (...) A questão está em como explicar um fenômeno a partir de um outro que acontece depois" (1989b, p. 45-6). Mais uma vez a definição não diz muito, ou, pelo menos, não

---

como mercadorias, é necessário que os seus guardiões se relacionem entre si como pessoas, cuja vontade reside nessas coisas, de tal modo que um, somente de acordo com a vontade do outro, portanto cada um apenas mediante um ato de vontade comum a ambos, se aproprie da mercadoria alheia enquanto aliena as próprias" (*O capital*, 1983, p. 79). Isto para não falar da famosa afirmação que Marx faz no *Dezoito Brumário*, segundo a qual os homens fazem a História, ainda que não a façam como querem.

[20] "As ciências biológicas usam (...) análises funcionalistas quando explicam a estrutura ou o comportamento dos organismos através dos benefícios para reprodução (...) A análise funcionalista, entretanto, não tem lugar nas ciências sociais porque não existe analogia sociológica à teoria da seleção natural" (Elster, 1989a, p. 181).

diz tudo. É que efetivamente podemos observar dois tipos de "inversão", ambas presentes nas ditas explicações "funcionais" ou "teleológicas"[21] e que arrepiam os adeptos (como Elster) da ciência empírico-analítica. O primeiro tipo de inversão é aquela indicada por Elster, trata-se de uma inversão "temporal": explica-se aquilo que vem antes por aquilo que vem depois e não como, alegam, seria mais natural, o que vem depois pelo que vem antes (o que vem antes é a causa, o que vem depois é o efeito). O segundo tipo implica uma inversão digamos "espacial": explica-se o menor pelo maior e não, como seria mais natural, o maior pelo menor, o mais complexo pelo mais simples[22]. Exemplificando: explica-se o comportamento individual pelo *ethos*, pela sociedade, e não a sociedade pelo agregado dos comportamentos individuais. Este último caso, diga-se de passagem, é particularmente interessante para nós, pois, trata-se no presente trabalho, justamente de discutir se, a partir da Modernidade, o indivíduo faz a sociedade ou se a sociedade faz o indivíduo.

Elster afirma, porém, que, respeitadas determinadas condições, as explicações funcionais podem ser aceitas nas ciências sociais: "a explicação funcional é aplicável quando um padrão de comportamento se mantém através das consequências que gera" (1989b, p. 46). Exige-se, assim, a demonstração de um *feedback loop*, um efeito retroalimentador que atue

---

[21] O termo "teleológico" é usado como alternativo para funcional, entre outros por Nagel (1968, p. 27-35). Ele é um termo mais forte e ao mesmo tempo mais fraco, consideradas as explicações funcionais do ponto de vista da crítica que lhe fazem os analíticos. Mais fraco se entendermos que a explicação intencional também é, num certo sentido, funcionalista: o político mostra-se amigo dos mais fracos porque quer se eleger. Seu comportamento tem uma função claramente definida, dado o fim que ele busca alcançar, logo, explica-se teleologicamente. Essa teleologia não é problemática, pois a finalidade da ação está posta por um sujeito claramente definido e é, portanto, intencionalmente adotada. O termo é mais forte, porém, quando implica assumir, de algum modo, que o futuro é o agente de sua própria realização. Arrepia os analíticos porque está aí envolvida a atitude, para eles não científica, de postular uma finalidade sem indicar o sujeito que a postula, ou encontrar para ela um sujeito que não pode ser aceito cientificamente, porque é vazio ontologicamente, uma totalidade qualquer que só existiria "no mundo dos conceitos e das abstrações" e à qual não é possível atribuir nenhum tipo de intenção.

[22] É nesses termos, aliás, que Elster estabelece a tarefa do individualismo metodológico. Depois de defini-lo da forma já assinalada, diz ele: "[Trata-se] de uma forma de reducionismo, o que quer dizer que nos leva a explicar fenômenos complexos em termos de seus componentes mais simples. (...) Não há, em princípio, [para as ciências sociais] objeção a essa redução, mesmo que ela possa ser impraticável no futuro imediato" (1989b, p. 36-7).

como causa na manutenção do curso de ação previamente escolhido pelos agentes; mas isso não vale obviamente se a consequência da ação tiver sido intencionalmente buscada (visto que aí a explicação intencional dá conta do recado).

Tudo se passaria, portanto, como se "na primeira vez" em que se verifica um determinado tipo de comportamento só pudéssemos explicá-lo em função das intenções declinadas pelos indivíduos, sujeitos da ação. A partir daí, porém, as explicações funcionais poderiam ser aceitas, desde que se provasse que as consequências não pretendidas da ação dos indivíduos acabam agindo no sentido de reforçar e manter tal padrão de comportamento. A explicação fica aceitável, então, porque a consequência se transforma em causa (em uma delas pelo menos) da ação intencional dos agentes, e encontram-se assim os tão reclamados microfundamentos das macroestruturas[23].

Em função de tais considerações, Elster estabelece (1989a, p. 165-6) uma espécie de gradação nos modelos que utilizam explicações funcionais nas ciências sociais, gradação essa que depende não só da intensidade do uso de tais expedientes, como também do *status* que nelas assumem as consequências das ações dos indivíduos. Apesar de muito confusas vamos tentar extrair das observações de Elster uma ideia mais clara de quais seriam as características de cada um desses paradigmas.

Inicialmente, Elster define o *Paradigma Funcional Fraco*. Admite-se aqui, apenas, que o comportamento dos indivíduos tem consequências não pretendidas por eles e que tais consequências podem eventualmente ser benéficas para alguma estrutura social, vale dizer, para alguma instância maior do que o próprio indivíduo. Tais consequências benéficas, contudo, não explicam o comportamento dos indivíduos (tratar-se-ia, aqui, apenas de uma espécie de "coincidência"). Quem verdadeiramente age é o indivíduo; é ele o sujeito da ação e sua ação não é função de nenhuma instância superior a ele, ou de fins que ele desconhece e que determinam seu comportamento. É esse o tipo de paradigma que pode ser aceitável nas ciências sociais, desde que se demonstre de que modo o benefício causado a tal estrutura pelo comportamento dos indivíduos passa a influenciá-lo e a ratificá-lo. De acordo com Elster, o Paradigma Funcional Fraco também pode ser chamado de "paradigma da mão invisível" e é onipresente nas ciências sociais (1989a, p. 165). O problema com ele é que "(...) em muitas explicações funcionais – e não só no marxismo – o ciclo de realimentação não é demonstrado, mas

---

[23] Sobre essa questão veja também Prado (1993a e 1993b).

apenas postulado ou tacitamente suposto. Essa é a principal objeção" (1989b, p. 47).

Em seguida, Elster define o *Paradigma Funcional Principal*. A diferença com relação ao primeiro é que ele considera que o comportamento dos indivíduos pode ser explicado por suas consequências para as estruturas da sociedade. O comportamento dos indivíduos é aí concebido como portando o que Elster chama de "função latente", o que traduzindo significa: quem age é o indivíduo, ele é o sujeito da ação; mas se as consequências de seu comportamento (não pretendidas por ele) forem benéficas para alguma instância que escape do âmbito individual, então é esse resultado que explica seu comportamento, ou seja, ele não é produto de um indivíduo autônomo; é função de uma instância superior, que age como o verdadeiro sujeito. A diferença deste com relação ao primeiro paradigma, portanto, não é de intensidade, mas tem que ver com o *status* atribuído aos beneficiários das consequências não pretendidas da ação dos indivíduos.

Finalmente, teríamos o *Paradigma Funcional Forte*. Haveria, ainda aqui, uma sutil diferença de *status*, visto que, se no modelo anterior ainda existia um certo pudor em atribuir o comportamento dos indivíduos a instâncias que fogem de seu arbítrio – daí a atribuição a esse comportamento de uma eventual função "latente" –, agora não há mais essa preocupação, e o substantivo da expressão perde o adjetivo que o amenizava. Assume-se pura e simplesmente que o comportamento dos indivíduos é função das estruturas nas quais ele se dá. A diferença principal, contudo, é de intensidade: a função, além de não ser mais "latente", não é mais agora eventual, ela existe sempre. Isso significa que para todo e qualquer comportamento dos indivíduos existirá sempre uma estrutura que o explique, vale dizer, que explique sua funcionalidade na manutenção do *status quo* social. O indivíduo não existe como sujeito, ele é apenas "funcionário das estruturas"[24], ainda que pense que tem autonomia e que age por conta própria.

Mas falamos aqui o tempo todo em sujeito (da ação). No primeiro paradigma, ele ainda é o indivíduo, mas as consequências não buscadas de seu comportamento podem ter efeitos benéficos sobre alguma

---

[24] O indivíduo que é "funcionário das estruturas" não parece ter alguma relação com a imagem que faz Schumpeter do indivíduo na ciência econômica como "cabide no qual se penduram proposições de lógica econômica"? Se ele está certo, então toda a teoria econômica convencional padece do pecado mortal a que se refere Elster, pois que o funcionário, dada a ordem, ainda tem lá uma certa autonomia sobre a forma de executá-la, por menor que seja. Mas que autonomia tem um cabide?

estrutura social. Tal resultado, se não questiona diretamente a condição de ator-sujeito exibida pelo indivíduo, traz-lhe já um certo desconforto. Nos dois últimos, o sujeito não é mais o indivíduo. São entidades, maiores do que o indivíduo, que assumem esse papel, utilizando o comportamento dos indivíduos para lograr seus fins. Se for assim, o indivíduo é só um espectro de sujeito; ontologicamente o privilégio cabe às estruturas sociais.

Temos já aí algumas pistas para arriscar a definição de individualismo ontológico e estabelecer as relações entre os dois termos. Conferir ontologia ao indivíduo significa aceitar a hipótese de que ele é de fato o efetivo sujeito da ação, que ele é soberano, que sua autonomia é real (não uma ilusão). A consequência irrecusável que daqui se tira é que a sociedade, bem como suas estruturas e tudo o mais que lhe concerne, é resultado do agir intencional, consciente e deliberado dos indivíduos[25]. Filosoficamente tudo se passa como se a Modernidade tivesse entregue ao homem todos os presentes que lhe prometera (soberania, liberdade, realização), como se as promessas do Iluminismo tivessem todas se realizado plenamente.

Como já deve ter ficado claro, não é possível abraçar tal postura (tentar demonstrar, na sociedade moderna, a compatibilidade social das decisões individuais) sem admitir, no nível metateórico, o individualismo metodológico. O inverso, contudo, não é verdadeiro. Como vimos, pelas palavras de um individualista metodológico assumido como Elster, as explicações funcionais não são, em princípio, incompatíveis com o individualismo metodológico, ou seja, pode-se admitir o individualismo no nível metateórico, por se reconhecer a natureza da sociedade moderna e a primazia que tem nela o indivíduo, e simultaneamente reconhecer que o comportamento individual pode produzir, no agregado, resultados que não foram pretendidos pelos agentes e que podem vir a determinar seu comportamento. O Paradigma Funcional Fraco parece precisamente dar conta de tal postura.

Com tais ingredientes podemos elaborar um quadro que relacione todas essas possibilidades com alguns autores e escolas emblemáticos de cada uma dessas posições. Antes, porém, é preciso lembrar a posição peculiar em que se encontra a ciência econômica nessa questão da relação do indivíduo com as estruturas sociais e na discussão sobre quem

---

[25] Note-se que o próprio Elster é obrigado a admitir que nem tudo pode ser reduzido a isso. No caso da formação das crenças e preferências que conformam a ação dos indivíduos, ele fala, sintomaticamente, de uma "causação subintencional". A esse respeito veja Fernandes de Souza (1995).

determina quem. Como vimos no final da seção anterior, a existência de instâncias superiores que determinam o comportamento do indivíduo não é problemática no âmbito dos objetos da ciência política, visto que o Estado surge como resultado de um ato intencional e deliberado dos indivíduos, que soberanamente decidem abrir mão de parte de seu "direito natural" em prol de uma instância superior que garanta sua liberdade. A existência do Estado, portanto, não coloca em xeque o *status* do indivíduo enquanto ator-sujeito. Vimos também que o mesmo não acontece no mundo dos fenômenos que são objeto da ciência econômica. Contraditoriamente, porém, é justamente aí que o indivíduo parece ser mais soberano e autônomo, porque não há, em princípio, nada que o restrinja, nenhuma instância que não remeta à sua própria liberdade de escolha e decisão. Aí, contudo, o aparecimento de algo como a "mão invisível" de Smith torna-se um problema, porque mostra que os indivíduos, que pensam estar agindo por si mesmos, estão sendo, na realidade, comandados por um poder anônimo que escapa de seu arbítrio.

Vamos agora ao prometido quadro que, por óbvias razões, só se preocupa com os economistas e escolas econômicas.

Metateoria	Teoria	Modelo	Escolas/Autores
Individualista	Individualista	Individualista	Neoclássica Jon Elster
Individualista	Não individualista	Paradigma Funcional Fraco	Adam Smith[26] F. A. Hayek
Não individualista	Não individualista	Paradigma Funcional Principal	Marx Keynes
		Paradigma Funcional Forte (holismo)	Marxismo althusseriano
Não individualista	Individualista	-	McCloskey[27]

---

[26] Não seria de todo equivocado incluir nessa célula também Mill. Como vimos no capítulo 3, justamente ele que é o criador do "homem econômico" e defende o método dedutivo abstrato para a ciência econômica, em sua atividade como economista teórico abandona essa receita. Contudo, como nosso interesse maior é discutir as reflexões de Hayek sobre o individualismo, a colocação de Mill aí geraria confusão, visto que o individualismo que Hayek vai criticar é exatamente aquele embasado pelo homem econômico que Mill constrói.

[27] Colocar McCloskey nesta posição é quase atribuir-lhe um completo *nonsense*. É, no entanto, o que se deduz da posição de Burczak (1994) sobre a questão. Diz ele: "O

Como se percebe, as posições menos confortáveis são as de Hayek e Smith, porque visivelmente contraditórias. Smith, contudo, nunca se preocupou explicitamente com a questão e como tinha um certo "naturalismo" por paradigma[28], o questionamento aí implícito a respeito da suposta autonomia do indivíduo não lhe trouxe grandes problemas. Hayek, ao contrário, desde 1937, preocupa-se com a questão e, mais, reivindica-se herdeiro de Smith, e assegura que o seu é o verdadeiro individualismo e não aquele adotado pela teoria neoclássica, principalmente no que concerne à noção de equilíbrio. A julgar pelo quadro derivado de Elster, contudo, o verdadeiro individualismo seria mesmo o primeiro, que combina no mesmo diapasão teoria e metateoria. Vejamos então como se desenrola este imbróglio.

Hayek e o individualismo metodológico

Considerando o individualismo metodológico como a prática de buscar, para os fenômenos sociais, quaisquer que eles sejam, explicações que recaiam no agir individual, vale dizer, encontrar na motivação e na ação de agentes soberanos o fundamento dos fenômenos sociais de modo geral e dos fenômenos econômicos particularmente, Hayek, foi um pioneiro. Ele foi dos primeiros a conclamar a ciência econômica a voltar-se para seus microfundamentos. Como lembra Burczak (1994, p. 36-7), já em *Prices and Production,* de 1931, aparece tal exortação, ou seja, antes ainda de sua "transformação". Explicar os resultados sociais em termos das ações individuais seria o antídoto contra teorias que deduzem a ação individual a partir da apreensão de estruturas sociais autônomas.

---

trabalho de McCloskey, no entanto, deixa o economista heterodoxo ávido por mais. McCloskey restringe sua crítica epistemológica às questões metodológicas, e não faz nenhuma inferência sobre as proposições substantivas da teoria econômica que deveriam seguir-se ao reconhecimento dos limites do conhecimento objetivo. Mais notável ainda, o modelo de *rational choice* [ou o *approach* econômico do comportamento humano] sobrevive intacto à sua crítica do modernismo" (Burczak, 1994, p. 32). Ainda que Burczak tenha lá o seu quinhão de razão, é preciso dizer, na defesa de McCloskey, que seu "não individualismo" é muito mais um ataque à incoerência da postura modernista no nível metodológico por parte da maioria dos economistas do que a admissão de qualquer tipo de holismo. Nesse sentido, McCloskey está muito mais para Feyerabend (o do anarquismo metodológico) do que para o marxismo ou para os pós-modernismos, quaisquer que sejam os seus matizes. Fernandez (1996, p. 143) também se refere ao "perfil muito particular de McCloskey, economista tão completamente ortodoxo em questões teóricas, quanto heterodoxo em questões metateóricas ou metodológicas". Voltaremos ao assunto no capítulo 6 deste livro.

[28] A esse respeito veja Fernandes (1994) e Cremashi (1981).

Seu individualismo, contudo, não se confunde com o individualismo reducionista e atomista exibido pela teoria neoclássica, mormente pelo conceito de equilíbrio. Em "Individualism: True and False", Hayek indica sua herança intelectual: o Iluminismo escocês de E. Burke e A. Smith, que, por sua vez, tem predecessores ilustres como Locke, Mandeville e Hume. É daí, para Hayek, que sai o verdadeiro individualismo. O outro individualismo ele considera falso, e neste a influência maior é do racionalismo cartesiano; por isso ele o denomina "individualismo racionalista". Seus representantes mais destacados seriam os enciclopedistas, Rousseau, os fisiocratas e, ele vai mostrar, a escola do equilíbrio geral. Diz ele:

> (...) por razões que eu irei apresentar, esse individualismo racionalista tende a se transformar no oposto do individualismo, ou seja, socialismo ou coletivismo. Eu reivindico para o primeiro individualismo o nome de verdadeiro, porque ele é o único consistente, enquanto o segundo provavelmente será mais apropriadamente considerado como uma fonte de moderno socialismo, tão importante quanto as próprias teorias coletivistas. (1948b, p. 4)[29]

Hayek clama, portanto, por consistência. O primeiro individualismo não pode ser aceito porque seu próprio desenvolvimento o interverte, transformando-o no contrário do que deveria ser, produzindo resultados inversos do que deveria produzir. É preciso então ficar com o segundo, cujos resultados não contradizem seus pressupostos nem seus propósitos. E quais são as razões que Hayek apresenta em defesa de sua posição? A principal delas é a da impossibilidade do conhecimento objetivo, pressuposto invariável dos modelos derivados do individualismo do primeiro tipo. A tal pressuposto, ele opõe sua ideia de uma retenção subjetiva de conhecimento, ou subjetivismo. Vejamos isso mais de perto.

Segundo Hayek, o conceito de equilíbrio tem um significado claro se aplicado às ações de um único indivíduo[30]. Elas devem ser consideradas em equilíbrio se puderem ser entendidas como elementos de um determinado plano. Mas, nesse caso, diz ele,

---

[29] Kulessa (1997) mostra que o individualismo de Hayek responde também às críticas muito comuns, vindas dos que defendem o holismo, de que implica reducionismo partir metodologicamente do indivíduo.

[30] "O equilíbrio, embora válido como instrumento para a análise do comportamento do indivíduo, isto é, para a investigação da ação racional, seria de pouca utilidade no tocante à compreensão do processo de interação entre as iniciativas dos diversos agentes. Hayek assim o considera pois identifica como característica definidora do conceito de equilíbrio a previsão perfeita" (Soromenho, 1994, p. 2).

> é importante lembrar que os assim chamados "dados", dos quais nós partimos nesse tipo de análise, são (exceção feita aos gostos), todos dados à pessoa em questão, as coisas tais como elas existem para ele, e não, estritamente falando, fatos objetivos (...). Contudo, na transição da análise da ação de um indivíduo para a análise da situação na sociedade, o conceito sofreu uma insidiosa mudança de significado. (1948c, p. 36 e 39)

A mudança que Hayek lamenta diz respeito ao caráter objetivo que ele passa a ter nesse segundo nível, diante do caráter inequivocamente subjetivo que ele tem no primeiro.

> Não parece haver dúvida alguma quanto ao fato de que esses dois conceitos de dados, de um lado no sentido de fatos reais objetivos tal como o observador economista supõe conhecê-los e, de outro, no sentido subjetivo de coisas tal como conhecidas pelas pessoas cujo comportamento se quer explicar, são realmente e fundamentalmente diferentes e devem ser cuidadosamente distinguidos. (p. 39)

Isso tudo significa que, para Hayek, o conhecimento objetivo, pressuposto nas análises da sociedade que faz o individualismo racionalista, não existe, a não ser na cabeça de determinados economistas. Por isso esse individualismo seria reducionista: se os fatos são objetivamente conhecidos (e se o indivíduo é por natureza racional, maximizador), todos os indivíduos, por particulares que sejam suas específicas situações, podem ser reduzidos a átomos cujos comportamentos são essencialmente idênticos e podem ser previstos. Se tudo isso é verdade, pode-se também, racionalmente, desenhar *a priori* o ótimo social. Se é possível antecipar os resultados, não haverá mais consequências não pretendidas da ação dos indivíduos. Todo e qualquer resultado poderá ser intencionalmente buscado. Como assinala Burczak, "Hayek sugere que [os falsos individualistas] pretendem explicar os fenômenos sociais em termos de indivíduos isolados e autossuficientes que são capazes, usando o poder da razão, de desenhar instituições ótimas" (1994, p. 37). Aí, contudo, já não será mais individualista tal sociedade. Resumindo: se se parte da concepção do indivíduo como um agente realmente autônomo, autocentrado, inteiramente determinado por si mesmo, sua descrição só pode ser essencialista e ele se transforma num átomo que, combinado a outros milhares, "produz" uma sociedade que pode perfeitamente ser planejada (eventualmente com melhores resultados). Isso acaba por retirar do indivíduo a primazia que ele tinha como fonte por excelência da ação[31].

---

[31] A julgar pelo que informa Perry Anderson, a contraposição feita por Hayek entre essas duas concepções de indivíduo e de individualismo vai reaparecer mais tarde

Assim, se se quer realmente preservar o indivíduo como ator privilegiado é preciso, para usar uma expressão cara a Hayek, "apanhá-lo em seu contexto", o que significa mostrar como sua determinação não é autônoma, como ela é processada pelas instâncias sociais. É uma outra forma de dizer que o indivíduo só é de fato indivíduo se não for inteiramente indivíduo, se sua determinação não for inteiramente autônoma[32]. Paradoxalmente, é o que parece querer dizer Hayek, só assim é que se garante que cada indivíduo seja de fato uma singularidade, irredutível a generalizações. Só assim se garante que a sociedade que tais indivíduos criam seja imune a previsões e planejamento, porque seus resultados não podem ser conhecidos antes que se efetivem[33]. A razão não é tão poderosa como Descartes fez crer. O homem não pode pretender solipsisticamente ter conhecimento pleno de tudo.

> Ou, colocando as coisas de outro modo, a Razão humana com R maiúsculo não existe no singular, dada ou disponível para alguém em particular, como o *approach* racionalista parece assumir, mas deve ser concebida como um processo interpessoal, no qual a contribuição de cada um é testada e corrigida pela contribuição dos outros. (Hayek, 1948b, p. 15)

---

em sua obra, transposta para a política: "Em *The Constitution of Liberty* (1960) (...) Hayek estabeleceu a distinção entre duas linhas intelectuais de pensamento sobre a liberdade, de origens radicalmente opostas. A primeira era uma linha empiricista, vinculada essencialmente à tradição britânica que descendia de Hume, Smith e Ferguson, secundados por Burke e Tucker, que viam o desenvolvimento político como um processo involuntário de aprimoramento institucional gradual, comparável ao funcionamento da economia de mercado ou à evolução do direito. A segunda era uma linha racionalista, tipicamente francesa, descendente de Descartes, passando por Condorcet, chegando até Comte, com uma horda de sucessores modernos que consideravam as instituições sociais como sujeitas à construção premeditada, dentro do espírito da engenharia politécnica. Apenas a primeira conduzia à verdadeira liberdade, a segunda a destruiria inevitavelmente" (2002, p. 331).

[32] Se alguém considerar que há aqui um certo exagero, uma forçada de mão para retirar de Hayek raciocínios dialéticos que ele nunca pretendeu formular, então deve atentar para a seguinte afirmação: "Aqui eu talvez possa dizer que é somente porque os homens são de fato desiguais que nós podemos tratá-los igualmente. Se todos os homens fossem absolutamente iguais em seus dotes e inclinações, nós teríamos de tratá-los diferentemente de modo a conseguir algum tipo de organização social" (1948a, p. 15-6).

[33] "(...) o verdadeiro individualismo é a única teoria capaz de tornar compreensível a formação de resultados sociais espontâneos. E, enquanto as teorias planejadoras levam necessariamente à conclusão de que os processos sociais só podem ser postos a serviço de fins humanos se forem submetidos ao controle da razão humana, e assim levam direto ao socialismo, o verdadeiro individualismo acredita, ao contrário, que, se deixados livres, os homens frequentemente obtêm um resultado melhor do que a razão humana possa planejar ou prever." (Hayek, 1948b, p. 10-1).

Em outras palavras, se o conhecimento é mesmo subjetivo, cada indivíduo em particular não pode conhecer senão uma insignificante fração da totalidade da sociedade. O problema que é preciso resolver, diz Hayek,

(...) é como a interação espontânea de inúmeras pessoas, cada uma possuindo apenas pequenos pedaços de conhecimento, produz um estado no qual os preços correspondem aos custos etc., e que só poderia ser produzido por uma intenção deliberada se alguém possuísse o conhecimento combinado de todos esses indivíduos. (1948c, p. 50-1)

Ou ainda:

Como pode a combinação de fragmentos de conhecimento existindo em diferentes cabeças produzir resultados que, se tivessem de ser deliberadamente obtidos, requereriam um conhecimento, de parte do planejador, que nenhuma pessoa em particular pode possuir? (p. 54)

A crítica que Hayek dirige ao conceito de equilíbrio decorre exatamente desta postura:

Nossa análise [do equilíbrio], ao invés de mostrar quais informações as diferentes pessoas devem possuir a fim de obter aquele resultado, cai no pressuposto de que todo mundo sabe tudo, e elimina, assim, qualquer solução real para o problema. (p. 51)

Isso nos leva a um grupo final de observações que devem mostrar como a posição de Hayek é indicativa da natureza necessariamente contraditória do indivíduo. Hayek assevera, como vimos, que o pressuposto de um conhecimento objetivo é uma ilusão, que o conhecimento é, na realidade, subjetivamente retido, ou, em outras palavras, que não é o mundo objetivo que determina a percepção dos indivíduos, mas o mundo tal como ele se mostra para cada um em particular. Mas quais são os elementos que tornam o conhecimento de cada indivíduo um conhecimento particular e intransferível? Como veremos, quase todos eles estão relacionados à concepção do indivíduo não como algo autodeterminado, mas socialmente determinado. Além disso, e ratificando ainda mais a avaliação aqui feita da concepção de Hayek, veremos que para ele "o homem é muito mais um animal que segue regras do que um que busca resultados" (Hayek apud Burczak, 1994, p. 41). Como as regras são socialmente estatuídas, isso, mais uma vez, coloca em xeque a concepção do indivíduo como um ser verdadeiramente autônomo, autossuficiente e autodeterminado.

Como vimos, Hayek rejeita todas as tentativas de fundamentar o conhecimento, seja nos fatos objetivos, seja numa razão transcendental. A percepção para ele é *constituída*, isto é, não é determinada por nada em particular e ao mesmo tempo é afetada por infinitas coisas, nenhuma das quais é a essencial. A concepção de um agir intencional baseado em percepções que são subjetivamente retidas faz parte da herança austríaca de Hayek, "(...) mas não é suficiente para capturar plenamente a explicação hayekiana dos constituintes da ação humana" (Burczak, 1994, p. 41). Como veremos adiante, além de seus propósitos particulares e do conhecimento subjetivo que cada um possui do mundo, as regras, que os homens seguem meio inquestionadamente, por um processo de imitação, ocupam um papel importantíssimo na visão hayekiana da ação humana e selam definitivamente a concepção do indivíduo como algo socialmente constituído[34]. Antes de discuti-las, porém, devemos investigar quais são os elementos que conformam esse saber que é subjetivamente retido.

O primeiro elemento destacado por Hayek é a linguagem[35]. A língua aparece como uma espécie de ordem espontânea, da qual nós adquirimos, sem nos darmos conta disso, um arcabouço para ordenar e contextualizar nossas percepções. Para ele, a estrutura da linguagem implica, ela mesma, certas visões sobre a natureza do mundo. Por essa ótica, também as teorias e os discursos particulares que dominamos influenciam nossa percepção. Se é assim, porém, aqueles que conhecem o mundo através da mesma língua deveriam ter sobre ele as mesmas percepções, o que contrariaria a proposição de Hayek sobre o caráter eminentemente subjetivo da percepção. Para não sermos tão radicais, Hayek teria de admitir a verdade de tal afirmação ao menos para aqueles que dominam os mesmos "discursos particulares". Isso, contudo, não é um problema para Hayek. Ao contrário, ele acredita mesmo que quando não pudermos mais interpretar o que sabemos sobre as outras pessoas através de analogias com nossa própria cabeça, a história cessará de ser a história humana; nós teremos então de apelar para termos puramente behavioristas, tal como a história que nós podemos escrever sobre um formigueiro ou a história que um observador de Marte pode escrever sobre a raça humana (1948d, p. 75-6)[36].

---

[34] Na realidade esses dois elementos guardam uma relação entre si, visto que, segundo Hayek, as regras influenciam nossa percepção sobre o mundo, particularmente nossa percepção sobre as ações de outras pessoas.

[35] Para Burczak (1994), é na explicação de como a percepção é constituída pela linguagem e pelos discursos que a hermenêutica de Hayek é mais aparente, porque entender uma ação só é possível compreendendo o significado que as pessoas atribuem a ela.

[36] Na realidade, Hayek insurge-se aqui contra a concepção positivista de que ciência natural e ciência social não estão separadas por nenhuma diferença de princípio e que, portanto, ambas podem seguir os mesmos preceitos metodológicos. Para Hayek, ao contrário, "(...) enquanto para o mundo da natureza nós olhamos de fora, para o

Mas a questão não é problemática para Hayek, também porque ele considera que a ação humana é resultado de uma multiplicidade de elementos, nenhum dos quais lhe é essencial ou determinante. O próximo elemento é precisamente o que torna cada indivíduo uma singularidade irredutível e diz respeito a uma sorte de "especialização" que cada um tem na sociedade moderna e que o torna possuidor de informações que ele detém com exclusividade. Esse elemento é a "localização econômica", conjunto de circunstâncias específicas de espaço e tempo que torna o conhecimento uma exclusividade de quem ocupa aquela localização. Ele não é, portanto, como o saber científico, um conhecimento transferível. Diz Hayek:

> Hoje é quase uma heresia sugerir que o conhecimento científico não dá conta de todo conhecimento. Mas uma pequena reflexão mostrará que está fora de questão um conjunto de conhecimentos muito importantes, mas não organizados, que provavelmente não pode ser chamado científico no sentido de um conhecimento sobre regras gerais: o conhecimento das circunstâncias particulares de tempo e espaço. É com relação a isso que praticamente todo indivíduo tem alguma vantagem sobre os outros, porque ele possui informações únicas. (1948e, p. 80)

Contudo, como é bem lembrado por Burczak, isso não quer dizer que o indivíduo possa superar essa limitação procurando ocupar "diferentes localizações". Isso, é verdade, abriria a porta a diferentes percepções, mas, dada sua natureza subjetiva, elas não seriam as mesmas dos antigos ocupantes. Postular o contrário seria dizer, inversamente ao que Hayek quer demonstrar, que cada indivíduo tem um acesso especial a um componente particular da realidade objetiva, acesso que o habilita a obter um único, mas objetivo conhecimento.

O tempo seria o terceiro elemento importante (além da linguagem e da "localização") na versão hayekiana dos constituintes da percepção e ação humanas. Sua importância estaria relacionada à concepção de equilíbrio que Hayek adota. Como mencionamos anteriormente, para Hayek, o conceito de equilíbrio tem um significado claramente determinado se for aplicado às ações de um único indivíduo: elas devem estar em equilíbrio entre si. E na medida em que as ações de uma pessoa têm lugar necessariamente no tempo é obvia sua importância.

---

mundo da sociedade nós olhamos de dentro" (1948d, p. 76). Decorre daí o caráter necessariamente subjetivo do conhecimento que temos do mundo social. Um conhecimento objetivo equivaleria ao conhecimento de um marciano sobre a raça humana. Essa espécie de behaviorismo puro que caracterizaria tal saber é defendida, por exemplo, por Nagel (1968), que advoga que uma descrição "condutivista" dos fenômenos sociais é possível e adequada. Sobre essa questão veja também Paulani (1992, p. 18-20).

(...) a ação humana está inteiramente conectada às percepções das possibilidades futuras, isto é, às expectativas. (...) Expectativas sobre os possíveis resultados futuros são importantes constituintes da ação humana. (Burczak, 1994, p. 43-4)

Analisados os elementos constituintes do saber que o indivíduo subjetivamente retém, passemos então a discutir o papel das regras no arcabouço hayekiano. Além de poderem influenciar nossa percepção (veja nota 34), as regras assumem aí uma importância significativa justamente em função da concepção do conhecimento como subjetivamente fundado e de nossa ignorância com relação aos resultados futuros dos cursos de ação por nós escolhidos. Segundo Hayek, a existência de regras protege o homem "(...) daquilo que ele mais teme e que o põe num estado de terror quando acontece: (...) perder o rumo e não saber mais o que fazer" (Hayek apud Burczak, 1994, p. 45). Elas não são produto, no entanto, de um suposto contrato original resultante, por sua vez, da ação intencional de indivíduos autocentrados. Elas não podem, pois (assim como a linguagem), ser inteiramente reduzidas às ações de indivíduos racionais. A ênfase de Hayek nesse caráter das regras e convenções como essencialmente não redutíveis ao saber racional deve-se ao fato de que, como nosso conhecimento é limitado, nós, cada um de nós realmente ignora a maior parte dos fatos que determinam os processos da sociedade. (Daí que não pode ser possível querer demonstrar a ordem do mercado através de uma antecipação racional de seus resultados)[37]. Por isso, as regras, em sua maior parte, são seguidas sem ser postuladas[38].

Ainda a esse respeito, Hayek diz o seguinte em "Individualism: True and False":

---

[37] Outra das objeções de Hayek à teoria neoclássica refere-se a seu caráter teleológico. O mercado é entendido como devendo levar a resultados predefinidos: eficiência, satisfação, maximização, situações ótimas. Os subjetivistas como Hayek, ao contrário, percebem o mercado como um processo criativo, aberto e não determinista. Nas palavras de Burczak: "Na economia de Hayek, o mercado é um laboratório evolucionário, onde sujeitos descentrados e socialmente constituídos criam o futuro". A esse respeito veja também Buchanan e Vanberg (1991).

[38] Na mesma linha afirma Sugden: "Ordem, nas questões humanas (...), pode surgir espontaneamente na forma de convenções. Estas são padrões de comportamento que se autoperpetuam. (...) Essas regras não são o resultado de nenhum processo coletivo de escolha. Nem resultam de nenhum tipo de análise racional abstrata empregada na teoria dos jogos clássica, na qual os indivíduos são modelados como se tivessem poderes ilimitados de raciocínio dedutivo, mas nenhuma imaginação e nenhuma experiência humana em comum. Nesse sentido, pelo menos, as convenções não são produto de nossa razão" (1989, p. 97).

(...) as tradições e convenções que emergem numa sociedade livre [são importantes] para uma sociedade individualista [porque] sem serem obrigatórias, estabelecem regras flexíveis, mas normalmente observadas, que tornam o comportamento de outras pessoas altamente previsível. A disposição de se submeter a tais regras, não meramente na medida em que se entenda a razão delas, mas simplesmente na medida em que não se tem nada em contrário, é uma condição essencial para a evolução e o aprimoramento das regras do intercurso social; e a disposição para se submeter aos produtos do processo social que ninguém planejou e cujas razões ninguém pode entender é também uma condição indispensável para que seja possível dispensar a coação. (1948b, p. 23)

Efetivamente o que Hayek está sugerindo é que nem toda ação humana é "racional" e autônoma no sentido requerido pela teoria neoclássica e pelo conceito de equilíbrio: que boa parte dela é resultado da constituição da percepção humana por meio de um processo que é social e, por isso, não inteligível. Em outros momentos Hayek é ainda mais enfático e chega a parecer um marxista:

[Há] a necessidade, em qualquer sociedade complexa na qual os efeitos da ação de qualquer um vão além de seu espectro possível de visão, de uma submissão às anônimas e aparentemente irracionais forças da sociedade. (...) O homem, numa sociedade complexa, não pode ter nenhuma outra escolha a não ser se adaptar àquilo que para ele devem parecer as forças cegas do processo social, obedecendo ordens superiores. (Ibidem, p. 24)

(...) o mercado, à medida que se desenvolve, é uma forma efetiva de fazer com que o homem tome parte num processo mais complexo e amplo do que ele pode compreender. (Ibidem, p. 14-5)

A desgraça [do mecanismo de mercado] é dupla porque, por um lado, ele não é produto do desígnio humano e, por outro, as pessoas, *que são guiadas por ele, normalmente não sabem por que são levadas a fazer o que fazem.* (1948e, p. 87, grifos meus)[39]

---

[39] Dada a importância da citação para o argumento aqui defendido reproduzo-a no original: "Its misfortune is the double one that it is not the product of human design and that the people guided by it usually do not know why they are made to do what they do". Agora observemos as seguintes afirmações: "[Os homens] ao equipararem seus produtos de diferentes espécies na troca, como valores, equiparam seus diferentes trabalhos como trabalho humano. Não o sabem, mas o fazem" (Marx, 1983, p. 72). "Esse salto brusco do sistema de crédito para o sistema monetário acrescenta o susto teórico ao pânico prático; e os agentes da circulação estremecem perante o mistério impenetrável de suas próprias relações" (Marx, 1983, p. 116). Foram escritas por Marx, como se vê, mas bem poderiam ter sido escritas por Hayek! Já que, em momentos

Em que situação ficamos então? Hayek, o verdadeiro individualista, acaba por concluir que o indivíduo (exceção feita a seus propósitos particulares) desconhece a maior parte dos processos que frequentemente determinam sua ação, senão vejamos: o saber, que ele subjetivamente detém, depende fundamentalmente da linguagem, caracterizada, tanto quanto o mercado, como uma ordem espontânea e não como produto deliberado da intenção humana; as regras, que junto com tal saber fornecem os parâmetros da ação dos agentes, eles simplesmente as seguem sem se perguntarem o que significam ou por que existem. Em suma, para Hayek, o indivíduo é objeto de processos que se desenvolvem às suas costas, que dirigem da sombra o seu comportamento, e sobre os quais ele não pode ter nenhum controle individual. Onde fica então sua propalada autonomia, sua independência, sua soberania de ator-sujeito? Talvez, então, seja Hayek o equivocado. O verdadeiro individualismo deve ser o outro e não o dele. O próprio Hayek, contudo, demonstrou as contradições nas quais se move esse último discurso: se ele não consegue demonstrar o surgimento da ordem a partir do comportamento racional e previsível de agentes econômicos que compartilham os mesmos conhecimentos objetivamente fundados, então não atinge seu desiderato e deve ser questionado; se consegue, porém, contradiz suas intenções e acaba por desqualificar os indivíduos como sujeitos, na medida em que podem ser substituídos por uma instância planejadora qualquer.

A conclusão geral, portanto, é que o *status* do indivíduo enquanto o verdadeiro sujeito da ação propugnado pelos dois discursos no nível metateórico (ambos se reivindicam individualistas) esboroa-se na articulação da teoria propriamente dita. No caso de Hayek, porque o processo

---

como esse, o indivíduo, para Hayek, praticamente perde sua condição de sujeito, torna-se possível classificá-lo numa categoria ainda mais forte de funcionalismo, por exemplo, no paradigma funcional principal. A esse respeito aliás, e contra Elster, Hayek, num texto de 1967, faz menção explícita às teorias funcionalistas oriundas das ciências naturais como mais instrutivas para as ciências sociais do que, por exemplo, a física: "a existência de estruturas com as quais a teoria dos fenômenos complexos está relacionada pode ser compreendida apenas por meio daquilo que os cientistas chamariam de cosmologia, isto é, uma teoria de sua evolução (...) O problema de como as galáxias ou o sistema solar foram formados e de quais são as estruturas daí resultantes está muito mais próximo dos problemas que as ciências sociais têm de enfrentar, do que de problemas da mecânica; e para a compreensão dos problemas metodológicos das ciências sociais um estudo dos procedimentos da geologia ou da biologia é, portanto, muito mais instrutivo do que um estudo da maneira de proceder da física" (Hayek apud Nadeau, 1998, p. 481).

econômico do qual os indivíduos fazem parte é mais complexo e amplo do que os indivíduos podem compreender. No caso do individualismo de corte neoclássico, porque o eficiente e ótimo resultado que os indivíduos obtêm pode ser igualmente alcançado por meio de um planejamento centralizado.

O problema todo está precisamente na figura que embasa todas essas proposições. Como temos tentado demonstrar, o indivíduo é uma figura contraditória e é ele que subverte os discursos. No caso do individualismo racionalista do *approach* do equilíbrio geral, seu fazer contradiz seu discurso[40]. Hayek percebe isso e tenta fugir da contradição. O preço que paga, porém, é o de ter de admitir que o indivíduo é de uma certa forma contraditório, só é indivíduo se não for indivíduo, se for socialmente determinado. Será Hayek um dialético?

Vimos que aparentemente a contradição indivíduo–sociedade parece não existir no mundo dos fenômenos econômicos. Na realidade, o questionamento da soberania do ator econômico começa serenamente, quando o social se impõe sob a forma abstrata da coisa dinheiro. Tal relação, aliás, aparece na teoria usual: a maximização sob restrições, moto-contínuo do *mainstream* da teoria econômica, não é senão a expressão, no nível da ciência convencional, de tal oposição, a qual aparece, porém, não sob a forma de relação social, que essencialmente a constitui, vale dizer, relação entre homens, mas, graças ao vínculo da propriedade privada, como relação entre o homem e as coisas. Essa tensão não se extingue aí, entretanto. É nas consequências de cada decisão, livre e soberanamente tomada, que a autonomia do ator econômico é decisivamente colocada em xeque, principalmente, mas não só aí, quando acontecem as chamadas contrafinalidades. Se o resultado fosse sempre socialmente bom, a opção metodológica seria praticamente indiferente, ou seja, tanto faria advogar a mão invisível, como o faz Smith, ou supor que, de alguma forma, a obtenção de um ótimo social também entra como variável na definição da ação intencional dos agentes. Mas, se os resultados são ruins, como ficamos?

---

[40] Não só pelas razões levantadas por Hayek. A esse respeito De Villé (1990, p. 15-6) afirma que, paradoxalmente, o único modelo em que o mercado e a concorrência "fundam" a ordem social – o modelo de equilíbrio geral com o consequente estado de concorrência perfeita – é precisamente aquele em que a sociedade (entendida como conjunto de relações e interações sociais) está ausente. Não há relações nem interações sociais porque não há necessidade disso. Todos são *price takers* e têm de esperar que o leiloeiro encontre o vetor de preços de equilíbrio para só então fazerem as trocas.

As proposições hayekianas, pelas contradições que revelam, constituem expressão das mais perfeitas da posição contraditória do indivíduo pela sociedade moderna, mesmo no mundo das relações econômicas, principalmente no mundo das relações econômicas. A posição social de uma individualidade antes apenas pressuposta (posta então efetivamente só no nível fisiológico), a Modernidade não a faz positivamente. Ao contrário, a posição do indivíduo é feita como pressuposição, ou seja, negativamente. Na realidade, o indivíduo, enquanto objeto contraditório que é, tem sempre uma existência negativa.

Nas sociedades pré-modernas, o indivíduo ainda não é, sua existência não está posta[41]. Quando a História o põe, porém, também o nega, como vimos. Os pressupostos que efetivamente constituem o indivíduo enquanto indivíduo (igualdade jurídica, liberdade, propriedade privada) negam o seu operar enquanto sujeito, porque solapam sua suposta autonomia. Que sujeito é esse que, sem o saber (ou eventualmente até sabendo, mas sem ter o que fazer), produz resultados a que não visa, não deseja, dos quais nem sempre gosta? Assim, a verdadeira posição do indivíduo, sua posição positiva, implicaria a recuperação dessa autonomia, ou seja, de um fazer que fosse só intencional. Mas fora do "*Bureau* Planejador", que ao fim e ao cabo mata o mesmo indivíduo, onde buscar tal realização?

Marx, num instigante trecho dos *Grundrisse*, em que profeticamente aponta para aquilo que nós hoje chamamos "pós-grande indústria", fala no "indivíduo social" que resultaria duma sociedade em que a produção e a riqueza tivessem por base não o trabalho imediato executado pelo homem, nem o tempo que ele trabalha, mas "(...) a apropriação de sua própria força produtiva geral, sua compreensão da natureza e o domínio da mesma graças à sua existência como corpo social" (1985b, p. 228). Em tal sociedade, o indivíduo não seria mais vítima de resultados que produz sem desejar nem seria mais conduzido por forças sobre as quais não tem controle. Mas aí a autonomia do indivíduo é recuperada graças à sua existência enquanto *corpo social*. Não se trata mais, portanto, do indivíduo tal como o mundo burguês o conhece.

Por isso o indivíduo é em si uma contradição. Quando ele é (sociedade moderna) se nega. Quando ele não se nega (por exemplo, na utopia

---

[41] "Aqueles antigos organismos sociais de produção são extraordinariamente mais simples e transparentes que o organismo burguês, mas eles baseiam-se na imaturidade do homem individual, que não se desprendeu do cordão umbilical da ligação natural aos outros do mesmo gênero, ou em relações diretas de domínio e servidão" (Marx, 1983, p. 75).

marxista), aí não é mais. No nosso mundo, portanto, é essa existência que não existe, essa autonomia e independência que constitui o indivíduo, mas que também o nega, que o põe como contradição e contradiz os discursos. Nesse sentido, o discurso de Hayek está no mesmo barco que o discurso neoclássico. A diferença é que o fazer do último contradiz sua intenção, enquanto o primeiro, ao assumir explicitamente a intenção de não se contradizer, abre, por isso mesmo, um espaço privilegiado para que o objeto se revele como contradição.

As razões objetivas da transformação de Hayek

Conforme antecipamos, muito se discute sobre a mudança de curso na vida intelectual de Hayek, iniciada, em 1937, com *Economics and Knowledge*. Para alguns, sua principal causa teria sido o impacto das considerações de Popper sobre o apriorismo[42] metodológico que Hayek herdara de Von Mises (Hutchison, 1981). Para outros (Soromenho, 1994), trata-se de uma espécie de resultado natural de suas próprias considerações teóricas desenvolvidas em sua fase anterior de "economista", tendo Wicksell como sua principal influência. Caldwell (1988), entretanto, acredita que o fator decisivo para tal virada foi o resultado do chamado "debate sobre o cálculo socialista", no qual Hayek se meteu junto, entre outros, com Oskar Lange. As duas primeiras hipóteses derivam a transformação de Hayek de desdobramentos experimentados tão somente no âmbito do pensamento hayekiano. A última, porém, põe um pé no mundo objetivo, ao referir-se ao debate sobre o "cálculo socialista". A despeito do nome, não se tratou apenas de um debate teórico, mas de um debate pautado pela vitória da revolução russa, pela consolidação de uma economia que funcionava sem mercado, e por tudo que isso representava de ameaça potencial ao mundo burguês que a duras penas se firmava.

---

[42] O apriorismo de Von Mises resulta da combinação de três proposições: a) as deduções logicamente consistentes de axiomas *a priori* são verdades apodíticas; b) no mundo social, todos os fatos importantes "carregam" teoria; e c) a teoria não pode ser empiricamente testada, mas pode ser conferida por meio do exame de sua própria lógica e de sua aplicabilidade a situações históricas (Boettke, 1998, p. 536). Muito mais do que uma receita metodológica, a posição metateórica de Von Mises espelhava-se na própria história da ciência econômica, um pouco na linha do que viria a ser mais tarde desenvolvido por Thomas Khun. Daí o impacto que teriam provocado, no pensamento de Hayek, as proposições popperianas.

Investiguemos mais de perto essa hipótese. Antes porém, lembremos que, com suas observações, Hayek praticamente assinara a sentença de morte da ciência econômica convencional, pelo menos daquela de fundamento individualista então existente e que dominava completamente o ambiente acadêmico[43]. As teorias alternativas eram todas comprometidas com alguma forma de holismo, o que se chocava com seus princípios de recusar a existência de estruturas sociais autônomas. Ele tentou um discurso alternativo, verdadeiramente individualista; saiu uma teoria social, ainda assim eivada de contradições e invadida pelas instâncias sociais.

Mas isso nos dá o gancho para voltarmos à questão do debate sobre o cálculo socialista e às circunstâncias históricas em que ele se deu. Levando em conta a natureza das críticas feitas por Hayek ao individualismo que embasa a teoria econômica de corte neoclássico, não era apenas com princípios metateóricos que o apoio de Hayek a teorias alternativas se chocaria. Considerados os princípios liberais que sempre o motivaram, o apoio a qualquer vertente teórica que tivesse algum parentesco com

---

[43] Apesar de ter sido publicada em 1936, ainda não se tinha ideia da magnitude da transformação que a *Teoria geral* provocaria no ambiente acadêmico dos economistas, vindo a ganhar por isso o epíteto de "revolução keynesiana". Assim, a despeito de travar, já há algum tempo, uma disputa acirrada com Keynes (Hayek tinha ido parar na London School of Economics, em 1931, a convite de Lionel Robbins, que desejava construir na instituição um contraponto teórico à crescente influência de Keynes não só no ensino acadêmico, mas também na formulação de políticas na Inglaterra – Andrade, 1997, p. 176), não é a *Teoria geral* que será objeto da ira metodológica de Hayek, mas a economia neoclássica. Mas vivesse já Hayek em plena revolução keynesiana enquanto escrevia *Economics and Knowledge*, mais uma razão teria para desferir à teoria neoclássica, particularmente à sua base metodológica, os ataques que desferiu. Evidentemente faria isso não para defender Keynes (por ter também ele, na *Teoria geral*, atacado duramente essa escola), mas para apontar concretamente o resultado perigoso da defesa infantil da economia de mercado produzida pelo individualismo convencional. Ao mostrar o tipo perverso de resultado a que podia chegar o sistema (ao invés da simpática cataláxia que Hayek enxergava) e, pior ainda, ao apontar a absoluta necessidade de uma instância externa, apartada da lógica do mercado, como única solução para salvar o sistema de si mesmo e retirá-lo dos pântanos em que pode se meter, Keynes exemplificaria, para um tipo de pensamento como o de Hayek, a ameaça concreta que visões "racionalistas" do processo econômico moderno poderiam produzir. De resto, o confronto entre Keynes e Hayek esteve presente direta ou indiretamente em praticamente toda a obra deste último: "Sem exagero, pode-se entender todo o percurso intelectual de Hayek, após a experiência dos anos 30, como um acerto de contas, às vezes velado, outras aberto, com o fantasma de Keynes. Em toda sua vastíssima obra, que a partir dos anos 40 assume um enfoque cada vez mais interdisciplinar, encontramos vestígios de uma disputa mal resolvida" (Andrade, 1997, p. 177).

visões holistas colocaria Hayek numa situação praticamente inaceitável, tendo em vista o momento histórico então vivido.

Desde o último quartel do século XIX, com a profunda depressão que o caracterizou, a certeza e a autoconfiança que haviam iluminado o mundo burguês do pós-1848 ficaram sensivelmente abaladas[44]. Ultrapassada a crise, porém, a Inglaterra conhece, no fim do século XIX, um período de grande progresso, de enorme procura de mão de obra e de aumento substantivo dos salários, onda que acaba se espraiando por boa parte da Europa. O grande *boom* vitoriano apontava para um mundo novamente cheio de esperanças e de promessas, em que os sombrios prognósticos de adversários declarados do sistema como Marx e Engels caíam no vazio (Heilbroner, 1996, p. 164-5)[45]. Mas, a despeito de ter sido uma era de paz sem paralelo no mundo ocidental e uma era de estabilidade social crescente, o período que vai da primeira grande crise do capitalismo até 1914 foi também de acirramento das contradições que desaguariam na Primeira Guerra Mundial e na revolução russa. A facilidade que "raiava a insolência" (o termo é de Hobsbawm, 1992, p. 24) com que os homens de negócios conquistavam e dominavam vastos impérios gerou inevitavelmente, em sua periferia, as forças combinadas da rebelião e da revolução que a tragariam. Particularmente depois de 1914, com a eclosão da Primeira Guerra Mundial, a sensação de incerteza se acentuou e passou a ser percebida como uma ameaça permanente ao mundo burguês:

> Mas para os membros do mundo burguês instruído e próspero (...) [essa era de catástrofe e convulsão social] parecia ser dirigida especificamente contra sua ordem social, política e moral. Seu resultado provável, que o liberalismo burguês não tinha como evitar, era a revolução social das massas. (Hobsbawm, 1992, p. 456)[46]

---

[44] Sobre o início desse período de incertezas, por contraste com o período anterior, escreve Hobsbawm: "O triunfo burguês foi breve e temporário. No momento em que pareceu completo, ele provou ser não monolítico, mas pleno de fissuras. No início da década de 1870, a expansão econômica e o liberalismo pareciam irresistíveis. No fim da mesma década, já não o eram mais" (1996, p. 24).

[45] O mesmo Heilbroner (1996, p. 164) informa sobre uma carta de Marx a Engels de 1880 em que este reconhecia que "o proletariado inglês está se tornando mais e mais burguês" e concluía dizendo que o destino da Inglaterra parecia ser o de ter, ao lado de uma aristocracia burguesa, um proletariado burguês.

[46] "(...) se há datas que obedecem algo mais que a necessidade de periodização, agosto de 1914 é uma delas: foi considerada o marco do fim do mundo feito por e para a burguesia" (Hobsbawm, 1992, p. 19).

De fato, nas primeiras décadas do novo século, duas tendências iam se fazendo sentir, cada vez com maior intensidade: a emergência de partidos e movimentos de classe operária com orientação socialista, e a mudança operada nos partidos e movimentos nacionalistas de massa, que saltavam de sua antiga identificação ideológica com o radicalismo liberal para uma aproximação com as ideias socialistas (Hobsbawm, 1996, p. 421-2). Em 1917, como uma espécie de corolário dos novos ventos que sopravam, a revolução bolchevique saía vitoriosa na atrasada Rússia. Para agravar a sensação de fracasso e incerteza que o mundo liberal experimentava, uma crise econômica mundial de profundidade sem precedentes tinha posto de joelhos até mesmo as economias mais fortes e parecia reverter o processo de criação de uma economia mundial única, que o capitalismo liberal do século XIX tinha posto no horizonte (Hobsbawm, 1995, p. 16-7). Nesse contexto de permanente conturbação, muito mais do que um diz-que-diz-que teórico, era para lá de concreto o temor da vitória de uma suposta "Razão humana com *R* maiúsculo"[47], que se arvoraria uma capacidade que, para Hayek, ninguém individualmente apresentaria, tampouco um *bureau* planejador.

Por isso era fundamental a demonstração categórica de que, fora do mercado e do instituto da propriedade privada, não existiam condições para que triunfasse o cálculo econômico racional e, portanto, de que nenhuma sociedade seria tão eficiente materialmente quanto a capitalista. É Hayek quem dá início a esse debate, em 1935, ao reeditar um artigo de Ludwig Von Mises, publicado originalmente em 1920, no qual ele negava peremptoriamente a possibilidade desse cálculo numa sociedade socialista. Para ele, tal cálculo requer um mercado livre, que estabeleça o valor de troca de todos os bens. Sem mercado livre, não há como fixar preços, e sem a fixação de preços o cálculo econômico racional é impossível. Entre as muitas tentativas efetuadas para rebater esse ponto de vista, a de Oskar Lange[48], em 1937, foi, ao que parece, a mais bem-sucedida. Lange mostrou a viabilidade de tratar teoricamente o problema por meio de um sistema de equações simultâneas, utilizando preços meramente contábeis. Hayek concedeu então que de fato, numa sociedade sem mercado, o cálculo econômico racional não era uma impossibilidade teórica, mas levantou o argumento de sua inviabilidade prática. A resposta de

---

[47] Para Hobsbawm (1996, p. 456-7), "a história do mundo, desde a Primeira Guerra Mundial, tomou forma à sombra de Lênin, real ou imaginário, como a história do mundo ocidental no século XIX tomou forma à sombra da Revolução Francesa".

[48] Abba-Lerner teria desenvolvido pela mesma época ideias semelhantes às de Lange. Daí a resolução do problema ser conhecida por "solução Lange-Lerner".

Lange a mais esta objeção foi criativa. Para ele, essa solução teórica implicaria, para o órgão planejador central, a operação de um processo de tentativa e erro na fixação de "preços" (de escassez), "salários" e "taxas de juros". Combinado a um treinamento técnico dos gerentes de produção – que aprenderiam a minimizar na margem os custos de produção e determinariam a escala de produção no ponto de igualação do custo marginal ao preço fixado pelo órgão central –, o processo de tentativa e erro resolveria por completo o problema da eficiência na produção, demonstrando cabalmente a possibilidade do cálculo econômico racional nesse tipo de sociedade[49]. O debate encerrou-se no fim dos anos 1930, com a vitória dos socialistas.

Esse resultado, desolador para os liberais, combinou-se com a conjuntura histórica, não muito favorável, como vimos, para as pretensões ideológicas do liberalismo. Caldwell, portanto, não parece estar muito longe da verdade ao considerar a participação de Hayek no citado debate como a causa principal de sua transformação e de seu abandono da ciência econômica.

Ao perceber a contradição envolvida nas tentativas neoclássicas de demonstrar as propriedades ótimas do mercado, percepção essa para a qual o famoso debate contribuiu sobremaneira, Hayek expôs como nenhum outro, ainda que sem reconhecê-lo, a contradição que constitui a figura basilar de todo esse raciocínio que é o indivíduo. Consideradas as circunstâncias históricas em que tudo isso se processou, e não abandonando Hayek suas convicções liberais, não teve ele outra alternativa senão abandonar seu *métier* original, indicando com isso, indiretamente, que, se o objetivo era defender a sociedade organizada pelo mercado (objetivo claramente apontado pela teoria neoclássica), melhor seria procurar outros caminhos e não dar tanta importância à ciência econômica, já que as tentativas nessa direção levavam ao resultado oposto.

Mas essa percepção de Hayek estava, por assim dizer, adiantada no tempo. Num mundo onde não imperava apenas o *espírito* keynesiano e

---

[49] Bottomore (1996) e Brus (1996) informam que o debate foi reinterpretado por D. Lavoie ("The market as a procedure for discovery and conveyance of inarticulate knowledge"), em 1986, demonstrando que a solução Lange-Lerner, tomando por base o modelo de equilíbrio geral walrasiano, afastara-se por completo das preocupações da escola austríaca, à qual se filiavam Mises e Hayek. Assim, ela teria deixado sem resposta o principal questionamento de Hayek, baseado na subjetividade do processo de conhecimento e, pois, na impossibilidade de antecipar resultados que só o comportamento de consumidores e produtores, vivendo sob a economia de mercado, seria capaz de produzir.

"pé-atrás" com o mercado, mas também a objetivação desse espírito – as políticas de controle da demanda efetiva, o Estado do bem-estar social, o desenvolvimentismo terceiro-mundista etc. –, não fazia o menor sentido dar um chega para lá no corpo de conhecimentos capaz de tornar mais "científicas" as propostas práticas de política daí derivadas. Algumas décadas depois, porém, a ciência econômica viria a ser identificada a uma "falação", uma conversa, que não possuiria nenhum móvel fora de si mesma. Refiro-me evidentemente à discussão, à primeira vista abstrusa, sobre retórica, que foi trazida, no início dos anos 1980, para dentro desse corpo científico, e que veremos em detalhes no capítulo 6 deste trabalho. Mas a importância de Hayek para o tema que nos ocupa não se restringe a isso. É que, não por acaso, no imediato pós-guerra, pouco depois, portanto, de sua desistência da ciência econômica, Hayek protagonizou a "fundação" da doutrina que veio a ser conhecida por neoliberalismo. As contingências materiais do capitalismo do último quartel do século XX fizeram reviver o espírito e os princípios dessa doutrina, que tinham ficado guardados na gaveta de ideias da História por quase três décadas. Mais uma vez, Hayek atirou no que viu e acertou no que não viu muito tempo depois. Nos dois casos, a vitória de Hayek foi tardia, mas avassaladora[50]. Nos dois casos, ensejando todas essas reviravoltas dentro dos muros da academia, estava, fora deles, a transformação experimentada pela economia capitalista. Veremos.

---

[50] Considerada essa trajetória, como seria classificado Hayek? Apenas um doutrinário, *à la* Bentham, ou um intelectual como Mill? Sua "transformação" parece apontar para a segunda hipótese. Mas qual sua origem? Como vimos, ela foi empurrada muito mais pelas contingências históricas experimentadas por Hayek, que afrontavam suas convicções liberais, e que não eram, como ele esperava, contra-arrestadas pela ciência econômica, do que por uma percepção da relatividade das verdades por ele professadas e/ou por uma necessidade de conciliar, ao menos no discurso, as contradições que ele poderia estar percebendo na realidade. Assim, a despeito da inegável sofisticação de Hayek (ele está longe da "secura ingênua" de Bentham, para usar os termos de Marx), a primeira hipótese parece mais plausível. Aliás, muito mais do que um simples "homem de convicções", Hayek se põe como uma espécie de "doutrinário radical", faceta que ficará mais visível, como veremos, em seu papel de fundador da doutrina do neoliberalismo.

5

INDIVIDUALISMO, NEOLIBERALISMO E PÓS-MODERNISMO

Entre os vocábulos que ganharam o debate intelectual e a mídia, na última década do milênio que findou, ao lado de "globalização", "pós-modernismo" e outros mais, encontra-se, certamente, "neoliberalismo". Carregado de conotações políticas e ideológicas e muitas vezes utilizado pura e simplesmente como sinônimo de "liberalismo", o termo acabou por se autonomizar, por ganhar vida própria, de modo que, no mais das vezes, é utilizado sem que se saiba exatamente a que se refere, ou, no jargão da linguística, sem que se conheça a relação que de fato existe entre este signo e seu referente. Sua correta compreensão só é possível, é o que tentaremos mostrar, se entendermos, por um lado, o tipo de individualismo que lhe serve de base, e, por outro, as contingências históricas que possibilitaram que ele se objetivasse, vale dizer, que deixasse de ser uma entidade pertencente apenas ao "mundo das ideias", ao qual ele ficou confinado por quase três décadas. Um exemplo do tipo de equívoco que se pode cometer por não se levar em conta esses fatores está em Peters (1998). No que se segue procuraremos incialmente explicar o que distingue o neoliberalismo do liberalismo clássico, de onde ele provém. Em seguida, acompanhando Anderson (1995), discutiremos as origens do neoliberalismo e sua vinculação com o ideário vigente no pós-guerra. Comentaremos então os equívocos de Peters. A reflexão sobre a relação entre neoliberalismo e individualismo, tomando por base mais uma vez o pensamento de Hayek, mostrará, finalmente, os vínculos entre neoliberalismo e pós-modernismo.

Liberalismo e neoliberalismo

Para falar sobre o neoliberalismo é preciso dar um passo atrás e lembrar inicialmente do liberalismo original, da doutrina que primeiramente foi reconhecida como liberalismo. Só assim entenderemos o porquê do prefixo "neo" adicionado ao termo. Veremos então quais são as duas grandes diferenças que marcam esses dois momentos do pensamento social.

A despeito da ampla gama de sentidos e de eventos históricos que estão envolvidos no termo "liberalismo" (Matteucci, 2000, p. 686-705), certamente não erraremos muito se afirmarmos que essa doutrina social nasceu com Locke, no fim do século XVII, atravessou todo o século XVIII, passou pela filosofia radical inglesa, pelo utilitarismo e pela mão invisível de A. Smith, até sofrer um duro questionamento no século XIX, por parte de Auguste Comte e Karl Marx, entre outros, mesmo século este, aliás, em que o capitalismo experimenta sua primeira grande crise. Ao longo desse périplo sofreu mutações e mudanças de enfoque, teve desdobramentos na Alemanha com Kant e com a filosofia do direito de Hegel e, por meio de Rousseau, chegou até a Revolução Francesa[1].

O liberalismo, quando nasce pelas mãos do arguto, modesto e piedoso, segundo seus contemporâneos, John Locke, está visceralmente ligado à filosofia dos direitos naturais, prega a tolerância política e religiosa, exige o direito de defesa contra o arbítrio e mostra-se coerente com a visão de mundo que advoga que os homens nascem livres, tanto quanto nascem racionais. Trata-se, nessa medida, de um desdobramento

---

[1] Para Matteucci (2000, p. 686-705), ao longo dos séculos XVIII e XIX, o liberalismo vai mostrando duas caras: uma inglesa, que enfatiza a sociedade civil como espaço natural do livre desenvolvimento da individualidade em oposição ao governo, e outra continental, que vê no Estado, como portador da vontade comum, a garantia política da liberdade individual. Para esta última, característica de países como a França e a Alemanha, teria contribuído Kant, ao fornecer os fundamentos de um "liberalismo ético" (oposto ao "liberalismo utilitarista"), que teria seu ponto culminante em Rosseau. Da mesma maneira, Hegel teria contribuído para a versão continental, já que suas reflexões sobre o Estado e o direito teriam permitido o desenvolvimento posterior (Marx, Comte) da ideia de que a verdadeira liberdade consistiria na consciência dos caminhos da história e no agir para a realização de sua finalidade imanente. Há certamente um tanto de exagero no enquadramento de todos esses autores e escolas sob o guarda-chuva do "liberalismo". Contudo, apesar de a acepção mais comum do vocábulo ser aquela que Matteucci identifica como a "versão inglesa" da doutrina, há um grão de verdade nesse exagero, uma vez que ambas as correntes são originárias do mesmo processo histórico, qual seja aquele que resultou no advento da Modernidade.

da grande transformação que dá origem ao pensamento moderno e que coloca no primeiro plano o homem e o desmesurado poder da razão com que foi brindada sua natureza. Em suma, para dizer em poucas palavras, o liberalismo, no momento de seu nascimento, é fundamentalmente filosófico e político.

Como se relaciona ele com o liberalismo econômico que ganha força no século XVIII com A. Smith e depois com John Stuart Mill? Para responder a essa questão é preciso tocar em três pontos. O primeiro deles tem que ver com a associação, feita já pelo próprio Locke, entre liberalismo e defesa da propriedade privada. Diferentemente de Hobbes, Locke via a relação entre o Estado e o indivíduo não como uma relação entre governantes e governados, mas como um pacto social estabelecido entre homens igualmente livres e que tinha por objetivo preservar os direitos naturais, entre os quais se encontrava, para ele, não apenas o direito à vida e à liberdade, mas também o direito à propriedade de bens materiais. Este último, apesar de não inato (como o direito à vida e à liberdade), seria, tanto quanto os dois primeiros, natural (porque legitimado pelo trabalho) e, nessa medida, anterior à própria sociedade civil.

O segundo ponto está relacionado à proximidade do conceito com a ideia de igualdade (pelo menos no plano jurídico, igualdade implica liberdade e vice-versa). Quem vai se preocupar decididamente com isso é Rousseau. O pensador francês, que levou às últimas consequências a linha de pensamento iniciada pelo humanismo renascentista, afirmava o princípio da liberdade como direito inalienável do homem e acreditava que recusá-la seria recusar a própria qualidade de ser humano. A despeito disso, porém, Rousseau alertava que, sem um mínimo de igualdade social, a liberdade civil seria impossível.

Entrementes, e entramos com isso no terceiro ponto, desenvolve-se na Inglaterra, e como desdobramento da própria doutrina liberal, a escola utilitarista, cuja ambição era transformar a ética numa ciência positiva do comportamento humano, ciência que Bentham, seu principal expoente, queria, como vimos, tão exata quanto a geometria[2]. Na esteira do mesmo tipo de problemática, que havia impulsionado toda uma série de pensadores anteriores, a saber, quais são os princípios morais capazes de garantir a coesão (e a ordem) numa sociedade desprovida de relações hierárquicas (porque pautada na igualdade e na liberdade), Bentham

---

[2] A primeira obra econômica de Bentham, *A defesa da usura*, de 1787, já o revela como discípulo de Smith e partidário do *laissez-faire*.

discorda das premissas contratualistas, e vai considerar que a obediência civil só se justifica se ela contribuir mais para a felicidade geral do que a não obediência. Mas o que seria a "felicidade geral"? A premissa básica do utilitarismo benthamita reza que cada homem age sempre motivado pelo seu próprio interesse[3]. Com isso, Bentham reduz explicitamente toda a motivação humana ao desejo de maximizar utilidade e, como considera a "comunidade" um corpo fictício, conclui que o interesse da comunidade só pode ser definido como a soma dos interesses de seus diversos membros. Sendo assim, cada indivíduo, ao perseguir seu próprio bem, está também perseguindo o bem do conjunto. James Mill, outro membro destacado da escola utilitarista, demonstrava esse mesmo teorema apelando à lei da associação psicológica, segundo a qual a felicidade alheia é desejada porque é intimamente relacionada com a própria.

Isto posto, vejamos como a mão invisível de Adam Smith passa por todos esses elementos. Sendo tributário da mesma tradição intelectual, Smith vai utilizar em sua teoria o mesmo tipo de raciocínio, pautado na dedução lógica, e a mesma ideia de natureza humana, a saber, uma natureza que deve ser considerada de modo singular e que se mostra, por isso, como anterior à própria sociedade. Smith inclui nessa natureza a propensão à troca, assentada, por sua vez, no caráter autocentrado da primeira. A partir daí, e tomando a propriedade como pressuposto, Smith demonstra que, na esfera das relações materiais, a coincidência entre os interesses privados e o interesse público está garantida. Cada um agindo livremente em função de seus próprios interesses e, movido conscientemente apenas por eles, produzindo um resultado que não fazia parte de suas intenções: o progresso e a riqueza da nação. Além do mais, esse progresso abrangeria toda a sociedade, atingindo também as camadas mais baixas da população. Smith estando certo, obter-se-ia então o mínimo de igualdade social que preocupava Rousseau enquanto precondição para a existência e sustentação da liberdade civil. O *laissez-faire* aparecia, portanto, como uma conclusão lógica desse tipo de raciocínio[4].

---

[3] Diz Bentham: "No curso geral da vida, em todo coração humano, o interesse próprio predomina sobre todos os outros interesses em conjunto (...) A preferência por si mesmo tem lugar em toda parte" (apud Hunt, 1989, p. 148).

[4] Cabe aqui adiantar que já estava em germe, nas considerações de Smith, uma ideia que seria cara aos pais do neoliberalismo, entre eles, e de modo particular, Hayek: a economia de mercado, ou, em outros termos, a sociedade organizada materialmente pelo mercado, constituiria a única possibilidade de compatibilizar, de um lado, a

No último quartel do século XIX, como é sabido, o capitalismo experimenta sua primeira grande crise, desmentindo o resultado "bom para todos" previsto pelas teorias liberais. Além disso, o desenrolar dos acontecimentos na França e em boa parte da Europa impusera, depois de 1848, um forte refluxo aos movimentos sociais e demonstrara abertamente o caráter particular, ou seja, de classe, dos ideais universais que então se pregavam: a liberdade civil, particularmente a liberdade política, encontrava pela frente as barreiras impostas pelos interesses de classe então em jogo; a igualdade, de seu lado, parecia restringir-se, quando muito, à esfera jurídica.

Derrota dos movimentos populares, de um lado, crise profunda, de outro, iam denunciando o liberalismo como ideologia, como visão de mundo afinada com um momento histórico específico, que assistia à ascensão de uma determinada classe ao topo da pirâmide social. A liberdade impunha-se aí como o primeiro valor. Sem ela, e sem a igualdade a ela conectada, a classe então nascente não teria como lograr o poder político que deveria coroar o poder econômico que vinha sendo conquistado naturalmente, como naturalmente vinha se impondo a força do dinheiro e o estatuto da propriedade privada.

O liberalismo, também nos pontos de contato que possui com o utilitarismo, constitui, portanto, expressão do espírito de sua época e da base objetiva (material, social e política) que determinava esse espírito. Nem, por isso, porém, os valores então em jogo deixavam de ser universais. Ainda que a serviço de interesses de classe bastante bem definidos, a liberdade e a igualdade dizem respeito a todo o gênero humano, de modo que sua defesa é inapelavelmente universal. Assim, na medida em que a doutrina liberal foi constrangida, desde seu nascimento, e por razões históricas, à defesa desses valores, sua pregação no campo econômico não chegou a ser determinante. Por mais que a realidade material e política do século XIX fosse denunciando seu caráter ideológico, sua posição enquanto ideário filosófico e moral tinha primazia[5]. Não por acaso, John Stuart Mill vai afirmar, em seus *Principles of Political Economy*, que não

---

liberdade individual e, de outro, um resultado social aceitável que, no entanto, seria não intencional. Não se trata, portanto, de postular de antemão, como resultado necessário, qualquer tipo de equilíbrio ou de otimalidade que o sistema inexoravelmente atingiria. Retomaremos esse ponto mais adiante.

[5] Como vimos no capítulo 4 deste trabalho, é só no início do século XX que os partidos e movimentos nacionalistas de massa, por exemplo, desprenderam-se de sua antiga identificação ideológica com o radicalismo liberal para aproximarem-se das ideias socialistas.

é por razões de eficiência, mas por seu papel na promoção do progresso individual e social que se deve manter o Estado, tanto quanto possível, ausente da vida econômica. Em outras palavras, uma vez que a liberdade e a propriedade privada eram as marcas constitutivas do indivíduo moderno, o progresso social ficava na dependência da promoção de sua autonomia (energia de caráter, inteligência, prudência, responsabilidade), e uma presença excessiva do Estado poderia pôr em risco esse progresso[6]. É nesses marcos que está posto o liberalismo no fim do século XIX.

A história do século XX, desde seu início, imporia, porém, a esse ideário um enorme refluxo, do qual ele só iria se recuperar, mas com outras características, a partir da década de 1970. Dado o período extremamente turbulento pelo qual passa o sistema capitalista, assistindo, num lapso que compreende menos de três quartos de século, a duas severas crises econômicas, duas grandes guerras, à revolução soviética e à ascensão do nazismo, o liberalismo vê sumir, sob seus pés, o solo objetivo em que se apoiava[7].

Numa importante arena, porém, permanece com força, por um certo tempo, um dos desdobramentos da doutrina liberal: na academia, o marginalismo, nascido no fim do século XIX e que tem suas raízes no utilitarismo, acaba por se tornar o paradigma mais importante da ciência econômica. Substituindo a teoria do valor-trabalho da economia clássica pela teoria do valor-utilidade, desprezando as classes e colocando em seu lugar os agentes econômicos, a economia neoclássica, como vem a ser conhecido o novo *approach*, ganha um enorme impulso com a teoria marshalliana e, incorporando os *insights* derivados do equilíbrio geral de

---

[6] Veja a esse respeito Mattos (1998, p. 107-44).

[7] "O século XX foi cheio de revoluções sociais (...) mas as sociedades industriais desenvolvidas foram mais imunes a elas que quaisquer outras (...) Assim, a revolução mundial poupou os principais bastiões do capitalismo mundial, embora por um momento até seus defensores pensassem estar prestes a desabar. A antiga ordem repeliu o assalto (...) transformando-se em algo muito diferente do que era em 1914. Pois, após essa data, diante do que um eminente historiador liberal chamou de "crise mundial" (Elie Halevy), o liberalismo burguês ficou totalmente perplexo. Podia renunciar ou ser varrido. Ou podia se assimilar a algo como os partidos social-democratas 'reformistas', não bolcheviques, não revolucionários, que, de fato, surgiram na Europa como a principal garantia da continuidade política e social após 1917 (...). Em suma, podia desaparecer ou se tornar irreconhecível. Mas sob sua forma antiga ele não tinha mais nenhuma chance" (Hobsbawm, 1992, p. 458). Como veremos, o liberalismo não se tornou irreconhecível nem desapareceu, ou melhor, desapareceu do mundo objetivo e continuou a viver apenas no mundo das ideias, já que agora nem sequer como ideologia ele tinha lugar.

Walras, domina a cena teórica e a discussão científica por quase cinquenta anos[8]. Dada sua origem, porém, a teoria neoclássica foi se volatilizando em formulações e determinações cada vez mais abstratas, e acabou por ser atropelada por uma nova construção teórica, inequivocamente mais afinada com os problemas concretamente enfrentados nas primeiras décadas do século.

Depois da desastrosa experiência da crise de 1929, vai ganhando força uma prática intervencionista do Estado que encontra sua matriz teórica na *Teoria geral do emprego do juro e da moeda*, que Keynes publica em 1936. Cria-se, com isso, uma espécie de consenso a respeito da necessidade de uma certa regulação externa ao próprio sistema, que soma, à perda de espaço social já experimentada concretamente pelo liberalismo, também um adversário teórico à altura da ortodoxia neoclássica.

Na etapa que então se inicia, o mercado tem papel inegavelmente importante, mas não menos importantes são o Estado, o planejamento, as políticas públicas. Tudo se passou como se, depois de algumas grandes crises, e duas guerras mundiais, o Ocidente tivesse finalmente encontrado o ponto de equilíbrio entre os resultados da estreita bitola

---

[8] Sobre a ascensão e o domínio do novo *approach*, que supera a Economia Política clássica e a transforma simplesmente em "Economia" (subentende-se, "Economia Pura"), Heilbroner tece algumas considerações muito interessantes se observarmos esse processo do ponto de vista daqueles que são "especializados em pensar e raciocinar", no nosso caso, os economistas. Vejamos: "Acontecera [no fim do século XIX] que a economia deixara de ser a proliferação de visões do mundo que, ora nas mãos de um filósofo [Smith], ora nas mãos de um acionista do mercado de ações [Ricardo] ou nas mãos de um revolucionário [Marx], parecia iluminar toda a avenida pela qual a sociedade marchava. Em vez disso tornou-se um ramo de conhecimento especial para professores, cujas investigações lançavam feixes precisos de luz, em vez dos fachos mais largos de holofotes dos economistas do passado. (...) Assim, o *boom* vitoriano fez decolar um grupo de esclarecedores, homens que examinariam minuciosamente o funcionamento do sistema, mas que não expressariam dúvidas quanto a seus méritos básicos, nem fariam prognósticos problemáticos quanto a seu eventual destino. Um novo estilo tomou conta do pensamento econômico. Suas contribuições foram importantes, mas não vitais. Isto porque, no meio de homens como Alfred Marshall, Stanley Jevons, John Bates Clark e a proliferação de faculdades que os rodeavam, não havia mais lobos no mundo da economia e, portanto, não havia mais atividades de vida ou morte para elucidar as teorias econômicas" (1996, p. 165). Se lembrarmos da pequena galeria de Hegel, concluiremos, com Heilbroner, que, a partir da revolução marginalista, os economistas passaram a recusar o papel de intelectuais e tornaram-se definitivamente não apenas doutrinários homens de convicção mas, igualmente, acanhados especialistas, que vibram com a "descoberta" de uma nova curva.

do mercado, de um lado, e a imperiosa (iluminista?) necessidade de rearranjá-los, de outro. As ideias implícitas no referido consenso encontraram seu hábitat natural no Estado do bem-estar social, no controle keynesiano da demanda efetiva e na regulação fordista do sistema[9], e o capitalismo deslanchou tranquilo por três décadas, crescendo de modo sustentado em todo esse período, já conhecido na literatura como "os anos de ouro". Nesse contexto, advogar a redução da presença do Estado ou insistir no caráter virtuoso do mercado era quase uma heresia. Os liberais estavam então completamente na defensiva[10].

No entanto, é nesse ambiente que, logo após o término da Segunda Guerra, nasce o neoliberalismo. Segundo Perry Anderson (1995), trata-se de uma reação teórica e política veemente contra o Estado intervencionista e de bem-estar, não apenas aquele em acelerada construção na Europa do pós-guerra, mas também aquele que implementara o New Deal ame-

---

[9] No mundo subdesenvolvido, particularmente na América Latina, esse mesmo espírito, em contato com a realidade diferenciada que aí existia, tomou a forma do desenvolvimentismo. Apoiado fundamentalmente nas ideias cepalinas, o desenvolvimentismo percebia a necessidade de que o Estado, mais do que controlador de demanda efetiva, atuasse como alavanca dos investimentos necessários para que essas economias superassem o estágio atrasado em que se encontravam. Completando o conjunto de "realidades" que contribuíam para a manutenção desse espírito, em quase tudo contrário às máximas liberais, o então chamado "segundo mundo" também fazia sua parte, já que uma economia inteiramente planejada parecia forte o suficiente para desafiar e intimidar a maior economia capitalista do planeta.

[10] Uma das teses mais instigantes sobre o significado desse período foi elaborada por Francisco de Oliveira. Resumidamente se poderia denominá-la como a tese do "surgimento do antivalor". Para ele, ao longo dos anos dourados do capitalismo, o chamado Welfare State, oriundo das políticas keynesianas anticíclicas, constituiu-se no padrão de financiamento público da economia capitalista. Nesse novo padrão, o fundo público, funcionando numa esfera pública estruturada a partir de regras universais e pactadas, passa a ser o pressuposto do financiamento da acumulação de capital, assim como o pressuposto do financiamento da reprodução da força de trabalho. Esse novo arranjo institucional teria operado "uma verdadeira revolução copernicana nos fundamentos da categoria do valor como nervo central tanto da reprodução do capital quanto da força de trabalho". Levado às últimas consequências, continua Francisco de Oliveira, "o padrão do financiamento público 'implodiu' o valor como único pressuposto da reprodução ampliada do capital, desfazendo-o parcialmente enquanto medida da atividade econômica e da sociabilidade em geral" (1998, p. 27). O caráter "radical" da tese é indicação inequívoca da magnitude das mudanças operadas no funcionamento do sistema a partir do pós-guerra. A reviravolta que começa em meados dos 1970, e que vai tirar os (neo)liberais da defensiva para colocá-los na posição oposta, funcionou então, para parafrasear Francisco de Oliveira, como uma espécie de "vingança do valor". A partir de então, não só a atividade econômica volta a ser inteiramente dominada por seus imperativos, como também a sociabilidade vai ficando inteiramente submetida a suas exigências.

ricano. Hayek é o protagonista desse ataque apaixonado contra qualquer limitação dos mecanismos de mercado por parte do Estado, para ele uma ameaça letal não só à liberdade econômica como também à política. O *Caminho da servidão*, que ele publicara em 1944, transforma-se numa espécie de bíblia da nova doutrina[11], e Hayek torna-se, no fim dos anos 1940, o centro de um grupo de intelectuais afinados com essas ideias.

Na certidão de nascimento do movimento, o ano de registro é 1947, ocasião em que Hayek convoca, para uma reunião em Mont Pèlerin (Suíça), aqueles que compartilhavam seu credo. Entre os que acorreram ao chamado, encontravam-se Milton Friedman, Karl Popper, Lionel Robbins e Ludwig Von Mises. O propósito da Sociedade de Mont Pèlerin era "combater o keynesianismo e o solidarismo reinantes e preparar as bases para um novo capitalismo no futuro, um capitalismo duro e livre de regras" (Anderson, 1995, p. 10). Para esses crentes nas inigualáveis virtudes do mercado, o igualitarismo promovido pelo Estado do bem-estar destruía a liberdade dos cidadãos e a vitalidade da concorrência, da qual dependia a prosperidade de todos.

Não por acaso é Hayek o principal personagem dessa recriação do liberalismo. É que considerações como essas radicam numa concepção de individualismo marcadamente distinta daquela que embasava a teoria neoclássica. Como vimos, em seus escritos de meados dos anos 1930, Hayek elabora uma crítica arrasadora àquilo que chama de "falso individualismo", que, para ele, está na base das construções neoclássicas. Retomando seu argumento, o único antídoto possível contra teorias que deduzem a ação individual a partir da apreensão de estruturas sociais autônomas seria a explicação dos resultados sociais em termos das ações individuais, e isso era precisamente o que a economia neoclássica não fazia. Com seu "individualismo racionalista", como Hayek o denomina, e com seu pressuposto acerca do conhecimento objetivo dos fatos (informação perfeita), a teoria neoclássica estaria reduzindo todos os indivíduos, por particulares que fossem suas específicas situações, a átomos de comportamento idêntico e previsível. Sendo assim, o ótimo social (equilibrado e eficiente) podia ser então *a priori* desenhado, e, o pior de tudo, acabava por retirar do indivíduo a primazia que ele devia ter como fonte por excelência da ação.

---

[11] Segundo Anderson, no referido livro, o alvo imediato de Hayek era o Partido Trabalhista inglês, às vésperas da eleição geral de 1945 (que ele de fato venceria). Hayek é implacável e sentencia: "Apesar de suas boas intenções, a social-democracia moderada inglesa conduz ao mesmo desastre que o nazismo alemão – uma servidão moderna" (Hayek apud Anderson, 1995, p. 9).

Para as convicções liberais de Hayek, essa conclusão era desastrosa e precisava ser questionada. Além dos maus resultados do "debate sobre o cálculo socialista", a fragorosa derrota que em pouco tempo o keynesianismo impusera ao paradigma neoclássico e a importância prática que ganhara na realidade social do pós-guerra certamente fortaleceram em Hayek sua percepção da necessidade de recuperar os princípios liberais que ele via enfraquecidos e, pior ainda, desguarnecidos de uma teoria econômica que lhe servisse de fundamento[12]. Assim, em vez da insistência, contraprodutiva para ele, na tentativa de demonstrar a capacidade de o mercado atingir o equilíbrio e, mais que isso, o equilíbrio ótimo, tratava-se agora de defendê-lo enquanto única instituição capaz de respeitar a primazia do indivíduo, entendido corretamente este último como particularidade inserida num contexto social cuja totalidade lhe escapa. Nesse sentido, qualquer intromissão do Estado torna-se perniciosa e, nessa medida, irracional, pois parte do princípio de que resultados sociais promissores podem ser intencionalmente buscados, o que para ele é impossível. A defesa do *laissez-faire* torna-se, portanto, a peça-chave dessa versão "século XX" do liberalismo.

Aparece aqui a primeira das duas diferenças que distinguem o neoliberalismo do liberalismo original: menos do que uma doutrina política, filosófica e/ou moral, o neoliberalismo fica constrangido a se apresentar fundamentalmente como uma receita de política econômica (abertura, estado mínimo, desregulamentação etc.), desprezando, nessa medida, alguns dos nobres valores universais que primariamente lhe deram origem.

Mas essa mensagem do neoliberalismo, agora muito mais econômica do que qualquer outra coisa, ficou confinada à discussão teórica por quase três décadas[13], até encontrar, com a crise enfrentada a partir dos anos 1970, um solo propício à sua difusão. Segundo Hobsbawm,

> a lição de que o capitalismo nos termos liberais pré-1914 estava morto foi quase universalmente aprendida nos períodos das duas guerras mundiais e da recessão mundial, até por aqueles que se recusavam a lhe dar novos rótulos

---

[12] A revolução keynesiana jogou por terra por um bom tempo não apenas a teoria neoclássica e seus epígonos. O próprio Hayek teve sua luz ofuscada pelo brilhante sucesso das ideias keynesianas. "Ao longo dos anos 30, a academia inglesa viu Hayek surgir, inicialmente, como uma estrela de primeira grandeza na constelação dos economistas e, posteriormente, terminar a década completamente apagado, ofuscado em grande medida pela avalanche keynesiana. Ao longo desse período, ele conseguiu conquistar corações e mentes de várias gerações de economistas para depois perder pouco a pouco seus mais eminentes seguidores" (Andrade, 1997, p. 176).

[13] "O capitalismo do pós-guerra foi inquestionavelmente (...) um sistema reformado a ponto de ficar irreconhecível (...) Essencialmente foi uma espécie de casamento

teóricos. Durante os quarenta anos que se seguiram ao início da década de 30, os defensores teóricos de uma economia de livre concorrência pura foram uma minoria isolada (...). (1992, p. 460-1)

Mas, a partir da crise que se instala no último quartel do século XX, tudo vira de cabeça para baixo e os sinais do jogo se invertem. O Estado surge de vilão; o mercado, de panaceia. Todos os males parecem poder ser resolvidos pela abertura da economia, pela diminuição do Estado e/ou pela contração de seus gastos. No coração do sistema, os EUA atacam de *reaganomics*[14] e *supply side economics*; a Inglaterra vem com Mrs. Thatcher e suas privatizações; para o Terceiro Mundo reserva-se o Consenso de Washington[15]. Se antes era o neoliberalismo que ficava confinado no pequeno mundo de sua seita com sua meia dúzia de doutrinários, agora a situação se inverte. Alertar para as dificuldades de o mercado resolver

---

entre liberalismo econômico e democracia social (...), com substanciais empréstimos da URSS, que fora pioneira na ideia do planejamento econômico. Homens como Friedrich von Hayek (...) tinham defendido a pureza do mercado na Grande Depressão. Continuavam a condenar as políticas que faziam de ouro a Era de Ouro, quando o mundo ficava mais rico e o capitalismo (...) tornava a florescer com base na mistura de mercados e governos. Mas entre a década de 1940 e a de 1970 ninguém dava ouvidos a tais velhos crentes" (Hobsbawm, 1995, p. 265-6).

[14] "A Guerra Fria reaganista era dirigida não contra o 'Império do Mal' no exterior, mas contra a lembrança de F. D. Roosevelt em casa: contra o Estado do bem-estar social e contra qualquer outro Estado interventor" (Hobsbawm, 1995, p. 245).

[15] Tão cedo quanto em 1995, com esse processo ainda em seu início em nosso país, Sayad relata um episódio que dá bem a dimensão do impacto dessas mudanças em países em desenvolvimento como o Brasil. Num artigo sintomaticamente denominado "O espírito dos tempos", publicado em agosto do referido ano na *Folha de S. Paulo* (republicado numa coletânea de artigos de sua autoria lançada em 1999), ele relata: "Somos de fato escravos do tempo. Outro dia falei com um banqueiro sobre a privatização e o financiamento da 'nova via Dutra'. Como será? Quanto será gasto para aumentar a capacidade da via Dutra privada? A resposta foi assustadora. 'Depende. E nestas questões chegamos a uma situação desagradável. We must play God.' Falou em bom jargão financeiro inglês. Como 'play God', como fazer o papel de Deus? Trata-se do seguinte: os gastos necessários para recuperar a estrada podem ser estimados em US$ 1 bilhão ou US$ 2 bilhões. Depende das taxas de juros e da taxa de retorno requerida no investimento. Quanto maior a taxa de juros e a taxa de retorno requerida na estrada privatizada, menos investimentos serão feitos e mais brasileiros morrerão. Quanto menores as taxas de juros, mais investimentos, mais segurança e menos acidentes". É uma história de arrepiar e que infelizmente não é ficção. Sayad se indigna e avalia: "Meu Deus do Céu, que fim de história! O cálculo econômico, a eficiência máxima, o capitalismo turbinado acabam determinando quantos vão morrer em função das taxas de juros. O pensamento dos anos 90, destes nossos dias, não consegue impor barreiras ao mundo dos negócios, que invade o mundo da vida" (1999, p. 75).

determinados problemas cruciais, o do desemprego/exclusão em destaque, é visto como coisa de confraria. A seita, portanto, mudou de lado. Hoje, em plena era do neoliberalismo, com a força que ele demonstra, fica difícil lembrar que "entre o início da década de 1940 e a de 1970 os mais prestigiosos e até mesmo os mais influentes defensores da completa liberdade de mercado, como, por exemplo, Friedrich von Hayek, viram-se e a seus semelhantes como profetas no deserto, advertindo, em vão, um capitalismo ocidental que não lhes dava ouvidos, de que estava trilhando a 'Estrada da Servidão'" (Hobsbawm, 1995, p. 176).

Nesta nova quadra de sua história, porém, o agora (neo)liberalismo ganha uma nova característica, que tem que ver com a relação que ele vem a estabelecer com seus críticos. Ao desenvolver essa questão entraremos na segunda diferença que separa o neoliberalismo do liberalismo original. Premido pelas condições nas quais se recolocou no debate e grandemente auxiliado, nos tempos mais recentes, por uma suposta demonstração histórica da superioridade do mercado, o neoliberalismo acaba por exigir uma profissão de fé nas virtudes do capitalismo e da livre concorrência, não mais por uma questão de opção ideológica, em obediência a uma dada visão de mundo, mas por uma questão de respeito às coisas "tais como elas são".

Não se trata mais, portanto, da ideologia como falsa consciência que marcou a natureza do liberalismo enquanto verdadeira doutrina social em sua primeira fase e que teve como nomes de destaque Locke e Mill. O que percebemos agora é o tom característico do sermão religioso, do discurso dogmático que exige rendição incondicional. Retomando nossa pequena galeria hegeliana de personagens típicos da Modernidade, os cultos intelectuais que pontificavam no liberalismo original foram substituídos massivamente por incultos, doutrinários e pedantes homens de convicção. Muito mais incisivo, por isso, do que o liberalismo original, o neoliberalismo demonstra uma capacidade insuspeitada de ocupar todos os espaços, de não dar lugar ao dissenso. Confirmando sua natureza de puro receituário econômico destinado a recolocar o mercado no lugar que de direito lhe pertence, essa característica onipresente do neoliberalismo tem levado, no limite, a transformar o processo politicamente moderno de nossas sociedades em meros rituais vazios, sem nenhuma importância, processos que em nada modificam o curso inexorável da marcha econômica[16].

---

[16] Que o diga o governo "popular e democrático" levado a efeito no Brasil, a partir de 2003, pelo "maior partido de esquerda" do mundo.

Segundo o mesmo Perry Anderson (1995), economicamente, o neoliberalismo é um fracasso, pois não conseguiu, depois de um quarto de século de aplicação, nenhuma revitalização básica do capitalismo avançado. Socialmente, ao contrário, conseguiu muitos de seus objetivos, criando sociedades marcadamente mais desiguais, embora não tão desestatizadas como de início pretendia.

No plano político e no plano das ideias, porém, o neoliberalismo alcançou hoje um êxito num grau insuspeitado, com o qual os seus fundadores provavelmente jamais sonharam[17]. E fez isso simplesmente disseminando a ideia de que não há alternativas para seus princípios, e que todos, confessando ou negando, têm de se adaptar às regras que deles derivam. Mas é preciso lembrar que essa característica do neoliberalismo não é privilégio dessa fase contemporânea de sua existência. Ele já nasce assim, com essa ideia da inexorabilidade da sociedade de mercado, por injusta e lotérica que seja. Hayek concede que ela é mesmo amoral, mas é o que de melhor se pode conseguir[18]! Se tentar conseguir algo melhor que isso, fica pior. Então não há saída. Temos de abrir mão de nossa suposta capacidade racional e nos submeter à lógica míope da economia de mercado, convivendo com seus resultados. É um fim melancólico demais, havemos de convir, para o homem moderno, que se descobriu

---

[17] Há quem ouse falar hoje em "ocaso do neoliberalismo" (refiro-me a algumas discussões travadas no âmbito do 3º Colóquio de Economistas Políticos da América Latina, promovido pela Sociedade Brasileira de Economia Política – SEP e pelos Economistas de Izquierda de Argentina – EDI, ocorrido em Buenos Aires, em outubro de 2003). A despeito do barulho provocado por determinadas análises, particularmente as de Joseph Stiglitz, insuspeito de esquerdismo, não me parece que seja esse o caso. Especificamente na América Latina, o predomínio desse tipo de visão, bem como das políticas concretas daí derivadas, parece ainda indiscutível.

[18] É em *Law, Legislation and Liberty* (de 1973) que Hayek vai enfatizar ainda mais a distinção entre uma ordem espontânea (*cosmos*) e uma organização dotada de objetivos (*taxis*). Segundo Hayek, todas as democracias de sua época estariam confundindo essas demandas, "permitindo uma invasão imprudente da *taxis* no campo do *cosmos*, com a intrusão da direção macroeconômica e a criação de um estado do bem-estar social, em nome de uma imaginária 'justiça social' – uma noção sem significado. Pois *a ordem espontânea do mercado não apenas se contrapõe à igualdade, ela ignora o merecimento*: nela o sucesso é geralmente apenas uma questão de sorte. (...) Hayek confessou que essa verdade talvez fosse excessivamente desencorajadora para poder ser amplamente proclamada e (...) concluiu que a religião poderia afinal ser o fantasma que asseguraria a coesão social contra *os perigos postos pelos desapontados com os resultados da sorte*" (Anderson, 2002, p. 332-3, grifos meus). Ainda desolado com os rumos do capitalismo mundial no início dos anos 1970, Hayek não podia imaginar que em pouquíssimo tempo as "democracias" não mais fariam a "confusão" que tanto o incomodava.

todo-poderoso há alguns séculos, em função de sua incomensurável capacidade racional[19]. Mas, como disse Weber às páginas finais da *Ética protestante*, "alcançamos com isto o campo dos juízos de crença e de valor, com os quais não deve ser sobrecarregada essa exposição" (2001, p. 132). Voltemos, pois, à nossa questão.

Resumidamente poderíamos dizer então que o renascimento do liberalismo, promovido teoricamente por Hayek e seus companheiros na metade do século e aplicado na prática e globalmente a partir de meados dos 1970, derivou da necessidade de recuperar os princípios que embasaram sua matriz original, entre eles, e de modo fundamental, a importância do indivíduo e de seu livre-arbítrio na sociedade moderna. Contudo, o ambiente teórico no qual se dá sua recuperação como ideário, de um lado, e as condições objetivas nas quais, três décadas mais tarde, ele se recoloca pragmaticamente em cena, de outro, impuseram-lhe não só um estreitamento de objetivos (e de valores), mas também sua transformação, já que agora não precisa mais do verniz ideológico que antes exibia.

Essa total sem-cerimônia do neoliberalismo, que prega abertamente a necessidade da desigualdade, que reconhece que a sociedade pautada por suas regras não é sequer meritocrática, mas pura e simplesmente conduzida pela sorte (veja nota 18) etc.[20], só é possível porque, inicialmente, em suas três primeiras décadas de vida, ele ficou confinado, como vimos, ao mundo estrito das ideias. Na medida em que não funcionava como aparato ideológico, já que a realidade capitalista de então lhe era incongruente, para não dizer estranha, podia dispensar solenemente a fachada

---

[19] Nos dias que correm, vende-se, pois, sub-repticiamente, junto com o suposto "saber técnico" da ciência econômica, também a ideia de que não há outro jeito, de que não há escolha. Em sua *Filosofia da história universal*, Hegel indica que a Modernidade instaura um tempo novo, em que o homem se dá conta de que o mundo será aquilo que o homem dele fizer. É desse estofo que é feita sua liberdade. Os que hoje reclamam do peso sufocante da pregação pró-mercado e do predomínio, que beira a imposição, da ortodoxia econômica, revelam apenas o inconformismo de quem não deseja ver o mundo, menos ainda seu país, submetido aos desígnios de um sistema que se move cegamente e que, por isso mesmo, não enxerga toda uma imensa série de mazelas e problemas simplesmente porque eles escapam de seu míope raio de visão. Com tamanha capacidade racional, por que trocar nossa liberdade de fazer o mundo por um piloto automático tão avariado?

[20] Lembremos, por exemplo, a tranquilidade com que o sociólogo presidente da República anunciou, em 1996, numa entrevista a um grande jornal, que "infelizmente, o modelo não é para os excluídos" e especulou, sem grandes problemas, sobre quantos seriam então os marginalizados do Brasil (afinal, o que são 18, ou 20, ou 32 milhões de pessoas?).

humanista e progressista que antes exibia. Mais tarde, quando, em meados dos anos 1970, ele volta à cena objetiva, esse retorno é, antes de tudo, pragmático. Neoliberalismo é o nome que se dá a um corpo de regras que devem ser aplicadas, um receituário que deve ser seguido à risca para devolver o mercado ao lugar que lhe é de direito. Nesse momento, as condições materiais em que se desenvolve o capitalismo possibilitam que esse ideário mostre-se, sem disfarce, como o discurso nu e cru do capital. Discutiremos mais adiante as transformações concretas experimentadas pela economia capitalista a partir de meados dos anos 1970 e que ensejaram tão retumbante vitória. Antes, porém, detenhamo-nos um pouco na observação dos equívocos que podem ser cometidos pela não consideração da correta base metodológica que sustenta a defesa dessa doutrina.

Neoliberalismo e políticas de liberalização

Como lembramos anteriormente, é a partir de meados dos anos 1970, que as práticas identificadas com o neoliberalismo começam a se fazer presentes, provocando uma inversão na forma de condução da política econômica até então em curso. Há, contudo, quem discorde dessa interpretação. Para Peters (1998), tais práticas, até hoje vigentes, não podem ser identificadas *tout court* com o neoliberalismo, mas constituem tão somente uma "estratégia de liberalização". Para ele, ao contrário, neoliberal teria sido a política econômica que legitimou os regimes militares dos anos 1960 e 1970, particularmente na América Latina, contra a planificação e a intervenção estatais. Recuperemos de forma mais detalhada seu argumento.

Segundo Peters, o *core* do neoliberalismo, cuja elaboração ele credita a Hayek e Friedman, "baseia-se em três importantes conceitos: informação imperfeita, liberdade individual e mercado" (1998, p. 352). Para definir o primeiro conceito, Peters lembra o Hayek de *Law, Legislation and Liberty*, para quem, dada a informação imperfeita de que se dispõe sobre os eventos e desenvolvimentos futuros (e também passados), qualquer tentativa de planejamento ou de elaboração de políticas destinadas a alcançar determinados objetivos é "aistórica, irracional e condenada ao fracasso". Indo mais além, o neoliberalismo vai afirmar que qualquer tentativa de planejar ou construir uma sociedade passando por cima dessas restrições é perigosa e constitui uma ameaça à ordem social vigente.

Quanto ao segundo conceito (liberdade individual), Peters argumenta que o neoliberalismo é baseado na liberdade e na propriedade privada de indivíduos que procuram maximizar suas preferências. Este comportamento, aparentemente natural e aistórico, é particularmente importante de um ponto de vista econômico porque leva à liberdade política. Assim, a liberdade econômica do indivíduo constitui a base para qualquer sociedade civilizada e é uma resposta direta ao totalitarismo ou a qualquer forma de planejamento econômico. (1998, p. 352)

Em outras palavras, Peters está afirmando que, para o neoliberalismo, liberdade individual é sinônimo de liberdade econômica, porque dela decorre todo o resto.

Para o neoliberalismo, completa Peters, o mercado (o terceiro conceito) é o primeiro e o último objetivo da história humana. Mais uma vez ele lembra Hayek, para quem o mercado é "um sistema de comunicação que se mostrou ser o mais eficiente mecanismo, conscientemente criado pelo ser humano, para a utilização de informações originadas de inúmeras diferentes fontes" (Hayek apud Peters, 1998, p. 352). E Peters conclui dizendo:

[Para o neoliberalismo], o mercado é a principal instituição econômica e social, por meio da qual os indivíduos ajustam suas preferências de acordo com os sinais dos preços, a despeito das restrições nas informações disponíveis. (idem)

Segundo Peters, esse arcabouço teórico foi muito influente na América Latina e estava diretamente ligado com os regimes militares e com a luta contra o totalitarismo. Em nome da liberdade e da necessidade de lutar contra qualquer forma de intervenção no mercado, o neoliberalismo teria acabado por legitimar esses regimes violentos (p. 353). Mais adiante, no intuito de distinguir o neoliberalismo daquilo que ele vai então denominar "estratégia de liberalização", ele vincula também o neoliberalismo ao apoio a políticas de substituição de importações:

A partir dos anos 70, um crescente número de autores, particularmente nos Estados Unidos (...) passou a trabalhar no desenvolvimento do arcabouço teórico da estratégia de liberalização. A despeito de seu sólido embasamento no neoliberalismo e em seu arcabouço conceitual neoclássico, foram capazes de chegar a uma versão simplificada do desenvolvimento econômico e a sugestões concretas de política econômica. Em contraste com o neoliberalismo, eles dirigiram sua crítica para o modelo de industrialização via substituição de importações (ISI) da periferia, bem como para qualquer tipo de intervenção no mercado. Sua proposta central, a industrialização orientada para exportações (EOI), tornou-se o principal pilar do Consenso de Washington e da estratégia de liberalização na América Latina. (...) Os principais objetivos e propostas da EOI são a estabilização macroeconômica, a liberalização do comércio e a completa abertura das economias, a abolição das barreiras tarifárias e não tarifárias, as estratégias anti-inflacionárias e um Estado mínimo, todos eles vinculados a políticas monetárias e fiscais restritivas. (idem)

Finalmente conclui Peters:

Deste ponto de vista há uma diferença significativa entre o neoliberalismo e a estratégia de liberalização. Ao lado das diferenças históricas significativas nos contextos nos quais ambas as estratégias foram desenvolvidas e implementadas, a estratégia de liberalização é caracterizada por um reducionismo econômico e rudimentar, que não requer a violenta postura política que o neoliberalismo teve de adotar contra o totalitarismo, sustentando o autoritarismo. (p. 354)

Há vários pontos importantes a serem destacados na argumentação de Peters. O primeiro deles é que causa certa estranheza a vinculação do neoliberalismo ao apoio às políticas substitutivas de importações, que vigiram em alguns países da América Latina entre os anos 1950 e 1970. Esse tipo de política, como é sabido, é por definição intervencionista, particularmente nos países periféricos, onde as classes empresariais locais são, regra geral, pouco schumpeterianas e, no mais das vezes, não suficientemente capitalizadas para enfrentar determinados empreendimentos. Além disso, a adoção dessa estratégia fez parte daquilo que se convencionou chamar "desenvolvimentismo" e que, com ou sem governos militares, constituiu a face terceiro-mundista da política intervencionista que marcou os "anos de ouro" do capitalismo.

Ao que parece, Peters vincula os dois elementos por conta da relação que vê entre o neoliberalismo e o apoio de seus adeptos aos regimes militares que marcaram a história recente da América Latina. Evidentemente, ninguém desconhece que a maior parte desses regimes de exceção procurou se legitimar em nome da necessidade de enfrentar a "ameaça comunista" e, nesse sentido, mas só nesse sentido, certamente ganhou o apoio dos liberais de plantão[21]. Mas daí a podermos estabelecer um vínculo direto entre o ideário neoliberal e o apoio a políticas claramente intervencionistas vai uma enorme distância. Além do mais, pelo menos se pensarmos no caso do Brasil, veremos que, na política econômica levada a cabo pelos governos militares, estiveram presentes tanto as práticas afinadas com o

---

[21] No Brasil, o caso de Roberto Campos é exemplar, visto que não só apoiou o regime militar de 1964 como foi um dos principais mentores do Paeg, um extenso e detalhado programa de longo prazo de intervenção do Estado na economia brasileira. Mas ele se arrepende depois e classifica como ingenuidade a ideia de que o Estado pudesse planejar a longo prazo (veja a esse respeito Rego et al., 1996). Voltaremos ao assunto no apêndice ao capítulo 6 deste trabalho.

modelo de substituição de importações (caso explícito do II PND) quanto as políticas de incentivo à exportação.

Mas o mais interessante, de nosso ponto de vista, no raciocínio efetuado por Peters não está aí. Há uma questão de fundo, ou de fundamento, relacionada com a definição de neoliberalismo por ele elaborada. À primeira vista, a definição que ele fornece de neoliberalismo parece coerente com nossa própria reflexão sobre suas origens e seus fundamentos. Ao indicar a informação imperfeita como um de seus conceitos básicos, Peters parece estar bem a par das restrições de Hayek à argumentação neoclássica e, particularmente, à natureza do individualismo que o embasa.

Essa impressão, porém, começa a se desfazer quando ele afirma: "o neoliberalismo é baseado na liberdade e na propriedade privada de indivíduos que *procuram maximizar suas preferências*" (grifo meu) e, mais adiante (vale a pena reproduzir a citação), quando diz:

> [Para o neoliberalismo], o mercado é a principal instituição econômica e social, por meio da qual os indivíduos ajustam suas preferências de acordo com os sinais dos preços, *a despeito das restrições nas informações disponíveis*. (grifos meus)

Essas duas afirmações indicam que Peters está fazendo uma aproximação indevida do pensamento de Hayek e, por tabela, do neoliberalismo, com o paradigma neoclássico que foi, como vimos, objeto de violentas críticas por parte de Hayek[22]. Para ele, ao contrário do que afirma Peters, o mercado mostra-se como a melhor organização social não "*a despeito* das restrições nas informações disponíveis", mas exatamente *por causa* dessas restrições. A informação perfeita combinada com a ideia de indivíduos de comportamento idêntico é exatamente o que os transforma em átomos e a sociedade em algo cujo desenho ótimo pode ser *a priori* e intencionalmente traçado.

É a falta de uma clara percepção a esse respeito que faz Peters entender que há uma espécie de contradição entre, de um lado, a afirmação das restrições arroladas por Hayek e, de outro, a defesa dogmática do mercado:

> Von Hayek e Friedman estavam a par das limitações do mercado, uma vez que a concorrência perfeita, a liberdade individual e a propriedade privada, bem

---

[22] Pelo menos num momento Peters faz explicitamente essa aproximação equivocada. Quando está comentando os autores que teriam começado a desenvolver a "estratégia de liberalização", ele afirma: "A despeito de seu sólido embasamento *no neoliberalismo e em seu arcabouço conceitual neoclássico*, foram capazes de chegar (...)" (1998, p. 353, grifos meus). Ou seja, para Peters, o arcabouço conceitual do neoliberalismo é a teoria econômica neoclássica, exatamente o inverso do que diz Hayek, o fundador mais importante desse movimento doutrinário.

como os ajustes instantâneos de preços dependem de informação perfeita. O conceito de "mercado" transforma-se então numa utopia e, *ainda assim*, ele é dogmaticamente defendido pelo neoliberalismo contra qualquer forma de planejamento e de intervenção estatal. (1998, p. 352, grifos meus)

Ora, é justamente essa a acusação que Hayek faz ao *approach* neoclássico. Para ele, como vimos, é esse paradigma que, em nome de demonstrar suas virtudes, transforma o mercado numa utopia. Ao fazer isso, a economia neoclássica acaba por retirar do indivíduo o papel que lhe cabe nessa construção social, que não tem como ser planejada e cujos resultados não se pode pretender atingir intencionalmente, dando ensejo, com isso, a um resultado que é ideologicamente contrário ao pretendido. Diz Hayek:

> (...) por razões que eu irei apresentar, esse individualismo racionalista tende a se transformar no oposto do individualismo, ou seja, socialismo ou coletivismo. Eu reivindico para o primeiro individualismo [o do iluminismo escocês e de Smith] o nome de verdadeiro, porque ele é o único consistente, enquanto o segundo será mais apropriadamente considerado como uma fonte de moderno socialismo, tão importante quanto as próprias teorias coletivistas. (1948, p. 4)

Entendendo-se corretamente tanto o neoliberalismo quanto a crítica metodológica em que ele se fundamenta, não se pode associar esse ideário a práticas econômicas a ele absolutamente opostas[23].

Parece-nos, portanto, que não procede a distinção proposta por Peters entre o neoliberalismo e o que ele chama de "estratégia de liberalização". Evidentemente podemos pregar este último rótulo no conjunto de medidas atualmente em voga, mas entendendo-as como resultado do próprio neoliberalismo e não como algo que se diferencie dele. Como dissemos, em sua versão "neo", o liberalismo se reduz pura e simplesmente à defesa do *laissez-faire*. Logo, o reducionismo econômico que Peters credita à estratégia de liberalização é, em realidade, uma característica do neoliberalismo enquanto tal. O neoliberalismo, tal como foi fundado por Hayek e seus companheiros, reduziu-se de fato a uma "pregação" sobre as virtudes do mercado, e veio junto com

---

[23] Resta investigar como fica Friedman (companheiro de Hayek na fundação do neoliberalismo) nessa história toda, já que, a despeito de sua incansável pregação quanto às virtudes do mercado, nunca abandonou o paradigma neoclássico, como o fez Hayek, nem criticou-lhe os fundamentos. Pelo contrário, ficou famoso, no campo metodológico, justamente por sua posição instrumentalista e pela defesa do irrealismo dos pressupostos neoclássicos.

ela uma receita de política econômica para devolver esse soberano ao lugar que lhe tinha sido usurpado pelo Estado e pelo planejamento ao longo dos trinta anos dourados. Mais à frente veremos que conexões interessantes podem ser feitas entre esse figurino essencialmente prescritivo do neoliberalismo e aquilo que se convencionou chamar de pós-modernismo, cujos contornos apresentamos no capítulo 1 deste trabalho. Antes, porém, detenhamo-nos por um momento nas transformações experimentadas pelo capitalismo, a partir de meados dos anos 1970, pois foram estas, e não a luta contra o totalitarismo comunista, como sugere Peters, que criaram as condições objetivas para a vitória prática do discurso neoliberal.

Depois de mais de duas décadas de crescimento acelerado e "controlado" monetariamente pelo sistema que se estruturou a partir de Brenton Woods, as dificuldades de valorização do capital investido na produção começaram inevitavelmente a se fazer sentir. Começa a se constituir com isso, já em meados dos anos 1960, uma massa de capitais que procura valorizar-se na esfera financeira. Segundo Chesnais (1998, p. 17), cujo argumento acompanhamos, esses lucros não repatriados, mas também não investidos na produção, e depositados pelas transnacionais norte-americanas em Londres, no setor *off-shore*, possibilitaram a primeira arrancada do mercado de eurodólares. O choque do petróleo engordou essa massa cigana à busca de valorização financeira com os chamados petrodólares, e a recessão aberta de 1974-1975 botou mais lenha nessa fogueira. A situação dramática então enfrentada pelos países em desenvolvimento e os créditos que lhes foram concedidos provocaram a chamada crise da dívida, na qual a América Latina está até hoje atolada, e fizeram com que a esfera financeira se consolidasse de vez, graças aos vultosos montantes transferidos aos países capitalistas avançados sob a forma de juros pagos pelos créditos obtidos.

Ao longo de todo esse processo, que durou quase uma década, foram evidentemente aumentando as pressões tanto por uma política monetária mais favorável aos credores (leia-se, juros reais elevados) quanto por uma maior liberalização financeira, sem o que esses capitais, móveis por definição, ficavam sem a liberdade necessária para aproveitar, em cada momento, a melhor opção de valorização. A revolução conservadora de Thatcher e Reagan, que produziu o capitalismo de hoje, foi uma espécie de corolário inevitável desse processo. Além disso, a pressão sofrida pelo dólar americano, ostensivamente ameaçado de perder o posto de meio de pagamento internacional, levou à guinada monetarista de Paul Volcker, que inflacionou os juros mundiais e fez decolar objetivamente a política de interesse dos credores.[24]

Nos termos da chamada escola da regulação francesa, foi o conjunto desses movimentos que pôs fim ao "modo de regulação fordista", predominante nos trinta anos dourados, inaugurando um novo modo de regulação do capitalismo, um modo justamente "desregulado", presidido pelas finanças e não pela produção, um modo rentista, curto-prazista, "flexível", sem concessões sociais, um mundo dos credores, do câmbio flexível, do trabalho desarraigado e da estabilidade monetária a qualquer preço.

Como se vê, em meio a esse quadro, não foi preciso nenhum grande esforço das ideias neoliberais engavetadas há trinta anos para que saíssem do mutismo desse mundo e ganhassem a esfera ruidosa e concreta da circulação capitalista. O mundo finalmente lhes prestava as devidas reverências. Objetivamente, o Estado ia se retirando de cena, as privatizações iam acontecendo no mundo desenvolvido e no não desenvolvido, os mercados iam se desregulando, as políticas monetárias iam se arrochando, os gastos públicos iam minguando etc. A receita estava sendo aplicada e a pregação sobre as virtudes inatas do mercado finalmente se fazia ouvir.

Neoliberalismo e pós-modernismo

Retornamos com isso à questão dos fundamentos do neoliberalismo e a seu feitio essencialmente prescritivo. Por que ele tem esse perfil, é a pergunta que resta responder. Em outras palavras, com tantos economistas renomados na Sociedade de Mont Pèlerin, e já que a teoria neoclássica tinha sido tão seriamente avariada pela artilharia metodológica de Hayek, por que não se forjou ali uma nova teoria econômica, capaz de derrubar a poderosa e, para eles, perigosa teoria keynesiana? A essa pergunta está evidentemente associada outra, pela qual já passamos: por que Hayek

---

[24] Ou seja, Volcker colocou em prática a política que a profa. Maria da Conceição Tavares denominou, num artigo publicado na *Revista de Economia Política*, em 1985, de "diplomacia do dólar forte". Tavares credita aí a *retomada da hegemonia americana*, este o nome do artigo, ao papel central desempenhado pela capacidade da potência dominante de enquadrar parceiros e adversários a partir de seu controle do poder e do dinheiro, capacidade que, com relação ao dinheiro, é "lembrada" ao mundo, no fim de 1979, pela brutal elevação das taxas básicas de juros americanas. O famoso artigo foi republicado com algumas alterações na coletânea *Poder e dinheiro*, lançada em 1997.

nunca mais voltou a ser um economista "de verdade", ou seja, nunca mais se dedicou, como se dedicava antes, à teoria econômica?

Se repararmos bem, a nova doutrina que Hayek funda, e para a qual atrai os conservadores de seu tempo, prescinde completamente da assim chamada "ciência econômica". O neoliberalismo é, em primeiro lugar, normativo: o mercado deve dominar tudo e o Estado deve ficar reduzido ao papel de preservar as instituições que permitam o funcionamento do primeiro. Em decorrência disso, ele é essencialmente prescritivo, arrolando as medidas que devem ser tomadas para que seja construído (ou reconstruído) esse mundo ideal, completamente organizado pelo mercado. Não há papel aí, portanto, para a "ciência" econômica. A norma que define essa doutrina não decorre da constatação "científica" (que seria em princípio produzida pelo paradigma neoclássico) de que essa sociedade é a melhor possível e/ou de que o mercado é o demiurgo de um processo que maximiza utilidades e lucros e minimiza custos, produzindo o "ótimo social". As pretensões científicas da teoria atrapalham a consecução dos objetivos concretos e práticos da economia capitalista. A ciência não demonstra nem pode demonstrar nada; ela não "prova" que esse mundo é o mais eficiente possível, que nele todos os agentes podem ver realizadas suas pretensões; ela não diz que esse estado de realização mútua de desejos de oferta e demanda é eterno e durará para sempre. A ciência está muda, é desnecessária, mais atrapalha que ajuda.

Desse ponto de vista, pouco importa o que continua a existir dentro dos muros da academia com o rótulo de "teoria econômica"; são inócuos os debates aí travados, pouco importa quem vence, a cada *round*, a luta das ideias. Aquilo que aparece como debate "econômico" restringe-se, no mais das vezes, a discussões sobre como pilotar as finanças públicas e os preços macroeconômicos mais importantes (juros e câmbio), conduzindo, com o maior lucro possível os negócios correntes. Há um deslocamento da ciência pela "técnica", da *Economics* pela *Business Administration*[25]. O que acabou de se descrever é o que se percebe hoje, na era neoliberal, nesta fase de aplicação incondicional das prescrições dos sócios de Mont Pèlerin, nesta época em que

---

[25] Ainda que com outros propósitos e referindo-se não à teoria econômica que deveria sustentar cientificamente o sistema, mas, contrariamente, à teoria que mostra suas fraquezas, Eagleton (1998, p. 14) faz uma observação que vai na mesma direção: "Não há sentido em continuar trabalhando a duras penas no Museu Britânico, consumindo montes de teoria econômica indigesta, se o sistema mostra-se simplesmente inexpugnável".

finalmente se fez ouvir, depois de quase meio século de ostracismo, a violenta pregação pró-mercado, de Hayek e seus companheiros.

Assim, se não há mais nenhuma ponte entre o mundo da ciência econômica e o mundo externo, onde se trava a concreta e dura batalha capitalista[26], o conhecimento dito científico ali produzido, as polêmicas e controvérsias geradas pelos confrontos entre diferentes paradigmas podem perfeitamente ser vistos como uma "falação", uma conversa, cujo resultado interessa apenas a quem dela participa, um "debate" em que os contendores podem ser grosseiros e gritões ou educados e amantes da *Sprachethik*, mas cujo evolver é determinado em si e por si mesmo, não por um móvel externo chamado "verdade", não pela busca do desvendamento das relações que efetivamente presidem o comportamento da economia moderna.

Não é mera coincidência a semelhança dessa consequência da era neoliberal com as vertentes pós-modernas que advogam que não há distinção entre o valor de verdade das proposições científicas e o valor de verdade das proposições literárias (caso explícito de McCloskey, no que tange à ciência econômica). O que está na raiz dessa proximidade é o ponto em comum que existe entre aquilo que Habermas denomina pós-modernismo *anárquico* (desconstrucionismo e relativismo em destaque) e aquilo que ele chama de pós-modernismo *conservador*, a saber, que ambos despedem-se dos fundamentos autoconscientes da razão que caracterizaram o espírito moderno em sua origem, o primeiro lamentando e o segundo aplaudindo a autonomia conseguida pela objetivação social desse espírito.

Daí, aliás, o caráter dúbio das leituras pós-modernas anarquistas, que são as mais comumente identificadas com o rótulo do pós-modernismo. A despeito de sua aparência, por assim dizer, "radicalmente radical", essas correntes acabam por referendar, por outros caminhos, a mesma objetivação social do espírito da modernidade (o capitalismo contemporâneo), para a qual os conservadores batem palmas abertamente. Eagleton (1998, p. 126-7) coloca bem a questão, apontando a ambiguidade dessas posturas que são, há um só tempo, radicais e conservadoras. Para ele, uma característica marcante das sociedades capitalistas de hoje encontra-se no fato de elas serem, em razão da própria lógica

---

[26] Roger Backhouse (1998, p. 420) lembra o artigo de Bloor e Bloor, de 1993, em que os autores, analisando uma amostra de *papers* acadêmicos sobre as estratégias de *hedge*, chegam à interessante conclusão de que "os fatos do mundo real não são centrais para a ciência econômica". Não por acaso, a lembrança de Backhouse encontra-se no verbete *Rhetoric* do *The Handbook of Economic Methodology*.

do mercado, "tanto libertárias como autoritárias, tanto hedonistas como repressoras, tanto múltiplas como monolíticas", de modo que os indivíduos surgem como "meros reflexos passageiros" dessa grande rede descentrada de anseios e cobiças, marcada pelo efêmero e pelo descontínuo. Mas, alerta Eagleton, esse sistema, que não tem como acomodar o metafísico de maneira adequada, também não pode simplesmente abrir mão dele[27]. Para manter em ação toda a anarquia potencial cevada nas próprias forças do mercado, agora vitaminadas pela aplicação do receituário neoliberal, são necessárias sólidas bases políticas e a insistência nos valores tradicionais. Mas a contradição fica aí instalada, porque "quanto mais esse sistema apela para valores metafísicos para se legitimizar, mais suas atividades racionalizantes, secularizantes ameaçam esvaziá-los" (ibidem).

É essa contradição que encontra no discurso pós-moderno um tradutor à altura. O pós-modernismo é radical

> na medida em que desafia o sistema que ainda precisa de fundamentos metafísicos e sujeitos autoidênticos; contra essas coisas ele mobiliza a multiplicidade, a não identidade, a transgressão, o antifundamentalismo, o relativismo cultural. (Ibidem)

Enquanto encarna esse *enfant terrible*, ele é rechaçado violentamente pelos homens de negócios, já que, segundo Eagleton, tal postura representa um assalto contra tudo aquilo que esses profissionais mais amam. No nível do mercado, porém, o sujeito autônomo que povoa os sonhos metafísicos daqueles que tocam o andamento da vida material, não lhes serve de nada e constitui um enorme estorvo. O mundo dos *shopping centers* e da mídia não sobrevive sem pluralidade, fragmentação e efe-

---

[27] Contrariando Adorno, Eagleton afirma que "a mercadoria não pode ser a própria ideologia, pelo menos por enquanto" e ironicamente ele completa: "poderíamos imaginar uma fase futura do sistema em que isso seria verdade, em que ele fez um curso em alguma universidade norte-americana, livrou-se dos próprios fundamentos e deixou para trás toda essa história de legitimação retórica. Com efeito existem aqueles que alegam que é precisamente isso que está em marcha hoje: que a 'hegemonia' não tem mais relevância, que o sistema não se importa se acreditamos nele ou não, que ele não sente necessidade de garantir nossa cumplicidade espiritual, desde que façamos mais ou menos o que ele exige. Ele não tem mais de passar pela consciência humana para se reproduzir, só manter essa consciência em permanente estado de distração e contar, para sua reprodução, com seus mecanismos automatizados. Mas o pós-modernismo pertence, nesse aspecto, a uma época de transição, em que o metafísico, como um fantasma inquieto, não pode nem ressuscitar nem morrer com dignidade. Se ele pudesse deixar de existir, o pós-modernismo sem dúvida morreria com ele" (1998, p. 127-8).

meridade, sem um espaço para a submissão de toda essa autonomia aos doces encantos do mercado e do consumo. "Muitos profissionais de negócio", continua Eagleton, "são, nesse sentido, pós-modernos naturais". Assim, em sua permanente ambiguidade, o pós-modernismo, por um lado, ataca o sistema com sua própria lógica, mas, por outro, o reafirma e é para ele uma necessidade, funcionando como uma espécie de caixa de ressonância metafísica de suas necessidades anárquicas, agora ainda mais infladas.

Em outras palavras, o pós-modernismo anárquico, ao atentar difusamente contra o sistema, parecendo desafiar a ordem social com sua pregação pela não identidade, pela transgressão, pelo relativismo, pela desconstrução, serve, ao mesmo tempo e por isso mesmo, para realimentá-lo: a aparência desafia o sistema, para que sua essência possa ser ratificada. Um indivíduo cuja autonomia e independência reduz-se à sua capacidade de escolher a marca e o modelo do boné e da jaqueta que vai vestir para transgredir e desconstruir a ordem instituída pode ser qualquer coisa, menos o indivíduo efetivamente autônomo dos sonhos da teoria e da metafísica dos "grandes valores" (o Bem, a Razão, a Individualidade). A destruição do indivíduo, sua idiotização, aparece como afirmação incondicional da individualidade na sua capacidade de se impor e até destruir a ordem estabelecida[28].

---

[28] A força dessa dubiedade e sua enorme capacidade de fazer o papel ideológico que lhe cabe fica visível no fato de que sua mística leva de roldão intelectuais altamente sofisticados. Senão vejamos: "Meus dois lindos netos estão em Orlando, fazendo o aprendizado de meninos ricos. E eles são muito ricos. Seus quartos competem com qualquer loja de brinquedos de São Paulo. Eles não possuem apenas um exemplar do último boneco importado. Fazem questão de ter todas as modalidades da série (...) No último telefonema lhes perguntei: 'de que estão mais gostando?', e a resposta veio unânime: 'compramos um monte de brinquedos novos' (...) Tudo parece indicar assim que *o mundo contemporâneo do consumo deixou de produzir idiotas robotizados*". E ainda: "O universo do consumo está passando por um processo de diversificação de tal modo inesperado e fantástico que *destrói por completo todos os prognósticos a respeito de sua função e de seu papel alienante* (...). As casas se tornam discotecas, videotecas, acervos de cultura para todos os gostos (...). O menino mais pobre da periferia de São Paulo sabe perfeitamente que roupa vestir, que música quer ouvir, a que programa assistir (...)". E finalmente: "Não acredito na estandartização (...). Não acredito nisso (...). Esse pessimismo não se sustenta (...). Você se lembra que todo mundo imaginava que, por causa da comunicação de massa, haveria estandartização. Mas considere a televisão. Veja o número de canais que você pode escolher. Portanto ocorre justamente o contrário". As duas primeiras falas são de José Arthur Giannotti, famoso filósofo brasileiro, em artigo publicado na *Folha de S.Paulo* de 19/11//1995. A última é de Fernando Henrique Cardoso, ex-presidente da República (1995-2002), também conhecido como "príncipe dos sociólogos

Como se viu, pelo caminho oposto, o pós-modernismo anárquico deságua, tanto quanto o pós-modernismo conservador, no mesmo reservatório da ratificação incondicional do capitalismo duro, intransigente e livre de regras que a era neoliberal produziu. Na seara específica da ciência econômica, como adiantamos, McCloskey é que vai se encarregar de percorrer esse movimento. Vejamos o imbróglio em que se envolve e os acertos que involuntariamente produz[29].

---

brasileiros", em entrevista à *Folha de S.Paulo* em 13/10/1996. Essas e outras preciosidades fazem parte do *Dicionário de bolso do Almanaque Philosophico Zero à Esquerda* (Petrópolis, Vozes, 1997), compilado por Paulo Eduardo Arantes, as duas primeiras no verbete "O patriarca e o bacharel", e a última no verbete "Sacadura Cabral e Gago Coutinho".

[29] Mas há mais sobre a congruência entre conservadorismo e radicalidade pós-moderna e seus vínculos com a doutrina neoliberal. Num ensaio instigante em que expõe as relações entre o pensamento de cada um dos componentes do "mais importante quarteto de teóricos europeus da direita intransigente, cujas ideias agora dão forma (...) a grande parte do mundo mental da política ocidental do final do século XX" – Carl Schmitt, Michael Oakeshott, Leo Strauss e Friedrich von Hayek –, Anderson (2002, p. 319-44) mostra que, para Oakeshott, a ideia de governo como uma associação civil baseada no "orgulho da individualidade livre" excluía categoricamente o objetivo coletivo. Sendo assim, ficava no ar a pergunta sobre o que é que motivaria então essa associação, ou seja, por que razão esses orgulhosos indivíduos embarcariam nessa canoa, assinando um contrato com esse *état gratuit*, uma entidade abstrata desprovida de objetivos. A resposta a que ele chega é que essa associação não é ditada pela virtude, mas apenas "modelada pela linguagem". Segundo o mesmo Anderson, foi Carl Menger quem primeiro defendeu a proposta teórica do benefício das instituições sociais geradas por crescimento espontâneo e "para ilustrar os méritos do mercado, ele o comparou a duas outras invenções humanas, igualmente não planejadas: o direito e a linguagem". Como ficará mais claro na discussão que se segue (capítulo 6), dissolver tudo na linguagem é um dos expedientes prediletos do pós-modernismo anárquico, particularmente em sua versão desconstrucionista.

6

PÓS-MODERNISMO, McCLOSKEY E A RETÓRICA DA ECONOMIA

A despeito de já existirem iniciativas anteriores de lidar com essas questões – há um texto de Willie Henderson sobre a metáfora na economia, publicado em 1982 (Backhouse, 1998, p. 419) –, a discussão sobre a retórica da ciência econômica popularizou-se de vez com o artigo de D. McCloskey, "The Rhetoric of Economics", publicado no *Journal of Economic Literature*, em 1983. As frases bombásticas de McCloskey (1983, p. 508) – "a ciência econômica é literatura", "a forma de argumentação dos economistas não é muito distinta do método empregado por Cícero e Thomas Hardy em seus discursos e romances", "a metáfora não é um substituto às vezes utilizado para o significado, ela é o próprio significado" – tiveram um impacto enorme na cidadela dos economistas, ainda que não tenham tido nenhum impacto no andamento corrente de seu ofício acadêmico, a não ser, como era de esperar, a criação de mais um nicho especializado de discussão.

O impacto foi tão forte que o artigo desdobrou-se em livro de mesmo nome, publicado em 1985. Batendo na mesma tecla, McCloskey insiste aí que "a economia não é ciência, é uma coleção de formas literárias, e mesmo a ciência não é ciência, é uma coleção de formas literárias" (1985, p. 55). Uma das consequências mais relevantes do interesse despertado pelas ideias de McCloskey é a acolhida favorável quase unânime que elas tiveram por parte dos economistas críticos do *mainstream*. O lado radical do pós-modernismo aparentemente esposado por McCloskey é evidentemente o que pesa aí. Mas será mesmo pós-moderna sua postura? Se for, que tipo de pós-modernismo é esse? Em outras palavras, em que base epistêmico-filosófica se apoia McCloskey para fazer tão provocadores pronunciamentos? É essa a pergunta que primeiramente iremos reponder.

Pós-modernismo e a retórica da economia de McCloskey

O que há em comum em todas as afirmações de McCloskey anteriormente transcritas é uma espécie de nivelação que elas operam entre dois tipos distintos de discurso, a saber, o científico e o literário. Essa nivelação é um dos resultados do desconstrutivismo de Jacques Derrida, que, no entanto, chega a ele em função do desafio filosófico que busca resolver. Derrida, como todos os críticos da Modernidade, intenta uma crítica radical da razão que não sucumba a resquícios fundantes, que não caia, para usar o termo preferido de Habermas, na "contradição performativa". O caminho que ele encontra, utilizando, em certa medida, elementos do estruturalismo linguístico de Saussure (Habermas, 1990, p. 159), é o de desqualificar o sujeito, o *cogito*, como o fornecedor inequívoco e absoluto do sentido. Derrida procura, pois, destruir a metafísica do sujeito, desconstruindo o sentido dos discursos característicos do racionalismo ocidental.

Segundo Habermas, Derrida inicia seu trabalho partindo de uma crítica à teoria do significado de Husserl. Esse autor "atribui enfaticamente o significado à esfera da essencialidade ideal e do inteligível a fim de o expurgar dos vestígios empíricos da expressão verbal" (ibidem, p. 162). Com isso, Husserl aponta para a primazia indiscutível do significado sobre o signo nas expressões linguísticas e transforma os signos em puras virtualidades em si indiferentes. De rrida, ao contrário, aposta numa relação indissolúvel do inteligível com o signo e, mais radicalmente, busca mesmo inverter o primado estabelecido por Husserl. Mas a luta de Derrida não é contra a relação husserliana em si, mas contra o que está por trás dela. É que Husserl, para validar a importância que atribui ao significado em si, teve de assentar sua identidade em expressões objetivas que se referem à verdade. Para Derrida, isso representa uma limitação prévia e metafísica da linguagem pela razão, do significado pelo saber, o que ele não pode aceitar (ibidem, p. 165). Em sua visão, Husserl teria ficado preso à premissa fundamental da metafísica ocidental, que garante a verdade da representação, ou seja, do sentido atribuído pelo sujeito.

Além disso, Husserl teria podido menosprezar como não essencial o caráter de substrato do signo em virtude de, nessa tradição, a figura sonora gozar de uma primazia, que para Derrida é discutível, perante a figura escrita. Por isso, para ele, torna-se necessário realizar uma mudança de registro em direção à escrita: uma vez que o texto – a palavra escrita – tem a facilidade (que fascina Derrida) de perpetuar o sentido "mesmo na ausência de todos os possíveis destinatários [e] após a morte de todos os seres inteligíveis" (ibidem, p. 161), é um deslocamento em sua direção que pode indicar o caminho que transcenderá a filosofia do sujeito e suas aporias. Assim, "a presença daquilo que se mostra por si mesmo na intuição atual" não seria mais garantia da verdade e da essencialidade do significado em si, tal como na tradição defendida por Husserl, mas tornar-se-ia "pura e simplesmente dependente da força representativa do signo" (p. 172).

Essa força representativa, por sua vez, estaria determinada pela diferença estrutural dos signos uns em relação aos outros e poderia ser pensada "como uma operação isolada da subjetividade que a produz, designadamente como um *acontecer sem sujeito*" (p. 171, grifos do autor). A escrita ganha, portanto, na visão de Derrida, a validade de um sinal estritamente originário "que precede toda a fixação posterior de figuras sonoras" (p. 172). Essa estrutura ancestral, que o autor chama de arquiescrita, teria deixado anonimamente, ou seja, sem sujeito, seus sinais e teria marcado, com isso, toda a posterior determinação de sentido, erroneamente imputada, pelo racionalismo ocidental, ao sujeito transcendental.

Assim,

> a arquiescrita ocupa o lugar de um criador, sem sujeito, de estruturas que, segundo o estruturalismo, prescindem de qualquer autor. Ela forja, numa ordem abstrata, as diferenças entre os elementos dos sinais, os quais estão relacionados uns com os outros de um modo multilateral. (p. 173)

É preciso, pois, desconstruir esse sentido, arrogante de verdade. A desconstrução implica colocar todo o sistema sob suspeita, utilizar o fragmento como forma de exposição e, nas palavras de Habermas, "descobrir o essencial no marginal e secundário, (...) a verdade na periferia e no impróprio" (p. 179). Esse trabalho revolucionário de desconstrução visaria, portanto, à "destruição de hierarquias bem articuladas de conceitos" (p. 180)[1]. Uma dessas hierarquias é a que dispõe

---

[1] O conteúdo dessa "hierarquia bem articulada de conceitos" é constituído pelas mesmas oposições características dos sistemas modernos anteriormente referidas e que Hegel também criticou. Só que Hegel queria salvar a razão moderna enquanto Derrida visa destruí-la.

lógica e retórica numa relação de superioridade da primeira em relação à última. Não por acaso é sobre essa disposição moderna que Derrida vai se debruçar a fim de dissolver a lógica na retórica. Concretamente, essa operação vai implicar a nivelação genérica de todos os tipos de discurso. Se o sentido das proposições é fornecido pura e simplesmente pela força representativa dos signos, então não há por que distinguir, por exemplo, o discurso científico do literário. A distinção só faz sentido nos marcos do paradigma da Modernidade esboçado por Kant, de acordo com o qual, para ficar no mesmo exemplo, a pretensão de validade da expressão científica é a verdade, enquanto a pretensão de validade da expressão literária é a veracidade ou beleza estética.

De acordo com Habermas, "Derrida denomina seu procedimento desconstrução, porque ele deve *remover os andaimes* ontológicos que a filosofia erigiu no decurso de sua história de uma razão centrada no sujeito" (p. 181). Essa prática deverá revelar a precariedade dessas distinções e apresentar todo texto, supostamente singular e específico, como mero elemento de um "contexto devorador" que se erige sobre

> uma escrita que se escreve a si mesma (...). Aí assenta a primazia da retórica, que tem a ver com a qualidade dos textos em geral, face à lógica enquanto sistema de regras, a que estão subordinados de modo exclusivo apenas determinados tipos de discursos dependentes da argumentação. (p. 182)

Isto posto, talvez não seja má ideia começar por aqui nossa investigação sobre a origem do discurso de McCloskey. À primeira vista parece inequívoco concluir que suas fortes afirmações sobre a natureza do que se chama "ciência econômica" são típicas do pós-modernismo. "Economia não é ciência, é uma coleção de formas literárias"; "a metáfora *é* o significado"; "a metáfora econômica constitui uma poesia da economia"; "a verdade é uma quinta roda inútil". Expressões como essas, que frequentam os textos de McCloskey, parecem sustentar essa hipótese. Se não bastar podemos lembrar que McCloskey denomina precisamente de *modernista* o conjunto de regras metodológicas que ataca impiedosamente.

Mas, para usar mais uma de suas expressões, "a vida não é tão fácil" (1985, p. 53). Teremos de rever nosso resultado. Considerando os dois tipos de pós-modernismo anteriormente delineados (veja o capítulo 1 deste trabalho), tentemos classificar suas ideias. Será que seremos bem-sucedidos se as enquadrarmos no pós-modernismo conservador? Para responder à questão é preciso lembrar inicialmente que o que caracteriza essa corrente é sua sugestão normativa de que devemos nos conformar com o processo avassalador de modernização social – que vai muito bem, obrigado – e esquecer as promessas iluministas de liberdade e autorrealização do homem, porque os pressupostos racionais da Modernidade e sua cultura inerentemente crítica já deram o que tinham de dar. Mas eles não têm então nenhum conceito de razão? Evidentemente sim, e é nele que se apoiam, regra geral, para a defesa de suas posturas. A razão que eles aceitam, o único pressuposto ideal que conservam da tradição iluminista, é a razão dita instrumental, que adequa meios a fins e que, ancorada na lógica formal, separa sem problemas fatos de valores, verdade de opiniões, argumentos objetivos de subjetivos etc. Com essa racionalidade, que é atribuída quase ontologicamente ao homem, a humanidade tem sido capaz de descobrir as leis que comandam os fenômenos, naturais ou sociais, e é em função disso que pôde deslanchar o processo de modernização social que seus adeptos tanto prezam. A razão, que deveria presidir e julgar tudo que reclama "validade" nas diversas esferas da vida moderna, fica reduzida, assim, a essa "razão técnica", que pode então invadir domínios que de direito não lhe pertencem. Não custa lembrar que é essa operação reducionista que autores como Adorno e Horkheimer se especializaram em denunciar.

Voltemos agora à nossa questão. Podemos enquadrar McCloskey no conservadorismo pós-moderno? A resposta é não. Uma de suas críticas mais contundentes à metodologia modernista refere-se precisamente a essas separações fáceis que ela insiste em fazer (os pares dicotômicos que usei como exemplos – fatos e valores, verdade e opinião etc. – foram retirados das próprias tabelas de McCloskey, 1983, p. 510; 1985, p. 48). Diz McCloskey, "o modernista supõe que o mundo se divide elegantemente ao longo dessas linhas" (1983, p. 510). "O que está errado é que a lógica formal é tratada muitas vezes como se fosse toda a razão" (1985, p. 44).

Bem, se suas ideias não podem ser enquadradas no pós-modernismo conservador, quem sabe não poderão sê-lo no pós-modernismo anarquista, grupo em que justamente se insere Derrida. Mais uma vez, porém, "a vida não é tão fácil". Se muitas vezes McCloskey parece labutar pela desconstrução no melhor estilo de Derrida – como nas expressões anteriormente citadas –, em outros momentos surge defendendo incondicionalmente a razão. Admitir a retórica não é entregar a ciência a seus inimigos, cair no irracionalismo?, pergunta, para responder de pronto: não! Pelo contrário, a análise retórica auxiliaria no desvendamento de várias das controvérsias até hoje presentes na economia e contribuiria assim, se não para o avanço da ciência, pelo menos para tornar explícitos os valores, crenças e convicções morais que os economistas, abraçando sem restrições a metodologia modernista, julgam deixar de fora de suas proposições e teorias, mas que de fato ali estão presentes o tempo todo. Para McCloskey, esse procedimento é mais racional do que acreditar na artificialidade de uma metodologia repressora que todos defendem e ninguém consegue praticar. Defender a retórica é assim uma tarefa necessária para fortalecer a razão, não para destruí-la. Os ataques modernistas à importância da retórica parecem querer dizer, segundo McCloskey, que "se a escolha é entre ciência e irracionalismo, eu sou pela ciência", mas, retruca, "não é essa a escolha" (1983, p. 509). No final de seu artigo, já clássico, de 1983, McCloskey parece afirmar: a economia é uma boa ciência, tem boa saúde, precisamente porque não segue, em sua prática efetiva, os cegos preceitos modernistas abraçados na esfera metateórica; falta apenas reconhecer esse fato, mascarado hoje pelas neuróticas inibições de uma artificial metodologia da ciência. McCloskey argumenta, por exemplo, que se o preceito modernista de só aceitar argumentos objetivos, positivos, observáveis, fosse seguido à risca, a revolução keynesiana não teria existido, porque suas principais hipóteses só puderam ser objeto de testes empíricos muitos anos depois da publicação da *Teoria geral*.

Consideradas essas colocações, no entanto, McCloskey parece muito mais estar esposando as ideias metodológicas anarquistas de um Feyerabend[2], por exemplo – que, apoiando-se na história das ideias, aponta a fragilidade dos cânones modernistas –, do que compactuando com o trabalho de desconstrução dos discursos. Só que Feyerabend nunca questionou a pretensão de validade dos enunciados científicos, qual seja, a verdade. Advogou apenas que a imposição ao pensamento e à criação teórica de um número infindável de regras pode nos afastar da verdade ao invés de nos aproximar dela. Para McCloskey, no entanto, a verdade é uma "quinta roda totalmente inútil" (1985, p. 46-7) e, no lugar dela, deve ser colocada a persuasão. Dissolvendo tudo na retorta da retórica, no "contexto devorador", McCloskey, que pretendia exorcizar o irracionalismo, fica vítima do "anarquismo vindo de tempos imemoriais", que, segundo os desconstrucionistas, arrastará consigo a Modernidade e seus sonhos de libertação.

Uma outra forma de enquadrar as ideias de McCloskey seria enxergá-las como tributárias de uma tradição longamente sedimentada, desde Marx, pelo menos, de crítica à forma objetivante, e supostamente neutra do ponto de vista ético, de tratar os fenômenos sociais. Nesse sentido,

---

[2] Note-se que, de fato, Feyerabend é muitas vezes citado nos trabalhos de McCloskey.

McCloskey estaria, com sua peroração em defesa da retórica, simplesmente esboçando uma crítica à postura positivista em ciências sociais e não abraçando as críticas da Modernidade enquanto tal. Há momentos, de fato, em que parece adequar-se com precisão a esse figurino. McCloskey afirma, por exemplo, que

> as metáforas da economia convêm à autoridade da ciência, e frequentemente convêm também à sua reivindicação de neutralidade ética (...) *Produtividade marginal* é uma expressão sutil, clara, harmoniosa, uma metáfora matemática que encapsula uma poderosa peça de descrição social. Mas ela carrega consigo um ar de ter resolvido o problema moral da distribuição (...) [e] *é* irritante que ela carregue essa mensagem, porque pode estar longe dos propósitos do economista que a utiliza mostrar aprovação à distribuição que resulta da concorrência. (1983, p. 508)

Se for assim, contudo, defender a retórica não significaria defender sua adoção *sans phrase* pela ciência, nem seria necessário descartar a verdade como peça inútil, colocando em seu lugar a persuasão. Muito ao contrário, admitir a retórica implicaria reconhecer a necessidade de separar pretensões de validade, de expurgar os enunciados científicos de seus entulhos retóricos, para que não se tomem como verdades objetivas proposições meramente normativas. Nesse sentido, a análise da retórica presente na ciência econômica seria uma arma poderosa para tornar mais legítimo o conhecimento produzido pela ciência nesse campo do saber. Mas McCloskey, nesse caso, estaria defendendo ardorosamente a Modernidade, advogando o mapeamento da razão, tal como concebido por Kant. Como conciliar, no entanto, tal personagem com afirmações do tipo: "boa ciência é boa conversa" (1985, p. 27), "a ciência não é ciência é uma coleção de formas literárias" (1985, p. 55)?

Uma outra hipótese a ser testada é que a defesa que McCloskey faz da retórica seria apenas "um convite à conversação civilizada" (Aldrighi e Salviano Júnior, 1990, p. 255). McCloskey, portanto, estaria apenas defendendo um conceito mais alargado de razão, "cujos contornos seriam traçados por interlocutores 'iluminados' através da conversação, disciplinada unicamente pelas normas de civilidade (a *Sprachethik* de Habermas)" (idem). O tribunal que legitimaria ou não determinadas proposições e ideias seria o fórum intersubjetivo da conversação e não a presciência arrogantemente reivindicada pelo absolutismo estreito da metodologia modernista. Nesse sentido é que boa ciência seria boa conversa. Mas ainda uma vez temos problemas. Não é sem violência que colocaríamos McCloskey como alguém que defende Habermas, ainda que em alguns momentos McCloskey se respalde no pensador alemão e o cite explicitamente (1985, p. 24). Todo o trabalho desse filósofo, toda sua luta (se bem ou malsucedida não importa aqui), tem sido justamente a de impedir que, junto com a água do banho, se jogue fora também a criança. Para ele, é preciso, antes de tudo, preservar o espírito da Modernidade, apostar em seu potencial progressista. Se ela ainda não cumpriu muitas de suas promessas é preciso exercer a crítica e cobrá-la (por isso ele não pode aceitar o pós-modernismo conservador), mas a suposição é de que ela ainda tem muito a oferecer. Daí Habermas se colocar como um dos críticos mais implacáveis das tentativas anarquistas do pós-modernismo, entre as quais a do ácido solvente de Derrida.

Filosoficamente, Habermas acredita vislumbrar um caminho substituindo, na esfera do mundo da vida (o *Lebenswelt*), a razão centrada no sujeito, típica do racionalismo ocidental, pela razão comunicacional, de fundamento intersubjetivo. Mas em nenhum momento ele coloca em questão a necessária diferenciação das pretensões de validade dos discursos. Assim, quando ele defende a razão comunicacional toma por suposto que no caso, por exemplo, de uma discussão científica, existe uma premissa implícita e comumente partilhada por todos os que se sentam à mesa: a de que estão ali para, dentro das regras da *Sprachethik*, buscar a verdade e não para participar de um campeonato na arte de persuadir. Não é essa, como sabemos, a posição de McCloskey. Vejamos:

> uma boa forma de escapar do embaraço modernista é trilhar um caminho há muito tempo apartado da ciência: a retórica. A retórica não lida com a verdade (...) ela lida com a conversa (...) Ela é a arte da fala. De modo mais geral ela é o estudo de como as pessoas persuadem. (1985, p. 28-9)

Assim, as teorias e proposições científicas seriam, para McCloskey, meros instrumentos de persuasão, como bem assinalam Aldrighi e Salviano Júnior (1990, p. 257-9). Notemos, só para provocar, que esse tipo de instrumentalismo teórico advogado por McCloskey acaba sendo ainda mais pernicioso que o de Friedman, por exemplo, por criticável que este possa ser[3]. Para esse autor, como é sabido, o irrealismo das premissas teóricas não importa; sua verdade ou falsidade é indiferente, desde que as hipóteses delas dedutíveis sejam aderentes aos dados e funcionem preditivamente. "O teste decisivo é se a hipótese funciona em relação ao fenômeno que busca explicar" (Friedman, 1953, p. 30). A reivindicação de verdade desloca-se, então, das premissas e hipóteses fundantes para as hipóteses derivadas e

---

[3] Para uma apreciação crítica da postura de Friedman, na esteira dos ensinamentos de Habermas, veja Prado (1991, p. 135-51).

conclusões. Mas ela está lá, de toda forma. Para McCloskey, ao contrário, é a verdade ou falsidade da teoria como um todo que não importa, pois a função das teorias e hipóteses científicas não é a busca da quinta roda inoperante; a causa de sua existência é serem persuasivas, interessantes, razoáveis, terem apelo. Assim, boa teoria é aquela que convence mais, que persuade a plateia e os interlocutores. Tornamo-nos todos vítimas, assim, dos magos da retórica, por piores que possam ser suas intenções.

Até aqui testamos, sem sucesso, várias hipóteses para enquadrar as ideias de McCloskey: pós-modernismo conservador e pós-modernismo anarquista, teoria crítica, anarquismo metodológico, *Sprachethik*. Mas falta ainda uma, não sem importância, que até agora não abordamos. Trata-se do neopragmatismo ou relativismo americano, particularmente aquele de Richard Rorty, e que funciona como um antípoda do desconstrucionismo de Derrida[4]. Vejamos, então, ainda que sumariamente, em que consiste o projeto rortiano.

Já na introdução de seu *A filosofia e o espelho da natureza* (publicado pela primeira vez em 1979, com edição brasileira de 1994), Rorty deixa claro seu propósito:

> O objetivo do livro é minar a confiança do leitor na "mente" como algo sobre o qual se deveria ter uma visão "filosófica", no "conhecimento" como algo sobre o qual deveria haver uma "teoria" e que tem "fundamentos", e na "filosofia" como esta foi concebida desde Kant. (1994a, p. 22-3)

Indica ainda explicitamente sua concepção deweiana de conhecimento (algo que estamos justificados de acreditar), sua concepção wittgensteiniana de linguagem (antes como instrumento do que como espelho) e sua concepção heideggeriana de filosofia (a abertura à estranheza que nos empurra a pensar).

Os resultados dessa postura são claros: a recusa da verdade objetiva como algo *a priori*, a consequente verdade pragmática de todas as crenças. Recusar a pretensão sistematizante da filosofia e abandonar, por tabela, o *discurso normal* a ela acoplado seria, portanto,

> abandonar as noções platônicas de Verdade, Realidade e Bondade como entidades que podem não estar espelhadas nem mesmo tenuemente pelas atuais práticas e crenças e reverter ao "relativismo" que supõe que nossas

---

[4] Em meu primeiro artigo sobre as proposições mccloskeianas não havia "testado essa hipótese". Devo a Rego (1996b) ter me chamado a atenção para isso. Não pude, no entanto, acompanhá-lo em sua conclusão, pois, como mostrarei, o enquadramento de McCloskey no pragmatismo de Rorty também enfrenta problemas.

únicas noções úteis de "verdadeiro", "real" e "bem" são extrapolações daquelas práticas e crenças. (1994a, p. 370)

Sendo assim, "a incomensurabilidade [das diversas 'verdades' e dos vocabulários] implica irredutibilidade mas *não incompatibilidade* (...)" (ibidem, p. 380, grifos meus). Em suma, ao que tudo indica, trata-se do resultado simetricamente oposto ao da negação indeterminada que resulta do projeto desconstrucionista[5], ou seja, algo como uma "afirmação indeterminada", uma espécie de conciliação universal (e redentora).

Qualquer dialética mediana, no entanto, permite perceber com que facilidade uma posição "passa" na outra: negar tudo ou afirmar tudo constituem atitudes "pragmaticamente" indistintas. O próprio Rorty, aliás, não esconde esse movimento. Ao fazer o elogio da "filosofia edificante" (para ele fundamentalmente Dewey, o segundo Heidegger e o segundo Wittgenstein) por oposição ao que chama de "filosofia sistemática", ele afirma:

> Os grandes filósofos sistemáticos são construtivos e oferecem argumentos. Os grandes filósofos edificantes são *reativos* e oferecem sátiras, paródias e aforismos. (...) São intencionalmente periféricos. Os grandes filósofos sistemáticos, como os grandes cientistas, constroem para a eternidade. Os grandes filósofos edificantes *destroem* em benefício de sua própria geração. (Ibidem, p. 363)

Isto posto, parece não fazer grande diferença, como hipótese inicial, filiar McCloskey a Derrida em vez de a Rorty, tal como fizemos aqui.

Essas considerações permitem retomar a questão da dificuldade que existe em se tomar McCloskey como alguém que defende Habermas. Ora, se o pai intelectual de McCloskey é de fato Rorty, vejamos o que diz este último do projeto habermasiano:

---

[5] Trata-se de negação indeterminada, porque o desconstrucionismo de Derrida ataca o sentido como um todo, por sua injustificável ancoragem no sujeito. Da nivelação de todos os discursos resulta a desconstrução de todo o sentido e, portanto, a negação de todos os valores, ideais e objetivos que pautaram o surgimento da Modernidade. Segundo esse tipo de postura, a objetivação desse espírito por si só não se sustentará e será devorada pelo "anarquismo vindo de tempos imemoriais". Mas como poderíamos interpretar a "objetivação desse espírito por si só"? Uma forma de imaginá-la seria pensar um mundo em que "a mercadoria é a própria ideologia", como já vislumbrava Adorno. Nesse caso, o "anarquismo" que devorará a Modernidade, com todas as suas promessas de emancipação, não virá de "tempos imemoriais", como quer o desconstrucionismo, mas do mundo da mercadoria, entregue a si mesmo. Como a realidade capitalista, ao longo das últimas décadas, vem se aproximando perigosamente desse estágio, Kurz (1992) rotulou o processo de "colapso da modernização".

Muito da filosofia recente – sob a égide de "fenomenologia" ou de "hermenêutica", ou ambas – tem brincado com essa infeliz ideia [de reunir a filosofia edificante e a filosofia sistemática]. Habermas e Apel, por exemplo, sugeriram modos pelos quais poderíamos criar um novo tipo de postura transcendental, capacitando-nos a fazer algo semelhante ao que Kant tentou fazer, mas sem descambar seja para o cientismo, seja para o historicismo. (...) Esses filósofos veem a epistemologia tradicional como empenhada em "objetivizar" os seres humanos, e anseiam por um tema sucedâneo à epistemologia que faça pela "reflexão" o que a tradição fez pelo "conhecimento objetivante". (...) Em meu ponto de vista, a tentativa de desenvolver uma "pragmática universal" ou uma "hermenêutica transcendental" é *muito suspeita*. (...) Tais tentativas começam por encarar a busca do conhecimento objetivo através do discurso normal, do modo como sugeri que deveria ser encarado – como um elemento na edificação. Mas elas com frequência continuam rumo a afirmações mais ambiciosas. (...) A noção de que podemos circundar o realismo filosófico excessivamente confiante e as reduções positivistas apenas adotando algo como a postura transcendental de Kant, parece-me o equívoco básico em programas como o de Habermas. (Ibidem, p. 372-5, grifos meus)

Assim, como indicado pelo próprio Rorty, na sua forma oblíqua de dizer as coisas, o projeto habermasiano não implica uma política de arrasa-quarteirão, não está na linha da negação indeterminada. Pelo contrário, trata-se, para ele, de não jogar fora a criança junto com a água do banho, de fazer a crítica da razão objetiva, sem perder de vista os ideais civilizatórios (e universais por definição) que nasceram junto com a Modernidade. Bem-sucedido ou não, o movimento empreendido por Habermas caminha no sentido de uma negação determinada (e também, por consequência, no sentido de uma afirmação determinada) e, sendo assim, está ele, nesse aspecto, em linha com Marx, mas não com Derrida, Heidegger ou Rorty.

Talvez não seja excessivo acrescentar que, certamente por isso, Apel (o "sócio" de Habermas) considera o pragmatismo rortiano como "subjetivamente progressista" mas "objetivamente regressivo"[6]. Prado Jr., que é quem lembra a apreciação de Apel sobre Rorty, diz a esse respeito:

---

[6] Avaliação, como se vê, muito semelhante àquela que faz Eagleton do pós-modernismo como um todo. Para o crítico inglês, o pós-modernismo é, a um só tempo, radical e conservador. O mesmo se passa na avaliação que faz Apel sobre o relativismo de Rorty: ele é subjetivamente progressista, mas objetivamente regressivo, avaliação que não cairia mal, diga-se de passagem, para qualificar também a empreitada de McCloskey. Voltaremos ao assunto.

Acompanhando com simpatia (...) Rorty (...), não podemos acompanhá-lo no seu passo final, lá mesmo onde parece desviar-se da boa tradição da *Aufklärung* sofística ou do radicalismo do liberalismo norte-americano original. A dificuldade parece ser a recusa, por Rorty, do valor *pragmático* da Teoria Social. (...) O que essa desqualificação da "Teoria Social" deixa escapar, ou não percebe, por sob a diversidade local das formas políticas e culturais, é a unidade global dentro da qual elas estão combinadas, e as carrega todas num único movimento. (...) Trata-se de um *fato* – a economia globalizada ignora as fronteiras culturais e governa as diferentes *Lebensformen* – e para descobri-lo basta a leitura cotidiana dos jornais. (...) Um discípulo de Dewey não deveria abrir-se para essa dimensão da *experiência contemporânea*? Será que ler os jornais e refletir sobre o que eles contêm implica incorrer no pecado da regressão à metafísica? Tudo se passa como se Rorty tivesse que inflacionar a pretensão epistêmica da Teoria Social, para poder recusar-se a devolver ao liberalismo norte-americano seu radicalismo original. (1994, p. 83-4, grifos do autor)

Além disso, salvo engano, todas as vezes em que Rorty cita Derrida, o faz com simpatia. Coloca-o, ademais, como companheiro de Heidegger e dos demais "filósofos edificantes" na empreitada de desconstruir a tradição da filosofia sistemática (1994a, p. 358-61) e lembra sua contribuição para a cruzada que deve, afinal, fazer-nos "abandonar a noção de correspondência com sentenças assim como com pensamentos, e ver as sentenças como conectadas antes com outras sentenças do que com o mundo" (ibidem, p. 365). Como se percebe, há aqui uma nítida diferença de postura *vis-à-vis* o espírito francamente crítico com que Rorty aprecia o projeto habermasiano de uma pragmática universal ou de uma hermenêutica transcendental[7].

---

[7] Em outro artigo diz Rorty: "Até aqui estivemos falando de 'nós, ditos relativistas' e 'nós, os antiplatônicos', mas agora é preciso ser mais específico, citar alguns nomes. Como afirmei no início, o grupo de filósofos ao qual me reporto separa-se em duas vertentes. Uma delas é a corrente da filosofia europeia pós-nietzschiana – Heidegger, Sartre, Gadamer, Derrida e Foucault –, e a outra é a corrente da filosofia americana pós-darwiniana, à qual pertencem James, Dewey, Kuhn, Quine, Putnam e Davidson, e que configura a tradição do pragmatismo" (1994a, p. 119). Cabe notar que, ao contrário do nome de Derrida, não aparece na lista de filósofos na qual Rorty se autoenquadra o nome, por exemplo, de Apel, exclusão compreensível dada a maquinaria transcendental pesada desse pensador, mas tampouco aparece o nome de Habermas, mais *light*, com uma filosofia da conversação que envolve, no dizer de Arantes (1994, p. 107), tão somente um transcendentalismo envergonhado. No entanto, é bastante comum aproximar posições como as de McCloskey e Habermas (Rego, 1996a, e Fernández, 1996). A confusão toda advém de que ambas as posturas, o pragmatismo de Rorty e o neoiluminismo alemão, partilham a mesma base comunicacional (ou linguística).

Com relação ao último ponto (a impossibilidade de se alinhar integralmente Habermas a Rorty), não se quer com isso dizer que não haja afinidades de nenhuma natureza entre o neopragmatismo de Rorty e o neoiluminismo alemão. De fato, não há como negar o parentesco entre, de um lado, a *Sprachethik* e a razão comunicacional de Habermas e, de outro, a "grande conversação humana" de Rorty. Essa convergência se dá por conta do mesmo paradigma pragmático-linguístico que embasa as duas posições, de resto, filosoficamente antagônicas[8].

Estas últimas reflexões destinaram-se a mostrar, em primeiro lugar, que, se é possível alinhar o projeto rortiano com alguma outra corrente ou moda filosófica contemporânea, esse alinhamento se dá com o desconstrucionismo de Derrida e não com o neoiluminismo de Habermas. Em segundo lugar, como essas duas posições (desconstrucionismo e pragmatismo) são filosoficamente da mesma família, as restrições que encontramos antes para afirmar a filiação das ideias de McCloskey ao desconstrucionismo repetem-se na tentativa de classificá-las como herdeiras do pragmatismo.

Os diversos sentidos do termo "retórica" na pregação de McCloskey

Como se percebe, McCloskey é mesmo difícil de enquadrar. Suas ideias não se encaixam em lugar algum, nem no desconstrucionismo de Derrida, nem no pós-modernismo conservador, nem no pragmatismo rortiano, nem no neoiluminismo alemão, nem no anarquismo metodológico, menos ainda na tradição da teoria crítica. Qual a razão dessa dificuldade?

O problema mais substantivo que os textos de McCloskey apresentam é que o termo retórica é aí utilizado nas mais diferentes conotações: ora

---

[8] Arantes vai além, quando aponta a convergência dessas duas posições e, apesar de referir-se não a Habermas propriamente mas a Apel, parece interessante reproduzir sua análise. Diz Arantes: "De fato, então, nossos dois antagonistas de sua [de Bento Prado Jr.] exposição, os dois filósofos [Rorty e Apel], as duas posições filosóficas antagônicas, na verdade, convergem no mesmo paradigma pragmático-linguístico para mostrar de que maneira nós podemos conviver ou de que maneira nós poderemos administrar alguma coisa que eles estão supondo já estabelecido, que é a normalidade do capitalismo que veio aí para ficar e essa é a forma final na qual felizmente nos livramos dos grandes chatos que são os ideólogos, os intelectuais teóricos ou filósofos, na acepção antiga do termo" (1994, p. 112). Em suma, Arantes, a um só tempo, confirma o diagnóstico de Apel sobre Rorty (subjetivamente progressista, objetivamente regressivo) e devolve-o ao próprio neoiluminismo alemão.

ela é sinônimo de ciência, e, portanto, a ciência se reduz à retórica; ora ela é instrumento de persuasão e, pois, a ciência não se reduz à retórica mas faz uso da retórica; ora ela é simplesmente o conjunto de preceitos que devem guiar academicamente os debates na ciência, em uma palavra *Sprachethik*[9]. Evidentemente não há como discordar de McCloskey considerando os dois últimos sentidos assinalados. Questionar as proposições de McCloskey em seu conjunto não implica de modo algum negar a importância da retórica na evolução da ciência econômica e nos debates que aí se travam. Efetivamente, os economistas, como de resto a comunidade científica em geral, recorrentemente sacam de sua caixa de ferramentas, junto com as peças modernistas, também suas armas literárias, no intuito de persuadir seu público da correção de suas ideias. Vejamos o que diz McCloskey quando utiliza retórica nesse sentido:

> Retórica é meramente uma ferramenta, não uma coisa ruim em si mesma. Ou melhor, ela é a caixa dos instrumentos de persuasão tomada conjuntamente e disponível para os que querem persuadir, sejam eles bons ou maus. (1985, p. 37-8)

---

[9] Bianchi e Salviano Jr., depois de terem praticado um belo exercício de análise retórica sobre o discurso de Prebisch, também tocam na questão, lembrando ainda a dimensão de "arte" que a retórica envolve: "Especulando um pouco, porém, conseguimos encontrar um lugar para a retórica, por sobre as idiossincrasias de McCloskey. Este lugar provém de uma dupla função instrumental da retórica, como arte e como análise. Na condição de ferramenta de raciocínio, ela pode ajudar os economistas como produtores e consumidores de conhecimento especializado (...) A arte retórica pode armá-los para escrever melhor, falar melhor, dar melhores aulas (...) Afinal, também para as teorias científicas, beleza é essencial, como já proclamava mestre A. Smith. Mas isso não é tudo que se deve esperar de teorias econômicas, nem isso dispensa o uso de outros critérios de avaliação, dentre eles, com destaque, a correspondência com o mundo real. A questão do conteúdo de verdade das teorias persiste, e não se resume àquele que parece ser o sentido predominante do termo em McCloskey, que é o de coerência com um conjunto de crenças de um auditório especializado (Mäki, 1993). McCloskey considera que esta condição garantiria uma verdade com 'v' minúsculo, um conceito fraco de verdade, portanto, que acredita ser o único que uma teoria pode pretender atingir. Pode ser. Mas insistimos que o fundamental na ciência não é a produção de um discurso convincente. Querer convencer e querer dizer a verdade não são incompatíveis, mas também não são substitutos. No limite, dois dos sentidos que McCloskey atribui à retórica, o de discurso persuasivo e o de conversa civilizada, podem chocar-se entre si" (1996, p. 175). Na mesma linha, ainda que sem tocar diretamente na questão da retórica, Silveira (1996), empreende uma análise daquilo que denomina "a sedição da escolha pública" e, ao comparar os modelos de Harry Johnson e de Kuhn para dar conta das chamadas revoluções científicas, aponta para a retórica também como arte de enganar: "Finalmente, em termos mais especulativos, o processo kuhniano de persuasão com

Assim, se a retórica é simplesmente instrumento de persuasão, e ninguém há de negar que assim seja, nem que ela seja de fato utilizada, a constatação de sua existência implica de imediato a realização de uma análise retórica das peças científicas, o que, certamente, contribui para o aprimoramento da ciência. Acompanhemos McCloskey nessa questão:

> A retórica não trata diretamente da verdade; trata da conversação. É, dito sem rodeios, uma forma literária de *examinar* a conversação (...) *Ela pode ser utilizada para se fazer uma crítica literária da ciência.* (Ibidem, p. 28, grifos meus)

Nesse sentido, como "ser contra" a retórica? Ninguém que tenha tido algum dia uma ligeira simpatia pela crítica da economia política nos moldes inaugurados por Marx terá posição distinta. Mas isso é certamente diferente, havemos de convir, de considerar a retórica como sinônimo de ciência, tal como sugerem suas frases bombásticas de início assinaladas. No limite, aliás, se tudo é retórica, a própria análise retórica torna-se logicamente impossível: de onde tirar os padrões, os algoritmos, os pontos de apoio?

Com relação à aproximação, também empreendida por McCloskey, entre retórica e "boa conversa", entre retórica e *Sprachethik* não há, evidentemente, nada a opor a esta última enquanto tal, ainda que a aproximação em questão tenha de ser qualificada. Diz McCloskey:

> o melhor que se pode fazer, então, é recomendar o que é bom para a ciência agora e deixar o futuro aos deuses. E o que é bom para a ciência agora é a existência de bons cientistas. Uma crítica retórica da economia talvez torne os economistas mais modestos, tolerantes e conscienciosos e melhore uma das conversações da humanidade. (Ibidem, p. 53)

E ainda:

> Retórica, então, pode ser uma forma de avaliar o discurso econômico e de torná-lo melhor. Melhor, não menos rigoroso, difícil, sério, importante. (...) [os economistas] teriam simplesmente que concordar em examinar a linguagem com que atuam e conversar mais educadamente com os demais nas conversações da humanidade. (Ibidem, p. 35)

Não se trata aqui de afirmar que McCloskey estaria fazendo, em afirmações como essas, uma aproximação espúria entre a retórica de um lado e a *Sprachethik* de outro. Como lembra Bento Prado Jr.,

> (...) já tivemos oportunidade de apontar, através da discussão de um belo livro de inspiração rortyana, a cumplicidade entre o neopragmatismo e a

---

base nos valores científicos da comunidade é retórica como método, enquanto o johnsoniano é retórica como arte de enganar (...) (1996, p. 201).

"retórica" no sentido antigo do termo. No fundo a conjunção entre algum realismo, ou a necessária modéstia intelectual (...) e uma *inegável vontade ética* (nas palavras de McCloskey, o imperativo *be honest, be fair*, acoplado ao lema *rhetoric is good for you*) redunda na decisão de que é necessário minimizar a retórica da verdade, incentivar uma mudança dessa retórica ou incentivar a retórica da mudança. (1994, p. 81, grifos meus)

Repetindo, não há o que discordar. Toda a dificuldade, porém, encontra-se no fato de que McCloskey passa inadvertidamente de um sentido a outro do termo, ao longo de seus textos. De toda maneira, mesmo considerando que existe uma aproximação entre o projeto retórico e a *Sprachethik*, nos moldes indicados por Prado Jr. (ou seja, algum realismo mais vontade ética), a utilização muitas vezes enfática por McCloskey dessa aproximação, visível, por exemplo, nas expressões que Prado Jr. relembra, acaba efetivamente por problematizar também a possibilidade de enquadrar suas ideias estritamente nos moldes do pragmatismo rortiano, dificilmente redutível a uma mera pregação pelo bom comportamento dos cientistas em geral (examinar a linguagem que se utiliza, ser honesto, conversar educadamente etc.).

A utilização do termo retórica em múltiplos sentidos coloca perguntas de difícil resposta: será que é necessário dissolver tudo na retórica para advogar a *Sprachethik* ou para denunciar a pretensa objetividade de conceitos e proposições econômicas? A esse respeito, aliás, diz o mesmo Bento Prado Jr. referindo-se a um texto seu sobre McCloskey:

Nesse texto, reconhecendo que McCloskey (bem inspirado por Rorty) recorre aos instrumentos adequados em sua cruzada contra o positivismo (...) apontamos para o perigo de jogar o bebê com a água do banho. Nossa pegunta, na ocasião, era: estamos nós condenados a seguir os passos de Dewey, pelo simples fato de recusar a megalomania do fundacionalismo? Toda a epistemologia está morta já que morreram o positivismo e a *unified science*? Será que a descrição de epistemologia, apresentada em *Philosophy and the Mirror of Nature* é razoável[10]? Ser antipositivista não significa necessariamente ser rortyano. (1994, p. 93)

---

[10] A crítica ao conceito de modernismo e de epistemologia de Rorty (e de McCloskey por tabela) tem o seguinte teor: "O que estamos aqui sugerindo, é que, no empirismo e no racionalismo clássicos, há uma modernidade (no sentido das nossas mais vigorosas filosofias contemporâneas) que nada tem a ver com o modernismo descrito por Rorty, e que, muito ao contrário, é antipositivista *avant la lettre* – isto é, antes do nascimento da *bête noire* do antimodernismo. (...) Mas a questão não é puramente filológica: a simplificação operada por Rorty tem efeitos desastrosos no próprio

Assim como não é preciso ser relativista e pragmático para fazer a crítica do positivismo, não é também necessário dissolver a ciência na retórica para reconhecer a importância da análise retórica dos textos acadêmicos. Ninguém nega que os economistas, e não só eles, utilizam expedientes retóricos na exposição e no debate de suas ideias. Mas a pergunta é: e daí? Podemos, por isso, transformar tudo em retórica e concluir que ou não aprendemos nada sobre nossos objetos ou que temos sido permanentemente enganados porque não há nada a aprender? Tomemos dois exemplos de debate em nossa ciência.

O primeiro relaciona-se com a controvérsia que gira em torno do capítulo 17 da *Teoria geral*. Como se sabe, nesse capítulo, Keynes pretende demonstrar as propriedades *essenciais* do dinheiro. Contudo, a despeito dos sugestivos *insights* que ele ali desenvolve sobre esse objeto e sobre as especificidades da economia monetária, o debate gerado por esse texto mostra, entre outras coisas: que o dinheiro não é, como queria Keynes, um ativo como outro qualquer (Kaldor); que o espectro de ativos a ser considerado para entender o dinheiro como reserva de valor é muito mais amplo do que o suposto por Keynes (Tobin); que a pergunta relevante para entender a preferência pela liquidez não é aquela que Keynes faz (Joan Robinson). Toda essa controvérsia mostra, em suma, que o dinheiro não é, para nossa desgraça, um objeto tão simples assim, que tratá-lo teoricamente não é fácil[11]. Mas não aprendemos nada com isso? Foi tudo obra de concorrentes numa gincana de persuasão? Evidentemente não, ainda que todos os economistas envolvidos na polêmica possam ter sacado de sua caixa de ferramentas, junto com os argumentos *stricto sensu* teóricos, também suas armas literárias.

Para o segundo exemplo, remeto-me a um texto de Bacha (1988). Resenhando os debates sobre políticas de estabilização e qualificando as diversas posições a respeito, Bacha toma a seguinte equação

$$p = p_{-1} - e(u - u')$$

---

coração da filosofia. É só porque se redefine a vocação 'epistemológica' do racionalismo e do empirismo modernos como fundacionalista por natureza e positivista por vocação (...), que se pode recusar, *a priori*, toda e qualquer epistemologia. (...) Um corolário pernicioso da definição demasiadamente estreita que McCloskey nos oferece da epistemologia, é uma demarcação da retórica que é ampla e vaga demais. Um *imbróglio* categorial que se revela também na localização equivocada da ideia aristotélica de dialética (...)" (Prado Jr. e Cass, 1996, p. 120).

[11] Para uma resenha detalhada desse debate veja Paulani (1992).

onde p é a taxa observada de inflação; p_{-1}, a taxa de inflação do período anterior; e, o coeficiente de impacto do desemprego sobre a inflação; u, a taxa observada de desemprego; e u', a taxa natural de desemprego. Lembra, a partir daí, que, no início da década de 1980, o debate brasileiro entre "monetaristas" e "inercialistas" esteve centrado na questão de saber se o valor do coeficiente e era ou não significativamente diferente de zero. Na primeira hipótese, a razão estaria com os monetaristas; na segunda, com os inercialistas. Lembra, depois, que essa questão empírica foi resolvida por Eduardo Modiano (num artigo de 1985) em favor dos monetaristas (constatou-se que, aqui como nos EUA, o valor de e é próximo da unidade), mas sentencia logo em seguida: "esta, entretanto, foi uma vitória de Pirro para os monetaristas" (1988, p. 6). Ela teria servido apenas para demonstrar a inviabilidade da aplicação no Brasil de políticas ortodoxas de estabilização: se o valor de e é próximo de 1, seria necessário, partindo-se de uma inflação inicial de 100% (típica daqueles anos de alta inflação no Brasil), dez anos de desemprego à taxa de 10% para levar a inflação a zero, o que seria socialmente impraticável[12].

E então? Temos novamente magos da retórica? Poderíamos dizer, é certo, que, com a expressão "vitória de Pirro", Bacha desqualifica o resultado favorável aos monetaristas e ganha pontos na persuasão da plateia, mas ele não deixou, por isso, de aceitá-lo como verdadeiro. Poderíamos ser mais radicais e, junto com McCloskey, dizer, por exemplo, que a expressão "taxa natural de desemprego" é, em si mesma, uma metáfora, porque parece dar por resolvidos problemas que estão longe de sê-lo, sejam teóricos (qual é o *status* categorial da noção de trabalho agregado que está por trás da ideia de taxa de desemprego?), sejam empíricos (como se estima a taxa natural de desemprego, qual é a *proxy* que se utiliza, como se pode saber em que momento da História ela ocorreu para que possamos tomá-la por padrão?), sejam "práticos" (o que significa essa taxa natural de desemprego do ponto de vista do cotidiano dos agentes?); além do mais, a metáfora implicaria a aceitação de um determinado tipo de organização social e de um determinado estado de coisas. Mas, se fizermos isso, estaremos tomando a trilha da teoria crítica e não a da dissolução da ciência na técnica retórica.

Portanto, se me permitem repisar o argumento, não se trata de ignorar a importância da retórica na ciência econômica e em suas controvérsias.

---

[12] É interessante como soa anacrônica hoje (início de 2004) essa observação de Bacha. O Brasil pós-avalanche neoliberal tem uma taxa de desemprego na melhor das hipóteses de 13%, na pior, de mais de 20%, e taxas dessa magnitude ou próximas delas já há alguns anos.

Pelo contrário, se nos reivindicamos tributários da tradição crítica (como é o caso da autora deste trabalho), a análise da retórica dos textos econômicos configura-se um instrumento indispensável para desvendar, por trás de enunciados aparentemente objetivos e neutros, interesses específicos e, mais ainda, prescrições dissimuladas – e, no mais das vezes, conformistas – de políticas sociais e econômicas. Marx, é bom lembrar, fez isso o tempo todo. Mas o objetivo, sempre, é o de perseguir a verdade – no caso, as verdades socioeconômicas –, seja para aceitá-las, seja para transformá-las, seja, ainda, para, mais tarde, perceber que não eram tão verdadeiras assim. Só assim, penso, estaremos munidos para cobrar da Modernidade aquilo que ela ainda pode nos oferecer[13].

Assim, se a questão é escapar dos estreitos limites da metodologia modernista, mais saudável do que embrulhar a ciência na retórica é abraçar uma espécie de pluralismo metodológico, tal como defendido por Caldwell (1984)[14]. Ou então, se o problema é questionar o monismo metodológico da postura positivista, que trata objeto social (e econômico) como se natural fosse, o melhor é permanecer na esteira da teoria crítica e fazer uso intensivo não só da análise retórica como de quaisquer outros expedientes que permitam, sempre que necessário, desvendar como normativo o que aparece como positivo, como ideológico o que se mostra como verdadeiro. Mais ainda, pode-se fazer tudo isso sem descuidar da *Sprachethik* de Habermas, tão simpática e tão necessária ao debate intelectual, particularmente no meio dos economistas, que, familiarizados como ninguém com o "homem econômico racional", sabem perfeitamente do que ele é capaz.

Retórica e negação indeterminada

A conclusão de nossa investigação foi, portanto, que, considerado o estrito mundo das ideias, aquelas de McCloskey, quando examinadas mais de perto, não têm lugar, em que pese a inequívoca cara pós-moderna que exibem. Esse resultado deve-se fundamentalmente à barafunda conceitual e argumentativa que a múltipla utilização do termo retórica acaba por produzir. Mais adiante mostraremos que, a despeito dessa orfandade epistêmico-filosófica, as ideias de McCloskey nem por isso

---

[13] Em suma, concordo com Rosenberg (1988a) quando afirma que a economia é muito importante para ser deixada aos retóricos, mas não concordo quando assevera que a retórica não é importante o suficiente para que os economistas se preocupem com ela (Rosenberg, 1988b).

[14] Para uma discussão da posição de Caldwell veja Bianchi (1992a).

deixam de ser expressão do espírito de nosso tempo e dos problemas concretos da Modernidade contemporânea, o que promove acertos em searas com as quais McCloskey claramente não pretendeu bulir. Antes, porém, cabe discutir as razões pelas quais foram tão bem aceitas, pelos economistas críticos do *mainstream*, as confusas ideias de McCloskey (o que faremos investigando Fernández, 1996). Preparamos com isso o terreno para mostrar de modo mais claro o porquê de nosso incômodo com a postura de McCloskey, aparentemente tão radical e tão crítica ao estado-da-arte da ciência econômica no fim do século XX.

Fernández (1996), sabendo que o ataque de McCloskey atinge particularmente o campo neoclássico, incomoda-se com críticas à sua postura que venham de economistas "alheios ao *mainstream*" e procura "mostrar que o 'projeto retórico' em geral, e a obra de McCloskey em particular, são compatíveis *como um todo* com uma 'tradição crítica' ou com visões não neoclássicas da economia" (1996, p. 147, grifos meus)[15]. Ainda que não seja muito claro o que é que se pode exatamente entender pelo termo "projeto retórico", espero ter esclarecido anteriormente que não vejo incompatibilidade entre uma postura crítica ao *mainstream* e a seus pressupostos metodológicos de um lado e, de outro, a admissão da importância da questão da retórica, particularmente da análise retórica. Muito ao contrário, uma crítica do discurso econômico convencional não poderá jamais furtar-se à análise retórica dos textos. A segunda parte da frase, porém, parece-me difícil aceitar integralmente: dado o imbróglio categorial e conceitual em que McCloskey se envolve, o preço a pagar para aceitar o lado inequivocamente saudável de suas colocações torna-se muito elevado, de modo que não vejo como se possa compatibilizar seu projeto *como um todo* com uma visão crítica do *mainstream*. Em suma, parece-me que a crítica de Fernández às críticas a McCloskey oriundas dos adversários do *mainstream* advém de que ele considera como "progressista" sua posição, ou seja, ele vê McCloskey como alguém que faz, do ponto de vista da Modernidade, a crítica da economia política". Diz ele:

> A breve revisão de diversas críticas formuladas a McCloskey por alguns economistas alheios ao *mainstream* mostra essencialmente, em nossa opinião, que em termos gerais suas visões são compatíveis, no mínimo ao nível metateórico (...) A rejeição de doutrinas que postulam que há um único conhecimento verdadeiro e que, portanto, todos os outros são falsos abre espaço para um

---

[15] Mais uma vez caberia perguntar por que então, no nível teórico, McCloskey continua a abraçar a ortodoxia se sua obra é "compatível como um todo com uma tradição crítica ou com visões não neoclássicas da economia", como sustenta Fernández.

pluralismo teórico que deveria ser bem recebido por todos aqueles cujas vozes são sem dúvida minoritárias entre os economistas. (1996, p. 157)

Evidentemente não compartilho dessa posição. Se a questão é meramente a de forjar um espaço para todos os "programas de pesquisa" em economia, então prefiro ficar com o pluralismo de Caldwell. Como tentarei mostrar adiante, em função de sua postura relativamente à abordagem de McCloskey, Fernández empreende um louvável esforço para salvar esse "projeto" *in totum* e acaba por ser bastante indulgente com suas contradições e com seu discurso embrulhado.

Mas adentremos as críticas propriamente ditas. No referido texto, de 1996, o objeto de Fernández são as considerações que inicialmente fez a autora deste trabalho às ideias de McCloskey[16] e que foram, todas elas, aqui recolocadas. Isso permitirá acompanhar sem dificuldades os argumentos de Fernández, bem como nossas respostas a ele. Em primeiro lugar, Fernández questiona o conceito de Modernidade com o qual trabalho. Diz ele:

> Sem discutir a interpretação de Habermas que esta autora propõe, não por isso concedo que a definição Habermas-Paulani[17] de Modernidade e termos correlatos, baseada em Kant, Hegel e o Iluminismo, seja a única possível. (1996, p. 154-5)

> Na tradição dos países de língua inglesa, ou no mínimo nas discussões de filosofia da ciência e metodologia da economia, os termos Modernidade e afins pareceriam estar muito mais vinculados com o racionalismo cartesiano levado ao extremo, ou com a particular mistura de racionalismo e empirismo radicais denominada positivismo lógico. (p. 148-9)

Mais adiante conclui Fernández:

> A finalidade disto tudo é mostrar que não acredito estar sendo muito indulgente com McCloskey quando penso que para ele o modernismo é a visão de mundo que se caracteriza pelo que Philip Mirowski denomina "o vício cartesiano", qual seja, supor que "o único raciocínio formal, e o único pensamento é o pensamento consciente". (p. 149-50)

---

[16] O texto original é de 1992 e foi publicado em 1996.

[17] Cabe esclarecer que não realizo nenhuma "interpretação" de Habermas, vale dizer, do projeto habermasiano. Simplesmente utilizo o *Discurso filosófico da modernidade* para precisar o conceito de Modernidade e para me inteirar do discurso desconstrucionista de Derrida. Em todo caso, cumpre-me agradecer a meu amigo Ramon Fernández o honroso *status* intelectual em que me coloca ao falar de uma "definição Habermas-Paulani de Modernidade".

Concordo em gênero, número e grau. Mas não deveria então McCloskey denominar "racionalista" ou "positivista" o código de regras que ataca? Ao cunhá-lo de "modernista", McCloskey parece estar pretendendo efetivamente realizar muito mais do que uma mera crítica epistemológica. Como tentei demonstrar anteriormente, em muitos momentos, McCloskey faz efetivamente muito mais do que isso e segue, nesse particular, a mesma trilha de Rorty: primeiro reduz a Modernidade à questão epistemológica; depois identifica a epistemologia enquanto tal com o empirismo e o racionalismo clássicos; por fim, como lembram Prado Jr. e Cass (1996, p. 120), redefine a vocação epistemológica dessas correntes como "fundacionalista por natureza e positivista por vocação".

De toda maneira, não vejo por que o conceito mais amplo e, a meu ver, mais esclarecedor, de Modernidade por mim utilizado possa ter viesado as críticas que fiz a McCloskey. Segundo Fernández, isso teria me levado a fazer afirmações falaciosas que sugerem que McCloskey estaria no campo do irracionalismo, simplesmente por estar propondo limites à razão. Como adiantei anteriormente, o que permite que se faça, em alguns momentos, tal juízo das proposições de McCloskey é precisamente sua posição dúbia e escorregadia, ora desconstruindo o discurso econômico, ora criticando o positivismo, ora defendendo a *Sprachethik*, ora operando qualquer combinação possível dessas posturas. É bom que se lembre que, depois de tomar suas ideias como inseridas no desconstrucionismo de Derrida (para nossos efeitos um "irracionalista"), descarto a hipótese justamente em função de frases como a citada pelo próprio Fernández: "se a escolha é entre ciência e irracionalismo, eu sou pela ciência" (1983, p. 509)[18]. Logo, não se deve ao conceito de Modernidade que abraço a formulação de tais críticas. Contudo, cabe ressalvar que, se a filiação de McCloskey é realmente a Rorty, como sustenta Rego (1996a), então não há como negar tal aproximação (entre suas ideias e o irracionalismo)[19], precisamente pela visão estreita

---

[18] Não custa observar que essa frase não é efetivamente de McCloskey. Ao contrário, ela é utilizada por MCloskey para resumir o tipo de crítica que o racionalismo convencional dirige à retórica. Para McCloskey é como se esses críticos estivessem o tempo todo fazendo esse questionamento e obrigando os defensores da retórica a assumir uma posição irracionalista. Por isso emenda logo depois: "mas não é essa a escolha". De qualquer maneira está implícito nas observações de McCloskey que, não podendo escapar da incômoda questão, não terá dúvida em optar pela ciência. Para nossos efeitos no texto, portanto, não há problema em tomar essa afirmação como se fosse de McCloskey.

[19] A esse respeito, ainda que não se referindo especificamente à questão da razão mas à questão a ela conexa do "realismo", diz Mäki: "Eles [McCloskey e Klamer] parecem pensar que, em função de ter a ciência econômica um caráter retórico, ela não pode ser compreendida em termos realistas. Eu argumentarei que esta visão é equivocada:

de Modernidade que resulta do projeto rortiano. Rorty (e McCloskey) encapsulam a razão no reduzido conceito de Modernidade que constroem, julgando ainda que exista um fio condutor asséptico e não problemático que leva de Descartes ao Círculo de Viena. Ora, como gosta de dizer McCloskey, "a vida não é tão simples".

Uma questão correlata a essa é evidentemente a questão da verdade. Segundo Fernández, o ponto central de várias das críticas endereçadas a McCloskey (entre as quais as minhas) "reside no desprezo pela verdade que o caracterizaria" (1996, p. 151). Realmente, esta não deixa de ser uma posição incômoda: reduzir a verdade de uma teoria a seu poder de persuasão ou à coerência com um conjunto de crenças de um determinado público (no caso, um auditório especializado) significa concretamente, enfeite-se o quanto queira, abandonar a questão do conteúdo de verdade das teorias. Com isso, a prioridade número um de qualquer discurso científico passa a ser "convencer" (por convencer, dever-se-ia acrescentar). Que a ciência precise disso, que essa arte seja-lhe necessária, que ela seja mesmo empurrada por isso, está aí sua própria história a demonstrar. O que não significa, porém, que devamos, por isso, compactuar com o dissolvimento da ciência na retórica, com sua redução à retórica. Em poucas palavras, para recomendar a *Sprachethik* (Habermas), ou para defender o pluralismo ou o anarquismo metodológico (Caldwell, Feyerabend), ou ainda para fazer uma crítica do positivismo e/ou do caráter ideológico de muitas das proposições econômicas (Teoria Crítica, Marx), não é preciso abandonar ao limbo a questão da "verdade" (seja com minúscula, seja com maiúscula), não é preciso enfim identificá-la com a "quinta roda inoperante", como faz McCloskey[20].

---

retórica e realismo não excluem-se mutuamente; ao contrário elas podem ser combinadas numa coerente metodologia da economia. Trata-se de uma contribuição valiosa importar os *insights* da recém-habilitada retórica para a metateoria da economia; mas não é necessário amarrá-los com o entusiasmo pelo antirrealismo de Rorty e outros, tão em voga atualmente" (1988a, p. 89-90). Nossa posição é, nessa questão, bastante próxima à de Mäki. Não se trata, para repetir mais uma vez, de negar a importância da retórica, menos ainda de negar validade às análises retóricas do discurso econômico. Como já esclareci, acredito que elas sejam indispensáveis e que, quando seriamente conduzidas, ensinam-nos muito a respeito dos caminhos de nossa ciência, de seu caráter historicamente determinado, de sua inescapável dimensão ideológica. Aqui mesmo no Brasil temos já excelentes exemplos de exercícios desse tipo (Anuatti Neto, 1994; Bianchi e Salviano Jr., 1996; Silveira, 1996; Gala, 2003; Fernández e Pessali, 2003; Bianchi, 2003; entre outros). Mas não me parece preciso, para isso, comprar todo o indigesto pacote rortiano, ou qualquer outro de resultados similares.

[20] Mäki toca num interessante ponto com relação a essa questão e que demonstra, por outros meios, mais uma das contradições do projeto retórico de McCloskey. Depois

Com relação a esta última expressão, gostaria também de me defender de uma outra crítica que me faz Fernández com relação à tradução que fiz da afirmação de McCloskey. Segundo meu crítico, eu teria "exagerado" quando utilizei a expressão "totalmente inútil". Vejamos então no original. Diz McCloskey: "The very idea of Truth – with a capital T, something beyond what is merely persuasive to all concerned – is a fifth wheel, inoperative except that it occasionally comes loose and hits a bistander" (1985, p. 46-7). O próprio Fernández faz a seguinte (e ótima de meu ponto de vista) tradução: "A própria ideia de verdade – com V maiúsculo, algo além do que é meramente persuasivo para todos os envolvidos – é uma quinta roda não operativa exceto quando por acaso se solta e machuca algum circunstante" (1996, p. 151). Tentando dar conta dessa asserção de McCloskey de um modo mais sintético, não a citei por inteiro em meu artigo original e afirmei o seguinte: "para McCloskey, no entanto, a verdade é uma quinta roda, totalmente inútil". Não acredito que haja aí exagero. Se repararmos bem, tudo indica que, nesse caso, fui eu a indulgente. McCloskey não diz simplesmente que a verdade é uma quinta roda inoperante (inútil). Diz mais, diz que, quando ela, casualmente, entra em ação, seu efeito é antes negativo (ela machuca) do que neutro.

---

de colocar em termos precisos o que separa o pragmatismo de McCloskey daquele de Friedman, Mäki diz o seguinte: "Parece haver uma interessante incongruência ou tensão entre a forma como McCloskey e Klamer veem a natureza e as tarefas da ciência econômica de um lado, e a metateoria da ciência econômica de outro. Eles parecem estar (implicitamente) comprometidos com a seguinte proposição normativa: enquanto não é nem deve ser o objetivo dos economistas empenhar-se por descobrir verdades sobre a economia, deve ser o objetivo dos metateóricos perseguir a verdade sobre a ciência econômica" (1988, p. 97). Mais adiante Mäki completa: "eu acredito que eles queiram mudar alguma coisa na retórica metateórica dos economistas, *porque* eles a consideram, em algum sentido, *falsa*. De outra maneira seria difícil que sua campanha fizesse sentido. Não tivessem eles uma crença na verdade da metateoria retórica, não haveria nada que justificasse seu comprometimento com ela, porque ela não se mostraria como a metateoria mais persuasiva. Em questões metateóricas, pelo menos, a mera capacidade de persuasão não parece ser, afinal, suficiente" (1988a, p. 99, grifos do autor). E no artigo em que comenta as respostas de McCloskey a seus diversos críticos, entre os quais ele próprio, diz Mäki: "Parece haver um válido *tu quoque* contra um antirrealista retórico, mas também um outro contra um antirretórico realista. Portanto, este é meu ponto, retórica e realismo podem ser melhor combinados. A retórica humana pode consistentemente ser a favor da verdade e contra as falsificações a respeito da realidade objetivamente existente" (1988b, p. 168). Quanto à distinção entre o pragmatismo dos adeptos do projeto retórico e o de Friedman, Mäki coloca corretamente sua marca no caráter não epistêmico do segundo (1988a, p. 94-5).

Fernández alega que essa e outras expressões bombásticas são meras *boutades* de McCloskey que devem ser consideradas retoricamente e que, portanto, não deveriam causar problema. Diz ele:

> Qual é o problema então? Uma ou outra frase minimizando a importância da verdade, simbolizada pela citação da quinta roda. (...) acho que estas *boutades* de McCloskey (...) devem ser avaliadas retoricamente, pensando no público ao qual se dirigem, e dentro de um clima de *épater les bourgeois* (...). (1996, p. 153-4)

Em outras palavras, ele está nos dizendo que devemos considerar apenas o bom serviço prestado por McCloskey ao denunciar a metateoria da ciência econômica usual e louvar sua pregação em favor da ética na conversação dos economistas. O resto... bem, o resto é "mera retórica"! Não parece haver aí uma certa contradição de Fernández? Então a retórica não é para ser levada a sério?

Como afirmei anteriormente, Fernández acaba sendo muito indulgente com McCloskey para dar cabo da tarefa que se propôs. Neste último caso, por exemplo, não me parece possível minimizar tais *boutades*, pelo menos em função de sua filiação confessa ao pragmatismo rortiano. Mas faz McCloskey sempre isso, comanda sempre essa destruição de ilusões iluministas? Não! E é aí, repetindo, que está todo o problema. Fernández cita um trecho da entrevista de Arjo Klamer à *Methodus* (volume 3, número 1) em que ele afirma que McCloskey e ele ficam espantados com a incompreensão de que é vítima a abordagem retórica, "como se nós nos ocupássemos de linguística ou da linguagem; *como se fôssemos relativistas* e não nos preocupássemos com a verdade. Isso é bobagem" (apud Fernández, 1996, p. 152, grifos meus). Muito bem, mais uma vez, por meio da lamúria de Klamer, desponta o imbróglio mccloskeiano que tanto dificulta o trabalho de Fernández.

Outro exemplo dessas dificuldades e da indulgência com que Fernández trata o "projeto retórico" está na análise que ele faz das expressões de McCloskey quando afirma que "boa ciência é boa conversa" e que "ciência não é ciência, é uma coleção de formas literárias" (1985, p. 27 e 55). Fernández me critica por ter eu considerado anticientífico este amálgama que indiferencia ciência e literatura e , por isso, ter colocado McCloskey como alguém que é inimigo da ciência[21]. Segundo sua avaliação, pretender

---
[21] Para dizer a verdade, não acredito que tenha colocado as coisas dessa forma tão explícita. Em todo caso, foi mesmo essa uma das intenções de meu artigo original, mas não foi a primordial. O que eu pretendia de fato, e busquei fazê-lo por meio das tentativas de enquadrar McCloskey em algum paradigma e/ou corrente filosófico-epistemológica, era mostrar a incoerência e as contradições de seu discurso.

que uma frase do primeiro tipo "seja um exemplo de irracionalismo ou algo semelhante é pouco habermasiano. É concebível boa ciência que não seja boa conversa?", pergunta (1996, p. 156). Evidentemente não, e devo aqui concordar com meu crítico. Contudo, eu a construiria de uma outra forma, essa sim, parece-me, coerente com a postura de Habermas. Refeita nesses moldes, ela rezaria: "boa ciência é *também* boa conversa".

No que tange à segunda das expressões em questão ("ciência não é ciência, é uma coleção de formas literárias"), Fernández alega inicialmente que ela não pode ser avaliada à luz da lógica formal, dando a entender que, por esse equívoco, eu teria considerado que McCloskey some de cena com a ciência. Em outras palavras, eu estaria dizendo que se ciência é literatura como quer McCloskey, então, de acordo com sua visão, ciência não existe (se A não é A e sim B, então A não é, e, logo, não pode ser B nem coisa alguma, raciocina Fernández [1996, p. 156], imaginando estar reconstruindo meu pensamento). Penso que, efetivamente, considerada a afirmação de McCloskey, torna-se difícil escapar de tal conclusão, a menos que se julgue que o valor de verdade de proposições teóricas e de proposições expressivas é o mesmo (verdade e veracidade seriam então sinônimos). Mas já que é para utilizar a lógica, vejamos o que acontece com a proposição de McCloskey se utilizarmos, para interpretá-la, não a lógica formal, mas a leitura dialética que, como sabe meu amigo Fernández, me é mais cara. Retomemos a afirmação de McCloskey: "ciência não é ciência, é uma coleção de formas literárias". Quando se diz que ciência não é ciência, se diz de fato que ela *não é*. Porém, se falamos dela (sobre ela), ela de uma certa forma *é*, algumas de suas determinações existem (não se pode falar de algo cuja inexistência seja absoluta). Em linguagem dialética isso significa que a ciência está *pressuposta*, vale dizer, *ela é e não é*. Nesses casos, o que invariavelmente acontece é que o sujeito da proposição *passa* no predicado e só o predicado é *posto*. Então, o privilégio da existência efetiva fica aderido ao predicado e escapa do sujeito (no caso, fica com a literatura e não com a ciência). Como se percebe, tivesse eu utilizado não a lógica formal, mas um outro tipo de leitura para interpretrar sua proposição, o resultado seria o mesmo.

Para um dialético sério, porém, esta última conclusão seria adequadamente qualificada e implicaria dizer não simplesmente que a ciência não existe porque o que existe é literatura, mas dizer que a ciência existe e não existe, que ela está em sua pré-história, que está no seu processo de vir-a-ser sujeito e encontrar seus predicados adequados. E o que significam tais considerações para o caso específico da ciência econômica? Que, ontologicamente, as ideias e os conceitos que a constituem derivam sua relatividade não primordialmente de um conjunto de práticas e crenças como quer o pragmatismo de Rorty, nem do arsenal teórico-conceitual partilhado por um público especializado, como dá a entender McCloskey, mas da *posição* objetiva, concreta, de uma determinada formação social. É fácil perceber aonde se chega por essa trilha: na crítica da economia política, tal como Marx a inaugurou. Não se deve esquecer que, a despeito de suas objeções à economia política inglesa, Marx nunca deixou de dar-lhe o devido crédito, nem de diferenciá-la do que ele então chamava "economia vulgar" (essa sim, para ele, pura enrolação com objetivos claramente definidos). Entre outras coisas, Marx tentou mostrar que seus antecessores ingleses só puderam armar o arsenal teórico-conceitual que armaram e dar início, com isso, à ciência econômica, porque a realidade objetiva que os circundava já o tinha *posto* (ainda que a seu modo anárquico): a sociedade já se organizava primordialmente pela troca, já existia o trabalhador livre e ele já era assalariado etc. Então, só para concluir o raciocínio, no caso particular da ciência econômica, seu processo de posição, seu processo de vir-a-ser culminará com sua própria negação, esta sim absoluta. Se a ciência econômica nasceu com o capitalismo, que operou precisamente este processo de autonomização dos fenômenos relativos à existência material do homem *vis-à-vis* as demais esferas da sociedade que possibilitou seu (da ciência econômica) surgimento, é com ele que ela caminha e, com ele, ela se extinguirá, se um dia qualquer isso porventura ocorrer[22]. Terá então

---

[22] Robert Heilbroner, comentando a empreitada de McCloskey, não chega a discordar, de modo tão veemente, de seus pronunciamentos mas dirige suas considerações precisamente para esse ponto. Para ele é preciso deslocar o eixo das preocupações de McCloskey. Segundo sua visão, o principal problema com a ciência econômica não é de ordem puramente epistemológica, para o qual a análise retórica poderia constituir um paliativo. Seu principal problema é que ela é e será sempre "ideológica", o que, para ele, significa dizer que ela não consegue escapar dos estreitos limites impostos pela experiência econômica intramuros de uma determinada formação social: "A julgar pelo extraordinário interesse despertado por seu artigo no *Journal of Economic Literature* (...) McCloskey tocou num nervo exposto da profissão. Na verdade, se o principal problema da ciência econômica fosse sua continuada obediência a uma estéril e antiquada metodologia, ele venceria, e a *American Economic Review* voltaria a ser escrita numa prosa mais articulada, compreensível a não especialistas, tal como era há 30 anos. O problema é que esta não é a principal dificuldade com a ciência econômica, pelo menos da forma como eu vejo as coisas. Tampouco sua incapacidade de prever os movimentos da economia ou os efeitos das políticas governamentais constitui a questão fundamental. (...) para mim, o problema fundamental com a ciência econômica não é sua incapacidade de livrar-se de uma retórica danosa e obsoleta, mas sua incapacidade de reconhecer o caráter inescapavelmente ideológico de seu pensamento. Para colocar as coisas de outra forma, suponha que os economistas convencionais desenvolvam, da noite para o dia, a flexibilidade metodológica e as ferramentas literárias do próprio McCloskey: por acaso suas conversas a partir de

chegado a hora da posição do homem como sujeito da História, pois o capital que, até então, vinha ocupando esse lugar não mais existirá[23]. Mas deixemos de lado essa maquinaria dialética e nosso hipotético dialético sério. No caso de McCloskey, que seguramente não cabe em tal figurino, a conclusão da análise dialética de sua afirmação é que ela implica de fato o desaparecimento da ciência, seu dissolvimento na literatura. Mais uma vez, negação indeterminada neste último caso, negação determinada no caso anterior. Apontar, por exemplo, o caráter ideológico de muitas das proposições da ciência econômica é questionar seu valor de verdade, não confundi-la com literatura.

Vejamos, porém, que interpretação dá Fernández a essa polêmica afirmação de McCloskey ("ciência não é ciência, é uma coleção de formas literárias"): "Posso sugerir que simplesmente [McCloskey] está dizendo que qualquer maneira de fazer ciência tem de passar através de (i.e., utiliza neces-

---

então fariam algum sentido fora dos limites da própria experiência econômica? elas iluminariam nossa situação histórica, nossas possibilidades de evolução social? *The Rhetoric of Economics* não levanta tais questões; na realidade ela acaba por manifestar uma certa satisfação com o estado da ciência econômica tal como ela atualmente existe, desconsiderada a sombria retórica. D. McCloskey poderia, creio, encontrar muito mais sobre o que escrever se mudasse seu foco de atenção do estilo da ciência econômica para sua substância" (1988, p. 40-3). Para tornar mais clara a posição de Heilbroner e indicar em que ponto acredito haver uma convergência entre esta e a minha própria posição é preciso mostrar em que sentido utiliza ele aqui o termo ideologia: "Por ideologia eu não compreendo uma sabidamente viesada ou imprecisa descrição da forma de funcionamento da sociedade, ou uma tentativa de lograr a população com explicações que os economistas sabem no mais fundo de seus corações serem falsas. Eu entendo, ao contrário, um sério e sincero esforço de explicar a sociedade tal como os ideólogos eles mesmos a percebem (...) O que é 'ideológico' em tal esforço não é sua hipocrisia, mas sua ausência de perspectiva histórica, sua incapacidade de perceber que seus pronunciamentos constituem um sistema de crenças, condicionado, como todo sistema de crenças, pelas premissas sociais e políticas da ordem social" (1988, p. 40-1). Se entendo bem suas colocações, Heilbroner parece estar expressando aqui algo semelhante ao que eu coloquei em linguagem dialética: o vir-a-ser da ciência econômica será sua própria negação; por ora, ela é e não é. Só para completar essas considerações, cumpre notar que McCloskey não parece concordar com Heilbroner. De sua perspectiva, a retórica fornece também, contrariamente ao que assevera Heilbroner, um local para que os economistas vejam de fora seu próprio trabalho: "Um *approach* literário, humanístico, retórico sobre a ciência econômica provê o economista de um lugar para ficar, fora de seu próprio campo. Nós precisamos dele (...) como se demonstra por nossos frequentes apelos às fantasiosas regras da epistemologia ou do método científico" (1988a, p. 283).

[23] Para uma análise completa dessas questões na abordagem aqui definida, veja Fausto (1983), especialmente ensaio 1. Para uma compreensão mais clara das noções de posição e pressuposição bem como para sua relação com os tipos de juízo aí envolvidos veja, no mesmo livro, também os ensaios 3 e 4.

sariamente) formas literárias" (1996, p. 156). Convenhamos que é necessário uma boa vontade brutal para se fazer tal interpretação. Há, parece-me, uma imensa distância entre a afirmação original de McCloskey e a forma como Fernández a reescreve. Ele próprio concede, mais à frente e baseado em Mirowski, que os objetivos da ciência e da literatura não podem confundir-se (a primeira busca o crescimento do conhecimento, enquanto a segunda persegue essencialmente fins estéticos) e que, por isso, a utilização de metáforas nos dois campos também tem sentido diferente. Ora, mas se é assim, então estamos de acordo: ainda que a ciência necessariamente faça uso da retórica não pode se confundir com ela; logo, persiste a questão do valor de verdade das teorias, problema que obviamente não se coloca para as peças literárias.

Isto tudo me obriga a concluir que, com todos os méritos devidos ao esforço de Fernández, acredito que ele se propôs uma tarefa inglória: não é fácil dar coerência ao discurso de McCloskey[24]. Ou a leitura se torna um

---

[24] Um exemplo, que beira o pitoresco, das contradições em que se envolvem os adeptos da abordagem retórica, particularmente McCloskey e Klamer, seus dois maiores expoentes, revela-se no seguinte tipo de argumento utilizado para demonstrar a importância da retórica e, pois, das atividades de persuasão. Diz McCloskey: "A persuasão é a terceira parte da conversa econômica. Ela não é bem compreendida. Mas ela é surpreendentemente grande. Tome as categorias de emprego e faça uma suposição quanto à parcela de tempo que cada categoria gasta em persuasão (o cálculo pode ser melhorado com maiores detalhes factuais e econômicos; por exemplo, os trabalhadores podem ser ponderados pelo salário; o produto marginal da persuasão pode ser considerado em maiores detalhes; as categorias ocupacionais podem ser subdivididas: eu pretendo aqui apenas levantar essa questão científica, não decidi-la). O resultado dá 28,2 milhões de pessoas em 115 milhões de empregados, ou quase um quarto da força de trabalho dedicada à persuasão. Um quarto da renda nacional" (1994, p. 27). Num artigo posterior a esse, escrito com Klamer, McCloskey retorna à questão. O trabalho é citado por Fernández, que diz: "Segundo McCloskey e Klamer [num artigo na *American Economic Review*, 85(2), maio/95], as atividades persuasivas – desde todo o tempo de trabalho de juízes, de especialistas em relações públicas etc., passando por 75% do tempo de professores e vendedores até a quarta parte do tempo dos especialistas em ciências naturais, *inter alia* – vão abrangendo paulatinamente um espaço crescente nas ocupações da humanidade, na mesma medida em que se reduz aquele dedicado às atividades diretamente produtivas, passando o tempo empregado em persuasão de representar 23% do PNB norte-americano em 1983 para 25% em 1988 e 26% em 1993" (1996, p. 148). Deixando de lado a questão não pouco controversa sobre o efetivo significado de tais cifras, bem como sobre os critérios utilizados para se chegar às mesmas, cumpre notar que, se McCloskey e Klamer aplicassem a si mesmos a ironia com que tratam as "evidências empíricas" e as "questões científicas" em sua pregação contra a metodologia modernista, matariam seu próprio argumento. Se, porém, eles querem com isso persuadir os renitentes, enfrentarão com certeza um dos dois resultados seguintes: na melhor das hipóteses, os renitentes ignorarão tais informações visto que, crentes na verdade e não na persuasão, certamente não encaram como atividade persuasiva

tanto ingênua, como acontece quando ele coloca McCloskey simplesmente como alguém que defende a ética nos debates acadêmicos, ou quando alega que deveríamos (nós, os alheios ao *mainstream*) receber bem as colocações de McCloskey porque elas dão lugar ao pluralismo metodológico, ou faz com que ele caia em contradição, como ocorre quando ele, de uma certa forma, desqualifica as proposições bombásticas de McCloskey como mera retórica e que, enquanto tal, não deveriam ter sido levadas tão a sério.

A análise das críticas de Fernández, que, contrariamente à minha posição, considera progressista a pregação de McCloskey sobre a retórica na ciência econômica, permite mostrar com mais clareza a natureza de minhas restrições. Efetivamente, meu incômodo com sua postura era (e é) muito bem localizado: a despreocupada leviandade com que McCloskey proclama suas convicções implicam não uma crítica da ciência econômica que a desvende como ideologia ou, pior, como mero discurso "técnico" sobre as necessidades do capital, que é o rumo que ela hoje toma a passos largos[25], mas uma política de arrasa-quarteirão, que não deixa pedra sobre pedra, política enfim que, tomada ao pé da

---

boa parte daquilo que McCloskey e Klamer assim veem, particularmente o trabalho de professores e especialistas em ciências naturais; nesse caso o argumento será inócuo; na pior das hipóteses, os renitentes mostrarão aos nossos dois pregadores que as separações que recusam como antiguidade modernista entre fato e valor, entre verdade e opinião, entre coisas e palavras etc., retorna aqui com força total, pois só assim seu argumento faz sentido; dito de outra forma, os renitentes estarão nesse caso mostrando a McCloskey e Klamer a contradição em que eles se envolveram.

[25] Se assim fosse, sua análise obrigaria McCloskey, no mínimo, a repensar sua posição enquanto economista com filiação ao paradigma neoclássico, coisa que McCloskey não fez. O próprio Fernández, aliás, também sublinha este ponto: "Estas considerações tornam-se especialmente interessantes considerando o perfil muito particular de McCloskey, economista tão completamente ortodoxo em questões teóricas quanto heterodoxo em questões metateóricas ou metodológicas" (1996, p. 143). Também nesse sentido, não é demais lembrar uma afirmação de Philip Mirowski: "Acredito que McCloskey tenha compreendido que a teoria social implícita na retórica clássica é diametralmente oposta à existência atemporal do *homo economicus* neoclássico e que, portanto, uma análise retórica plena será sempre congenitamente crítica à teoria econômica neoclássica" (1988, p. 123). Concordamos inteiramente com Mirowski quanto à incompatibilidade entre uma análise retórica consequente e a permanência incólume do homem econômico neoclássico. Contudo, cumpre perguntar novamente por que então, no que concerne a questões teóricas, McCloskey continua economista de filiação ortodoxa. Nossa conclusão é, nesse sentido, distinta da de Mirowski: McCloskey parece não ter se dado conta dessa incompatibilidade ou, alternativamente, sua retórica é inconsequente. Tudo isso está relacionado ao imbróglio categorial no qual McCloskey se envolve, utilizando o termo retórica em múltiplos sentidos.

letra, nos obrigaria a todos (não apenas os economistas mas todos os cientistas) a mudar de profissão.

Filosoficamente falando, trata-se, como tantas outras, ainda que por demais confusa e inconsequente, de uma tentativa de fazer uma crítica radical da Modernidade e de sua razão centrada no sujeito de onde provém, como se sabe, o privilégio que se concede à ciência como tribunal da verdade. Tal postura, porém, não é nova, nem original. Para retroceder só um pouco, é um resultado desse tipo, involuntário ou não, que Marx, em meados do século XIX, vai criticar em seus antigos companheiros da esquerda hegeliana nas páginas da *Ideologia alemã*. Como mostra Arantes (1996c, p. 363-70), a glosa que faz Max Stirner dos supostos princípios da Revolução Francesa implica, porque considera as formações ideológicas como mera fraseologia (entusiasmo investido em ideias sem substância), uma *negação indeterminada* dos ideais civilizatórios. Direito, Razão, Liberdade seriam apenas palavras cuja nulidade deveria ser demonstrada. Além desse acento superlativo que as ideias aí ganham[26], a prosaica e atrasada realidade alemã acaba produzindo um descompasso entre a "séria" profundidade da questão transcendental de que se ocupam esses hegelianos e o estilo raso e "calculista" do discurso que produzem. Não é mero acaso, portanto, que ele acabe desaguando na (burguesa) ideologia do consumo, provocando a ira de Marx. Por isso ele trata, em primeiro lugar, de recolocar as ideias em seu contexto de origem para retirar da crítica o viés que lhe era imposto graças ao atraso de então na formação social alemã. Pode então mostrar as formações ideológicas não como mera fraseologia (estatuto que adquirem precisamente porque transplantadas a um contexto inadequado), mas mostrá-las em sua relatividade, em sua impropriedade real, mas não absoluta. Ao contrário da crítica de Stirner (e também de Feuerbach), a marxiana caminha no sentido de uma *negação determinada*.

A crítica de Marx a Stirner é da mesma família da crítica de Bento Prado Jr. a McCloskey anteriormente mencionada e que subscrevo: o incômodo com essa espécie de negação indeterminada com que McCloskey embrulha sua, de outra forma absolutamente saudável, peroração pela ética no discurso econômico, bem como sua, de resto

---

[26] Dada sua incongruência quase completa com a realidade na qual elas estavam sendo inseridas, essas ideias, permanecendo enquanto puras ideias, tornavam-se por isso mais fortes, de modo que a crença nelas parecia aos olhos da esquerda hegeliana uma espécie de "fanatismo", do qual o homem tinha de se livrar (mais uma vez resumo, sem a riqueza do original, o argumento de Arantes, 1996c).

absolutamente necessária, crítica aos fundamentos metodológicos que os economistas, regra geral, postulam sem obedecer.

Isto posto, cumpre-nos especular acerca da posição de McCloskey no mapa de personagens do mundo das ideias, que Hegel involuntariamente acabou por desenhar. Pensando nesses termos, talvez não exageremos se dissermos que McCloskey cansou de ser simples especialista, que se contenta com, equaçõezinhas e modelinhos, e cansou de ser também, junto com isso, uma simplória criatura "de convicção", de espírito raso e sem fôlego. Graças ao empurrão dado pelos novos ventos que sopravam no plano ideológico – cujo solo material e social sumariamos no capítulo 5 –, decidiu-se então firmemente a protagonizar a "experiência intelectual do dilaceramento", de que nos fala Hegel, segundo a análise de Kojève. Nesse sentido, McCloskey figura como intelectual exemplar, ou como um exemplar de intelectual. Não só suas ideias vagueiam incessantemente de um polo a outro, pondo em movimento de forma modelar o "sistema de báscula", que, para Hegel, é característico desse tipo de pensamento (Arantes, 1996b). Como pensamos ter demonstrado, a agitação mental de seus textos permite vislumbrar, a um só tempo, a possibilidade e a impossibilidade de sua filiação a várias das correntes metateóricas, cuja aplicação/adoção faz sentido na ciência econômica. Tudo converge então, em seus textos, para uma espécie de dialética superlativa, porque esse pensamento que ziguezagueia tem por conteúdo não as ideias elas mesmas (McCloskey não deixou a ortodoxia no plano teórico), mas as ideias sobre as ideias. Hegel certamente não pensou nisso. Se tivesse pensado, talvez tivesse criado uma outra patente em sua galeria: o intelectual ao quadrado.

A era neoliberal e o surgimento da discussão sobre a retórica da economia

Cumprido o calvário da análise das posições de McCloskey, constatado seu pós-modernismo atrapalhado e incoerente, uma pergunta resta no ar: por que essa discussão veio parar na ciência econômica? Arida (1996, 2003) tem uma resposta. Para ele, existiriam dois modelos de "deslocamento" das ciências humanas em direção à retórica e à hermenêutica. O primeiro corresponderia às transformações experimentadas pela dogmática jurídica: em função de exigências próprias à sua práxis específica e depois do colapso da hegemonia positivista, a dogmática jurídica, seguindo os ensinamentos de Peralman, teria se inclinado à retórica. "Com efeito", diz Arida, "a práxis jurídica consiste em interpretar com plausibilidade, ou interpretar de acordo com os benefícios da boa retórica um código de leis em que se explora ao limite a ambiguidade latente de sentido" (1996, p. 11). O outro modelo seria o experimentado pela teoria literária e pela psicanálise. Nesses casos, segundo Arida, o deslocamento em direção à retórica não se deu por exigências próprias do objeto, mas pela simples aplicação a esses campos, e em função de um contato interdisciplinar, da estratégia de desconstrução de Derrida. O caso da ciência econômica, segundo Arida, se assemelha mais ao primeiro modelo. Para ele, o colapso da metodologia falseacionista teria determinado, na ciência econômica, o deslocamento em direção à retórica, vale dizer, ele teria sido causado "por exigências internas ditadas por seu próprio objeto" (ibidem, p. 12) e não teria, assim, o caráter derivado que apresenta, por exemplo, na psicanálise.

Minha posição é inversa. Em primeiro lugar, não acredito que tenha existido um "colapso" da metodologia falseacionista e, menos ainda, que os economistas tenham dele se convencido. É interessante notar que Arida, que atribui o deslocamento da economia em direção à retórica ao colapso do falseacionismo, utiliza, para a demonstração dessa proposição, precisamente o instrumento falseacionista: é com as evidências empíricas existentes na própria história do pensamento econômico que ele argumenta. Diz Arida: "nenhuma controvérsia importante na teoria econômica foi resolvida através do teste ou da mensuração empírica" (ibidem, p. 35), ou seja, seu argumento é que nenhuma evidência existe que possa falsear sua hipótese. Mas, ainda que tal colapso tivesse existido e que Arida tivesse razão nesse ponto, o argumento fundamental que me faz rejeitar sua suposição não é esse. É que, na práxis jurídica, de fato, importa menos a verdade do que a persuasão: se o réu é culpado, mas o advogado consegue, a partir do próprio código de leis, persuadir o júri de que ele é inocente, então seu discurso foi eficiente e atingiu os objetivos a que se propunha. Nesse sentido, o deslocamento em direção à retórica teria seguido apenas a lógica do próprio objeto.

Mas não é esse o caso da ciência. A ciência pretende conhecer e, por isso, a pretensão de validade de seu discurso não pode ser outra que não a verdade. O que faz com que dois cientistas com posturas distintas sobre uma dada questão aceitem dialogar é o pressuposto implícito e comumente partilhado de que ambos buscam a verdade. Assim, inclino-me mais, no caso da ciência econômica, para o segundo modelo. As frases bombásticas de McCloskey parecem me dar razão. Se estou correta, McCloskey, que iniciou toda essa discussão, teria sido simplesmente uma "vítima" da vaga pós-moderna, que ganha considerável impulso a partir de meados dos anos 1970 com o auxílio dos desconstrucionistas e dos relativistas.

Mas minha posição é reforçada também pela participação do próprio Arida nessa discussão. O trabalho de Arida tem uma primeira versão, que circula como texto para discussão interna da PUC-RJ, justamente em 1983, mesmo ano da publicação do artigo original de McCloskey. Uma versão revisada e ampliada do texto original foi apresentada em seminário, na mesma universidade, em 1984. A versão de 1984 foi finalmente publicada, pela primeira vez, em 1991, numa coletânea de artigos sob o título *Revisão da crise: metodologia e retórica na história do pensamento econômico* e pela segunda vez em 1996, na coletânea *Retórica na economia*, organizada por José Márcio Rego. Em 2003, com a publicação de uma segunda leva de artigos sobre o tema, organizada pelo mesmo Rego, dessa vez em parceria com Paulo Gala, Arida procedeu a uma revisão da versão de 1984, tentando preservar, segundo ele, substantivamente, o texto inicial. Não tive acesso à primeiríssima versão do *paper*, mas, segundo fontes fidedignas, Arida não menciona nela McCloskey, o que indica que não conhecia seu artigo. Impõe-se, portanto, a conclusão que, tanto Arida quanto McCloskey, ainda que com objetivos diferentes, escrevem no mesmo ano de 1983, textos que vêm a se tornar clássicos sobre o tema "Economia e retórica". Isso parece mostrar que, empurrada pelos modismos filosóficos do fim do século, essa discussão estava no ar, de modo que não teria sido guiado por nenhuma exigência interna de seu objeto o "deslocamento" para o qual Arida busca explicação. A esse tipo de observação, Arida responde que:

> a comunidade de economistas, habituada que está a ignorar outras disciplinas sociais, não se sentiria persuadida a esposar esse deslocamento teórico por mero efeito-demonstração; se o adota, o faz por exigências internas ditadas por seu próprio objeto. (1996, p. 12)

Nada a objetar quanto à observação sobre o "autismo" tão característico dos economistas. Contudo, enquanto argumento para justificar a posição de Arida ele parece muito frágil. Talvez o problema todo esteja naquilo que ele chama de "deslocamento".

Apesar de começar a versão de 1984 dizendo que "os estudos sobre retórica, entendida no sentido aristotélico como a arte de convencer e persuadir, estão na moda nas ciências sociais" (ibidem, p. 11)[27], Arida não

---

[27] Observação que não deixa de reforçar minha posição.

deixa muito claro, nem nessa versão, nem naquela que ele reescreve quase vinte anos depois, o que ele quer exatamente dizer com o "deslocamento" da ciência econômica em direção à retórica e à hermenêutica. Lendo e relendo as duas versões oficiais de seu clássico artigo, a única coisa que fica evidente é a nítida preocupação do próprio Arida com essa temática, particularmente com a questão da resolução das controvérsias na ciência econômica. Também no caso dele, portanto, a despeito de seu objetivo ser menos confuso que o de McCloskey – mostrar que o racionalismo crítico de Popper não pode ser invocado para contar a história dessa ciência, visto que a maior parte de suas controvérsias não tem sido resolvida pelo método falseacionista – não é ilegítimo concluir que sua preocupação foi expressão de uma vaga "pós-moderna", que pairava no ambiente acadêmico brasileiro, soprada de além-mar. No apêndice a este capítulo, veremos, para além de Arida, que consequências interessantes veio a ter a implantação, nestas paragens terceiro-mundistas, do "projeto retórico" de McCloskey e Klamer. Por ora, retomemos a reflexão sobre o solo social desta inusitada profusão de debates metateóricos no âmbito da ciência econômica.

Como adiantamos no capítulo 4, há uma espécie de coincidência temporal entre a aplicação efetiva dos princípios pregados pelo duro liberalismo "fundado" por Hayek no fim da Segunda Guerra e a eclosão da polêmica sobre a retórica na ciência econômica. É entre meados dos anos 1970 e o início dos anos 1980 que tudo acontece. Como também se mostrou ali, a partir de então, por conta do predomínio do receituário neoliberal, a própria ideia de uma "ciência econômica" começa a não fazer sentido. A noção tipicamente conservadora, austríaca e hayekiana das virtudes inatas dos sistemas construídos por geração espontânea impregna, mais do que se possa imaginar, o ideário liberal contemporâneo. Com esse tipo de visão não adianta contra-argumentar com as iniquidades e mazelas que um sistema completamente desregulado inevitavelmente produz: ele é considerado sempre o melhor que se poderia atingir, preservada a sagrada autonomia dos indivíduos. E como os interesses afinados com esse ideário, interesses que marxistas-braudelianos e pós-keynesianos rotulam de "altas finanças", tomaram a dianteira na competição surda que travam desde que o capitalismo é capitalismo com outras formas de acumulação, a exigência universal que se passa a ouvir por toda parte e que ganha contornos de uma objetividade natural que Marx não chegou a conhecer nem em seus piores pesadelos é uma só: mercado, mercado, mercado...[28] Sendo assim,

---
[28] Sobre isso afirma Hobsbawm: "Era, portanto, provável que a moda da liberalização econômica e 'marketização', que dominara a década de 1980 e atingira o pico de

a ciência torna-se um adereço dispensável (e, na maior parte das vezes, problemático).

Bem feitas as contas, a relação entre neoliberalismo prático e economia teórica é de incompatibilidade. O paradigma que deveria servir-lhe de sustentação teórica acaba por se contradizer, como bem mostra Hayek. Quanto aos demais, ou lhe são absolutamente estranhos, ou lhe ameaçam. Logo, não há por que procurar sarna para se coçar. O simulacro de teoria macroeconômica apresentada pelos "novos clássicos", mais o serviço prestado pelos assim chamados "novos keynesianos" somam o suficiente para produzir as coordenadas técnicas e os modelos (como os de *target inflation*) segundo os quais devem operar os gestores das finanças públicas e das políticas monetária e cambial na pilotagem de juros, câmbio e superávits. A política econômica entendida em seu sentido mais amplo não tem mais lugar. A administração desses preços é feita, portanto, por essa sorte de *Business Administration* que se instala no Estado e que tem por únicos objetivos preservar a estabilidade monetária custe o que custar e garantir o "respeito aos contratos". Os organismos multilaterais como o FMI e o Banco Mundial ficam encarregados de alcançar esses mesmos objetivos em termos planetários.

É bem verdade que esse movimento tem feições relativamente diferentes no "centro" e na "periferia", se ainda estamos autorizados a utilizar o jargão dos tempos do desenvolvimentismo. Se é idêntica a prevenção contra tudo que tenha qualquer parentesco com o Estado e a louvação de tudo que favoreça o mercado e a "livre iniciativa", a regra da abertura comercial irrestrita, por exemplo, vale mais para a perifeiria do que para o centro. Da mesma maneira, contrariamente à pobre América Latina, vergastada sob a exigência de descomunais superávits primários, os EUA podem se dar ao luxo de fazer um

---

complacência ideológica após o colapso do sistema soviético, não durasse muito. A combinação da crise mundial do início da década de 1990 com o espetacular fracasso dessas políticas quando aplicadas como 'terapias de choque' nos países ex-socialistas já causava reconsiderações entre alguns entusiastas (...) Contudo, dois grandes obstáculos se erguiam no caminho de um retorno ao realismo. O primeiro era a ausência de uma ameaça política digna de crédito ao sistema, como antes tinham parecido ser o comunismo e a existência da URSS, ou – de uma maneira diferente – a conquista nazista da Alemanha. Estes (...) proporcionaram o incentivo para que o capitalismo se reformasse. (...) *O segundo obstáculo era o próprio processo de globalização*, reforçado pela desmontagem de mecanismos nacionais para proteger as vítimas da livre economia global dos custos sociais daquilo que se descrevia orgulhosamente [num editorial do *Financial Times* de 1993] como 'o sistema de criação de riqueza hoje encarado em toda parte como o mais efetivo que a humanidade já criou'" (1995, p. 552, grifos meus).

déficit do tamanho do PIB brasileiro (foi o que aconteceu em 2003). Finalmente, para falar só nas diferenças mais gritantes, o desmonte da rede de proteção social construída ao longo dos trinta anos dourados no centro, particularmente na Europa, não foi tão grande, nem teve tantos efeitos deletérios quanto a desconstrução, na América Latina, de um Estado do bem-estar social que mal começava a ser erguido. Mas em qualquer caso trata-se de diferenças de prescrição e de condução prática das políticas de recondução do mercado ao lugar principal que lhe havia sido usurpado.

Assim, o que importa assinalar é que o caráter puramente prescritivo do ideário neoliberal e sua difícil vinculação a um corpo teórico que lhe garanta o suporte científico difere muito da relação estreita que havia, na fase anterior, entre as políticas de regulação de demanda e/ou as práticas desenvolvimentistas, de um lado, e a teoria keynesiana, de outro. No caso da periferia latino-americana, as ideias cepalinas, particularmente a deterioração dos termos de troca que Prebisch demonstrara, vieram fornecer o complemento necessário para conferir ao Estado o papel de destaque que aí teve entre o pós-guerra e a chamada crise das dívidas.

Como avaliar então as ideias de McCloskey, considerado o cenário político, social e econômico do que chamamos aqui "era neoliberal"? Se é verdade que há nelas uma enorme indefinição e um grande embaralhamento de posições metateóricas, não é menos verdadeira sua cara pós-moderna. Encontra-se aí não só o amálgama entre ciência e literatura típico do desconstrucionismo, quanto a verdade relativa de todas as crenças típica do pragmatismo. Para completar a receita, a frequente exortação da *Sprachethik* do neoiluminismo germânico como providência absolutamente necessária para aprimorar mais essa "conversação da humanidade". Assim, se erra na condução do tema, pois não se sabe muito bem como definir sua exortação em defesa da retórica na ciência econômica, McCloskey acerta sem querer na tradução involuntária que acaba por fazer do estado atual da relação entre ciência positiva e normativa. Em outras palavras, dada a sem-cerimônia com que os valores do mercado são não só apregoados como caninamente defendidos, torna-se desnecessário, para a sua sorte e para a sorte dos interesses a ele atrelados, qualquer verniz científico que atue como disfarce para se tomar uma pela outra. Além do mais, se isso fosse necessário, provavelmente o neoliberalismo como prática não teria o "sucesso" que vem experimentando há quase três décadas, já que, como demonstrou Hayek, o paradigma que deveria servir-lhe de sustentação científica presta exatamente o serviço contrário.

Eis então que a comunidade acadêmica dos economistas pode ficar posta em seu sossego, travando seus debates e disputando suas ideias, usando o método falseacionista ou (sic) o método retórico, estapeando-se ou praticando a *Sprachethik*. Nada do que acontece nessa cidadela tem qualquer importância que seja para o andamento corrente da vida material do planeta. Acerta McCloskey, portanto, quando identifica a ciência econômica a uma falação, a uma grande conversa, que só interessa a quem dela participa, pois nenhum vínculo tem com o que ocorre extra-muros. McCloskey torce para que essa conversação seja mais educada, humana e para que os economistas sejam mais modestos. Mas não tem nenhuma expectativa quanto aos mundos que seriam construídos caso as ideias dos economistas fossem transformadas em receitas práticas. Atirando no que viu, ou no que sentiu (leia-se, a vaga pós-moderna que tomou de assalto as humanidades a partir dos 1970), McCloskey acertou no que não viu. Acabou por, involuntariamente, traduzir a situação concreta hoje experimentada em que o comando das economias nacionais, com raras exceções, depende muito mais das burocracias dos bancos centrais e tesouros nacionais e da aplicação de não mais que meia dúzia de regras, do que de um suposto menu de políticas econômicas que produziria resultados distintos a cada mudança de governo promovida pelo processo democrático.

Esse deslocamento da *Economics* pela *Business Administration*, que ganha uma contraparte estatal, é responsável, junto com a completa naturalização dos fenômenos econômicos, pela situação aparentemente paradoxal de que sejam hoje economistas os profissionais mais procurados pela mídia para emitir suas opiniões sobre o andamento e as perspectivas da vida material da sociedade. Se o que ocorre no mundo acadêmico não tem rigorosamente nenhuma consequência para o dia a dia da vida econômica, como se explica isso? A resposta não é difícil de adivinhar. Os supostos economistas atuam aí sempre como "técnicos". Não diferem em nada dos meteorologistas a quem se pergunta sobre o tempo amanhã ou na semana que vem. Mas a ciência não tem nada que ver com isso. Ela tem muito menos importância do que a meteorologia, que, bem ou mal, ainda que eles errem muito, sustenta as opiniões dos meteorologistas.

Assim, o mundo da ciência econômica pode ser deixado a si mesmo com sua hermenêutica e seus cacoetes. Os efeitos da pregação de McCloskey indicam que temos também aí uma manifestação inequívoca dessa situação. A despeito da acolhida extremamente favorável que teve por parte dos economistas alheios ao *mainstream*, o trabalho de McCloskey não teve rigorosamente nenhuma consequência para o andamento do ofício acadêmico dos economistas, a não ser, como já assinalamos, a criação de mais um nicho especializado de discussão. Os polêmicos debates que gerou não afetaram em nada, nem a forma de se fazer essa ciência na academia, nem sua relação com o mundo externo. Sendo assim, não faz de fato muita diferença entender-se a "produtividade marginal do trabalho", para retomar o exemplo de McCloskey, como uma variável científica que faz parte de um determinado paradigma ou como uma esperta metáfora do discurso neoclássico[29].

---

[29] Duayer escreve um artigo/conto muito interessante em que, no final, fala com criativa ironia da discussão sobre a retórica na economia. Um professor de economia está prestes a entrar no Céu. Vai com a consciência tranquila e confiante de ter lá seu lugar, já que, "jamais em sua atividade profissional envolvera-se com valores ou discutira fins, mas cuidara tão somente de ensinar assalariadamente os meios mais eficientes para a consecução de fins exteriormente postos" (1998, p. 144). Abruptamente é interrompido por um anjo que lhe mostra estar no caminho errado, sendo o seu o do Inferno. "Entre perplexo e indignado, o cândido professor protestou de tal veredicto, subentendendo, em seu sincero espanto, grave equívoco na sublime ordenação que lhe coubera, pois considerava tremenda injustiça ter de assumir os ônus de eventuais malefícios causados por valores subjacentes à ciência que difundira com raro e profissional zelo (...)" (p. 145). Depois de algumas peripécias que não impedem o personagem de ter de se atirar no fogaréu, Duayer conclui: "assim enleados em definitiva e estonteante indeterminação, o professor, o narrador e o leitor podemos todos, menos o anjo, é claro, buscar guarida na retórica, refúgio tranquilo, porto seguro, da vertigem provocada pela recente descoberta da textualidade do mundo. Na ausência de chão para ancoragem, paz e sossego somente no seio do consenso, da opinião relevante. Pois, se não há salvação, já que não se pode saber o certo e o errado, o bem e o mal, é mais seguro pecar em gurpo. Não qualquer grupo, mas o grupo dos especialistas e de suas instituições, o grupo da *ciência normal*. Na pior das hipóteses, calhando haver triagem celeste, a companhia no Inferno está garantida" (p. 159).

Apêndice
RETÓRICA: O CAPÍTULO BRASILEIRO

A despeito da extrema polêmica que gerou, o assim chamado "projeto retórico" resultante das investidas metodológicas de McCloskey, não abalou a forma de os economistas fazerem ciência, nem sua relação com a realidade econômica em si mesma. Contudo, não foram nulos seus desdobramentos "objetivos", ganhando tal projeto duas feições distintas: por um lado, como já assinalamos, criou-se mais um nicho especializado de pesquisa, de modo que passaram a surgir em profusão as chamadas "análises retóricas" dos discursos produzidos pelos economistas (de ontem e de hoje e das mais variadas correntes teóricas); por outro, partindo da firme convicção de que a retórica tem extrema importância nesse discurso, chegando a substituir a própria ciência, seus adeptos dispuseram-se a realizar uma série de entrevistas com os economistas, certos de que elas poderiam revelar mais mistérios sobre a vida intestina desse discurso do que poderia fazê-lo a vã investigação acadêmica dos livros e *papers*.

O primeiro produto desta última empreitada foi o livro organizado por Arjo Klamer *Conversations with Economists*. Klamer dirigiu as conversas de modo a expor o tumultuado ambiente da ciência econômica, particularmente depois do advento das "expectativas racionais" e da consequente ascensão dos chamados "novos clássicos". Coerente com a ideia da natureza retórica dessa ciência, Klamer buscou mostrar, por meio da investigação "conversativa" desse episódio, a insustentabilidade da pretensão de objetividade da economia, em contraste com seu enorme apetite persuasivo. A conclusão a que chega é que "as entrevistas confirmam essa visão de ciência econômica em termos de comunicação". Na ausência de padrões uniformes e testes empíricos claros, os economistas, continua Klamer, "são forçados a confiar no seu julgamento, e argumentam de forma a tornar seu argumento persuasivo. Este processo deixa um espaço para elementos não racionais, tais como estilo e envolvimento pessoais e disciplina social. Eu afirmo que as entrevistas evidenciam esta visão da discussão de problemas econômicos (...)" (1988, p. 245-6).

Essas conclusões indicavam o acerto da decisão de ir buscar na viva voz dos expoentes de cada corrente de pensamento as artimanhas retóricas que servem de escudo ao "debate científico". Os discípulos brasileiros desse projeto, apostadores de primeira hora em suas perspectivas, fizeram o mesmo por aqui. Assim, com o professor José Márcio Rego à frente, surgiu, em 1996, publicado pela Editora 34, o livro *Conversas com economistas brasileiros*. No entanto, a especificidade do contexto brasileiro acabou por alterar tanto a forma quanto o resultado do projeto. Os próprios idealizadores, de uma certa maneira, admitem isso:

> As divergências entre os economistas brasileiros guardam diferenças em relação às apresentadas por Klamer (...) Apesar de partirmos de uma mesma metodologia, nossas preocupações são essencialmente diversas. As condições históricas e políticas brasileiras geraram uma classe de economistas profissionalmente diferenciados. (Rego et al., 1996, p. 10)

Essas declarações indicam que, desde o início, os organizadores do trabalho pressentiram as dificuldades de reproduzir aqui a experiência dos colegas americanos. Dado o poder efetivo que os economistas detiveram e detêm em nosso país[1], torna-se muito difícil reduzir suas divergências às querelas teórico-metodológicas, confinando-as ao suposto mundo puramente "conversativo" da academia. Não por acaso, o livro brasileiro foi organizado, não como o de Klamer, pelas correntes de pensamento, mas pelas gerações dos economistas entrevistados. Sendo assim, o que resultou do projeto foi menos a revelação dos mistérios da arte persuasiva dos economistas, encobertos na assepsia dos textos acadêmicos, do que parte significativa da história recente do país. Malgrado a intenção inicial, o resultado da versão brasileira da empreitada retórica mostrou-se, por isso, muito mais interessante do que o da matriz americana.

Assim, por exemplo, acompanhamos, trinta anos depois, a avaliação que faz, sobre o Paeg, um de seus mais influentes mentores, Roberto Campos. Não deixa de ser curiosa sua tentativa de justificar a contraditória situação em que ele, um liberal convicto, então se colocou, ao idealizar um amplo programa de planejamento a longo prazo, com profunda intervenção do Estado na economia. "Foi pura ingenuidade", afirma Campos, "imaginar que o Governo tivesse a capacidade de substituir o empresariado e o mercado e planejar a longo prazo" (Campos apud Rego et al., 1996, p. 46-7). O Paeg, no entanto, foi implementado e acabou por determinar a conformação futura da realidade econômica brasileira. Da mesma maneira, está presente no livro parte da história anterior do desenvolvimento econômico brasileiro, particularmente a influência decisiva das teses cepalinas (veja-se os depoimentos de Celso Furtado e Maria da Conceição Tavares), e, praticamente em sua íntegra,

---

[1] Veja a esse respeito o trabalho da profa. Maria Rita Loureiro *Os economistas no governo*, Rio de Janeiro, Editora da Fundação Getúlio Vargas, 1997.

o conturbado período que se seguiu ao "milagre", quando o problema inflacionário avultou em importância e determinou, por quase duas décadas, a feição do debate econômico no Brasil.

Neste último caso, talvez mais do que nos anteriores, o cotejo entre ideias e realidade, bem como a interação mútua de ambas as esferas, tornou-se extremamente visível. A discussão sobre a natureza inercial da inflação brasileira e sobre a necessidade de programas não ortodoxos para combatê-la ganhou a mídia e foi se intrometendo decisivamente no cotidiano de todos os brasileiros, já que as "ideias" dos economistas, mais do que adeptos, foram ganhando carne e osso, objetivando-se em sucessivos planos de estabilização. Estes últimos, por seu lado, iam encontrando pela frente, a cada vez, uma realidade diferente, precisamente por conta da concretização de ideias econômicas anteriores. Detenhamo-nos por um momento nesse processo.

Independentemente do mérito em si das tentativas de estabilização, particularmente para um país como o Brasil, que convivia com altas taxas de inflação desde a metade dos anos 1970, o fato é que a estabilidade monetária era, já em meados dos 1980, condição *sine qua non* para colocar os países periféricos na rota dos capitais ciganos, que circulam pelo globo em busca de valorização financeira. Com taxas de inflação "não civilizadas", como as detidas então pelo Brasil, não havia o mínimo de segurança necessário para essas operações. Não por acaso, é a partir do fim da mesma década de 1980 que se intensificam as pressões para que os países então denominados "emergentes" desregulamentem seu mercado de capitais, internacionalizem a emissão de papéis públicos e securitizem suas dívidas[2]. Por isso, nessa época, no Brasil, principalmente considerando-se a especificidade de nossa realidade inflacionária, os economistas acadêmicos eram instados a encontrar soluções "não convencionais" para o problema, dada a evidente incapacidade de a receita monetarista lidar com ele. Assim, se em outros países da América Latina o problema das altas taxas de inflação desandou logo em hiperinflação e foi resolvido, regra geral, com programas do tipo *currency board*, no Brasil, as altas inflações persistiam, sem se transformar em processos hiperinflacionários. A natureza muito particular de nosso processo de indexação é que produzia essa situação, requerendo, portanto, um outro remédio. Não por acaso, portanto, é aqui, no Brasil, e não em qualquer outro país da América Latina, que surge a teoria da inflação inercial (Paulani, 1997). Dadas

---

[2] Veja a esse respeito Chesnais (1998, p. 29-31)

algumas diferenças entre os economistas que abraçaram as teses inercialistas, não havia uma, mas duas receitas delas derivadas: o choque heterodoxo e a moeda indexada (Bier et al., 1987). Uma versão um pouco diferenciada da segunda dessas receitas, aliada a uma posição cambial muito mais confortável do que a existente em 1986 – ano da aplicação do primeiro plano de estabilização –, é que vai finalmente lograr a estabilidade em 1994 (Plano Real).

Essa recapitulação sumária do episódio "alta inflação–inflação inercial–planos heterodoxos" teve o propósito de mostrar que, nas circunstâncias do Brasil de meados dos 1980, a relação dos economistas entre si e deles com a realidade concreta do país podia ser qualquer coisa, menos uma "conversação" inconsequente, para deleite apenas daqueles nela envolvidos, os quais estariam pleiteando o Oscar da persuasão. Muito ao contrário, a disputa era real e concreta e continuou real e concreta, com as diversas visões, inclusive as ortodoxas, sucedendo-se no comando da política econômica do país até o alcance da estabilidade em 1994. Pois bem, toda essa história está inequivocamente presente no livro organizado por Rego e seus companheiros. Em particular, são extremamente reveladores desse complexo movimento de interação entre ideias e realidade os depoimentos de André Lara Resende e Pérsio Arida.

Isto posto, a conclusão é que, a despeito da pretensão inicial de seus idealizadores, essa primeira experiência de ouvir os economistas brasileiros constituiu uma contraprova poderosa da fragilidade do projeto retórico inaugurado por McCloskey e Klamer. Se é verdade que, numa economia de mercado, a realidade econômica é provida de uma objetividade que se tece às costas dos agentes e que conforma a matéria-prima a partir da qual os economistas produzem seus conceitos e modelos abstratos, não é menos verdade que há aí também um amplo espaço para inverter a mão de direção e caminhar das ideias para sua objetivação. Se parece não haver parâmetros, como alegam os defensores do projeto retórico, para avaliar o valor de verdade das proposições teóricas, a partir do momento em que as ideias se objetivam e passam a conformar essa mesma realidade, não há mais como confinar as divergências ao limitado mundo da pragmática. Sua dimensão semântica impõe-se inseparavelmente, pouco importando, no caso concreto aqui comentado, que essas "ideias" tenham sido forjadas não só pela especificidade da realidade brasileira, mas primordialmente pela inadequabilidade dessa realidade às novas exigências do capitalismo.

Essa possibilidade, de que as ideias dos economistas atravessem os muros da academia e aterrizem em carne e o osso no mundo real, conduzidas pelos cargos públicos ocupados por esses cientistas, é muito maior num país como o Brasil, não por acaso chamado de "a República dos Bacharéis"[3]. Na apresentação à segunda edição da mesma experiência, publicada em 1999, os autores admitem explicitamente essa característica de nossa realidade:

> Esses economistas [os entrevistados da segunda leva] tiveram, em maior ou menor medida, vínculos com a Universidade. Isso demonstra a forte interligação que existe na sociedade brasileira entre os meios acadêmicos e políticos, principalmente em se tratando da esfera econômica. Essa "promiscuidade" entre o econômico e o político tem sido maior no Brasil do que em outros países. Nos Estados Unidos, por exemplo, os economistas têm razoável poder de influência na gestão econômica (...) Porém, dificilmente um acadêmico americano (ou alguém que não abraçou explicitamente a carreira política) se tornou gestor máximo da política econômica daquele país, ao contrário do que ocorre aqui no Brasil. (Rego e Mantega, 1999, p. 30-1)

Talvez por isso, nessa segunda série de conversas, sua vinculação ao "projeto retórico" praticamente desaparece. Não há menção sobre ela na longa Introdução escrita por Rego e Mantega. Mais que isso, o Prefácio escrito por Belluzzo, segundo os organizadores um "entusiasta" do projeto, é muito mais um libelo contra a dominância do ideário liberal no capitalismo contemporâneo, do que qualquer tipo de análise da aventura retórica, ou qualquer avaliação sobre o sucesso desse segundo momento da empreitada brasileira. Além disso, enquanto um texto que se define explicitamente pela heterodoxia e mostra as fragilidades e equívocos das análises ortodoxas, ele se constitui, por isso mesmo, numa típica "peça modernista", dessas que tem apreço pela verdade e que certamente atrairiam as *boutades* de McCloskey.

É sintomático, aliás, que Belluzzo encerre o referido Prefácio com a frase que está transcrita como a primeira epígrafe deste trabalho, já que ela se opõe frontalmente ao "projeto retórico", se por ele se entender o dissolvimento da ciência na literatura: "Hoje, mais do que nunca, a crítica da sociedade existente não pode ser feita sem a crítica da Economia Política" (1999, p. 25). Afirmar a necessidade da crítica da economia política, implica identificar, no discurso produzido pela ciência econômica de hoje, dificuldades semelhantes em sua natureza àquelas que Marx se especializou em desvendar nos discursos "científicos" de seus contemporâneos e cuja finalidade não é outra senão a de mostrar a verdade sobre a forma de funcionamento do capitalismo.

---

[3] Loureiro (1997) mostra com profusão de detalhes os desdobramentos e as consequências concretas desta peculiaridade nacional.

Mas o "mais do que nunca" que Belluzzo coloca em sua frase me dá ensejo de retomar uma questão já considerada e que aparentemente entra em contradição com o que aqui se escreveu sobre a interação entre ideias econômicas e realidade no caso do Brasil. Refiro-me ao acerto involuntário de McCloskey, que, ao identificar a ciência econômica a uma "conversa" movida pela vontade de persuadir mais do que pela busca da verdade, acertou sem querer no estado atual, ou seja, pós-consolidação do neoliberalismo, da relação entre economia normativa e positiva. Dada a natureza basicamente prescritiva desse ideário, cujo único objetivo é libertar o mercado das amarras intervencionistas que lhe foram sendo colocadas ao longo dos "trinta anos dourados", a assim chamada "ciência econômica" resume-se hoje às tecnicalidades necessárias para pilotar, de acordo com as necessidades da acumulação privada e sob a ditadura dos credores que caracteriza esta fase da história capitalista, "as duas dimensões inescapavelmente públicas das economias de mercado: a moeda e as finanças do Estado" (Belluzzo, 1999, p. 16). Há assim, conforme já assinalei, um deslocamento da *Economics* por uma sorte de "versão estatal" da *Business Administration*. Sendo assim, deixam de existir os vínculos entre ciência econômica e política econômica, de modo que podem ficar os economistas sossegados, disputando seus campeonatos na arte de persuadir, enquanto o mundo real segue impassível sua marcha.

Na República dos Bacharéis, porém, as coisas são diferentes. Por mais que a relação de exterioridade entre ciência econômica e política econômica nesta fase da história do capitalismo esteja também aqui presente – afinal o país já se encontra, há pelo menos uma década, na era neoliberal –, a presença concreta dos economistas nos cargos econômicos mais importantes da República impede que essa desvinculação tenha no Brasil os mesmos efeitos que tem nos países centrais. O acerto involuntário de McCloskey não se reproduz por aqui, tornando mais fácil perceber a fragilidade do "projeto retórico". Que bom seria, diria um cidadão brasileiro qualquer lendo as *boutades* de McCloskey, se o Plano Collor e seu sequestro de ativos tivesse vivido apenas nas conversas dos economistas, e se os modelos de *target inflation* não saltassem das páginas dos *papers* para o *board* do Banco Central. Assim, dadas as idiossincracias da realidade social brasileira, a tentativa de desenvolver aqui o "projeto retórico" revela, muito mais do que em sua matriz, a relação extremamente complicada que posturas como a de McCloskey têm com o fato de que, mesmo na era neoliberal, não são nulos os vínculos entre saber econômico e poder econômico. Muito mais do que conversas e argumentos persuasivos, a atividade dos economistas conforma realidades e/ou confirma realidades que a teia social do capitalismo e suas exigências vão construindo.

A presença, "mais do que nunca" necessária, segundo Belluzzo, da crítica da economia política, deve-se justamente ao fato de que, no atual momento, a relação entre teoria e prática é muito mais distante do que já foi. Tudo se passa como se fosse muito mais fácil atacar, por exemplo, o keynesianismo, por sua evidente relação com as políticas de regulação da demanda efetiva, do que a macroeconomia dos novos clássicos, apartada do "mercado deixado a si mesmo", mas efetivamente presente na teorização da forma de pilotar juros, câmbio e finanças públicas. O fato de a aplicação dessas receitas ser muito mais cobrada dos países periféricos do que dos centrais, e de serem operadas aqui por economistas "vinculados à universidade" reforça ainda mais a possibilidade de se enxergar as fragilidades e contradições do projeto retórico[4].

E temos com isso os sinais suficientes para concluir que trata-se aqui de mais um capítulo das "ideias fora do lugar", descobertas por Roberto Schwarz no ensaio famoso de 1973. Como lembra ele, aquilo que na Europa seria verdadeira façanha da crítica (descobrir o ideológico no ideário liberal, visto que pelo menos em aparência suas ideias pareciam ali ter vida efetiva), aqui poderia ser a descrença de qualquer pachola. Independência, mérito, igualdade não estavam presentes nem aparentemente na realidade socioeconômica do Brasil do final do século XIX. Reencontramos no nosso caso a mesma facilidade do pachola de Schwarz. Para o cidadão brasileiro comum, é no mínimo bizarra a ideia de que as discussões dos economistas não visam a outra coisa senão girar em torno de si mesmas. Mais do que ideia, concluímos, trata-se aqui de uma faceta da ideologia contemporânea, que, se funciona razoavelmente no centro do sistema-mundo capitalista, enguiça na periferia e põe a nu sua natureza. Não surpreende, portanto, o resultado do capítulo brasileiro do projeto retórico, que objetivamente revela, ao invés de velar, a incongruência que têm, com a realidade capitalista de hoje, essas hipóteses tão na moda. Mais do que as competências persuasivas dos interlocutores e seu suposto déficit de objetividade, as conversas com economistas brasileiros revelam os contornos da história brasileira do século XX, empurrada, de um lado, pela dinâmica capitalista global, e conformada, de outro, pela objetivação das ideias produzidas pelos economistas a partir dessa mesma realidade. Fica aqui, portanto, mais

---

[4] No caso específico do Brasil, sobrou de toda essa discussão, além das bem-vindas análises retóricas dos textos econômicos, um grande apreço, que não é difícil de explicar, pelos livros de entrevistas com os bacharéis em geral, visto que a atividade não se restringiu mais aos economistas (já há editados *Conversas com filósofos brasileiros* e *Conversas com historiadores brasileiros*).

evidente do que no centro do sistema que, se há hoje algum papel para a retórica, ele é o inverso do que advogam seus cultuadores. A análise retórica, em vez de desembocar no vale-tudo relativista, mostra-se instrumento poderoso para fazer a crítica da sociedade existente, no mínimo porque ajuda a desembrulhar, da teia de ideias e ideologias em que ela aparece envolvida, a história concreta.

E voltamos com isso à frase de Belluzzo. Como já assinalamos, a crítica da economia política, ou crítica do discurso econômico, busca desvendar, por trás da pretensa cientificidade desses textos, constrangimentos de natureza ideológica, enganos involuntários, prescrições normativas disfarçadas de conhecimento positivo etc., e não há como efetivar essa operação de desvendamento sem atentar para a "retórica" desses discursos e as armas que eles utilizam para se fazerem ouvir. Encarado dessa perspectiva, qual seja, a da análise retórica do discurso econômico, o "projeto retórico" começou na metade do século XIX, pelas mãos de um pensador mouro, e continua hoje extremamente atual, apesar de seu idealizador ser dado amiúde como cachorro morto. É justamente a atualidade da crítica da economia política que se estudará no último capítulo deste trabalho.

7
RETÓRICA DA ECONOMIA, MARX E A CRÍTICA DO DISCURSO ECONÔMICO

Na discussão até agora efetuada, coloquei-me de modo crítico com relação às posições de McCloskey, a despeito de concordar com a importância e mesmo a necessidade das análises retóricas dos textos produzidos pela assim chamada ciência econômica. Como já assinalei, o incômodo maior com essa postura está na *negação indeterminada* que ela carrega. Afirmei então repetidas vezes que, se o objetivo é preservar o potencial necessariamente crítico da Modernidade e particularmente desvendar a carga ideológica do discurso econômico convencional, torna-se indispensável caminhar no sentido da *negação determinada*, ou seja, na trilha do materialismo e da teoria crítica inaugurados por Marx. Para o alcance desses objetivos, abraçar incondicionalmente o "projeto retórico" é contraproducente. A despeito da pouca precisão com que utiliza os conceitos, McCloskey acaba por absorver tanto as ideias desconstrutivistas (Derrida) quanto as neopragmáticas (Rorty). Assim, com a aparente radicalização que opera na crítica ao discurso econômico convencional, particularmente aquele de corte neoclássico, leva de embrulho qualquer possibilidade de crítica efetiva, visto que nenhum discurso crítico pode ser construído (desconstrutivismo) ou todos os discursos passam a ter igual validade (neopragmatismo). Mas optar pelo caminho inaugurado por Marx, que não é de modo algum insensível à importância da *análise* retórica do discurso econômico, implica mostrar sua atualidade. É o que faremos.

A reflexão sobre a atualidade da crítica da economia política tem de começar pela recuperação do contexto histórico de seu surgimento.

A recuperação de tal contexto implica levar em conta não apenas sua consideração enquanto um discurso que, tanto quanto o liberalismo e o utilitarismo, é, também ele, produto da Modernidade, como obriga igualmente relembrar o trajeto intelectual de seu criador, Karl Marx.

A crítica da economia política que Marx inaugura vai procurar, retirando o véu ideológico característico do discurso da Modernidade, desvendar sua verdadeira natureza, mostrar a interversão que sua base objetiva opera nos conceitos que lhe sustentam: o solidarismo e a fraternidade que se revelam como o autocentrismo do indivíduo, a igualdade que se revela como desigualdade, a liberdade que se revela como submissão.

Contudo, a natureza da crítica da economia política, enquanto discurso inescapavelmente ligado à *praxis*, só pode ser corretamente compreendida se levarmos em consideração o passado hegeliano de Marx e seu rompimento com o hegelianismo de esquerda, que resulta na fundação do materialismo histórico. Não por acaso é justamente Hegel quem vai colocar em xeque a capacidade de o princípio da subjetividade funcionar efetivamente como o princípio unificador da Modernidade, cumprindo o papel antes desempenhado pela unidade doutrinária emanada da Igreja. O hegelianismo de esquerda, sob a marca dessa desconfiança, e imaginando radicalizar esse questionamento, não é, porém, capaz de se libertar das ilusões produzidas pela Modernidade, de modo que continua a conceber a História como um processo de desenvolvimento da consciência.

Vejamos o que diz Marx:

> Os indivíduos não mais subsumidos à divisão do trabalho foram representados pelos filósofos como um ideal sob o nome "o homem", e todo esse processo que acabamos de expor foi concebido como sendo o processo de desenvolvimento "do homem", de tal modo que, em cada fase histórica, "o homem" foi introduzido sorrateiramente por sob os indivíduos anteriores e apresentado como a força motriz da história. Todo o processo foi então concebido como processo de autoalienação "do homem", e isto se deu essencialmente porque o indivíduo médio da fase posterior sempre foi introduzido sorrateiramente na anterior e a consciência da fase posterior nos indivíduos da fase anterior. Graças a esta inversão, que desde o início faz abstração das condições reais, foi possível transformar toda a história num processo de desenvolvimento da consciência. (1979, p. 107)[1]

---

[1] Seguramente, essas considerações de Marx valem para todo o discurso da Modernidade, portanto também para o liberalismo e seus desdobramentos e para a economia política inglesa. Contudo, Marx dialoga aqui primordialmente com seus antigos companheiros hegelianos.

Assim é o Marx da *Ideologia alemã* que vai asseverar a primazia da realidade objetiva sobre o "mundo das ideias", indicando muito claramente qual era o compasso que permitiria a continuidade de sua dança com Hegel. É no discurso desse rompimento que Marx indica que, se alguma "totalidade" ainda era digna desse nome, na acepção hegeliana do termo, ela estava com a economia política. Mas que discurso é esse, a economia política? Quais foram as condições objetivas que propiciaram seu nascimento e desenvolvimento? O que ele revelou e o que deixou de revelar? Por que era preciso fazer sua crítica e em que marcos se poderia fazê-la? A famosa seção sobre o método da economia política, Teorias da mais-valia, e várias passagens de *O capital* trouxeram as respostas a essas perguntas.

Mas a crítica da economia política, como é sabido, ultrapassou em muito os contornos de uma mera crítica intelectual: ao mostrar os limites aos quais estavam necessariamente sujeitos os grandes pensadores da economia clássica e fundadores da ciência da economia política, Marx acabou por criar uma nova teoria, liberta dos constrangimentos que identificara em seus antecessores e em seus pares. Portanto, perguntar pela atualidade da crítica da economia política, é certamente perguntar pela atualidade e pertinência desse novo paradigma que Marx cria. Mas, além disso, é perguntar também pela atualidade de sua concepção metodológica, forjada na contenda com seus companheiros hegelianos e que se coloca como ainda mais importante do que a primeira.

Assim é que a absoluta atualidade da crítica da economia política pode, em alguns casos, ser identificada não "a despeito dos erros teóricos de Marx", mas graças a seu inequívoco acerto metodológico: se sua própria teoria estava liberta das limitações *stricto sensu* teóricas e, poderíamos também dizer, "de classe", que constrangia as demais concepções, com certeza não estava livre dos limites impostos pela natureza do momento histórico que o próprio Marx vivenciava.

As considerações que se seguem procuram avaliar a atualidade da crítica da economia política enquanto reflexão necessária e, hoje, talvez ainda mais pertinente do que à época de seu nascimento, acerca da autoilusão da Modernidade. Elas estão organizadas da seguinte maneira: inicialmente, e com a ajuda das reflexões de Arantes (1996b), pretendo retomar os marcos do rompimento de Marx com o hegelianismo, tal como se pode percebê-los na *Ideologia alemã*; em seguida, com o auxílio de Fausto (1987), pretendo retomar brevemente a questão do método da economia política, conectando-a com a questão da distinção entre as dialéticas de Hegel e de Marx; finalmente pretendo mostrar a atualidade da crítica da economia política e do aparato metodológico que a sustenta considerando três aspectos – o fetichismo, a natureza do dinheiro e o papel da força viva de trabalho –, os quais, independentemente dos erros ou acertos estritamente teóricos de Marx, indicam sua inequívoca atualidade. Nesta última etapa valho-me de Guy Debord e sua *Sociedade do espetáculo* (1997) para a reflexão sobre a primeira questão, de considerações presentes em meu trabalho de doutoramento para a reflexão sobre a segunda questão, e de inúmeras discussões com Fernando Haddad, Paulo Arantes, Ruy Fausto e outros companheiros e com alunos e orientandos para a reflexão sobre a terceira questão.

Reiterando, pretendo com este balanço, ainda que muito longe de exaustivo, da atualidade da crítica da economia política de Marx, resgatar a atualidade das críticas que o materialismo, desde que corretamente concebido, é capaz de produzir sobre a Modernidade e seu discurso, particularmente nos tempos atuais, inteiramente dominados pela ideia da fatalidade e inexorabilidade dos fenômenos econômicos.

Marx e a crítica da economia política

Ao longo das discussões anteriores já passamos por várias das questões que estão envolvidas na criação, por Marx, da perspectiva materialista. Contudo, como o intuito aqui é demonstrar a atualidade desse paradigma, permito-me repisá-los, em benefício da consistência do argumento. Já no prefácio da *Ideologia alemã*, Marx indicava que um de seus objetivos ali era justamente mostrar que a veneranda filosofia alemã lutava com a sombra da realidade e que as estripulias filosóficas de seus companheiros da esquerda hegeliana não faziam nada mais do que refletir a derrisória pobreza daquela realidade. Como mostra com clareza Arantes (1996b), diante do prosaísmo singular da vida alemã, o ideário liberal transforma-se em Idealismo, ou seja, na glosa filosófica dos princípios da Revolução Francesa.

Combinada ao constrangedor atraso e anacronismo da sociedade alemã, a assimilação das representações desse ideário, uma assimilação à distância e alheia aos conteúdos históricos que lhes davam consistência, resultou numa operação superlativa, que conferiu às Ideias uma densidade teórica que elas não possuíam em seu espaço de origem. A considerável irrealidade social das ideias modernas no cenário alemão dá lugar a uma realidade redobrada no plano das ideias.

Assim, paradoxalmente, é só na Alemanha que os particulares interesses em jogo (os interesses burgueses) podem ser apresentados como universais: "condenada" ao pensamento pelo atraso de sua realidade social e econômica, a Alemanha promove, pela via filosófica, a mediação dialética do particular pelo universal, sintetização que não era possível de modo tão puro onde os antagônicos interesses de classe estavam efetivamente em jogo. Hegel teve papel fundamental nessa operação, pois, trabalhando sob os influxos ainda positivos da Revolução Francesa, tratara de juntar as duas metades da filosofia – o Conceito e a Totalidade –, que jaziam separadas desde Kant. Pretendia com isso salvar a filosofia do risco de esterilização a que tal separação a ameaçava.

A esquerda hegeliana, porém, advogava a negação da filosofia como única forma de sua realização. Estrategicamente posicionados, graças ao atraso alemão, para perceber o ideológico que proliferava no Idealismo, os antigos companheiros de Marx, porém, vão tomar o Idealismo como pura fraseologia, ou seja, ideias sem substância, as quais deviam ser então *indeterminadamente negadas*. Em sua luta por libertar os homens dos grilhões produzidos pela própria consciência, por eles tornada autônoma, os jovens hegelianos não percebiam que "ao combater as fraseologias desse mundo não combatiam de forma alguma o mundo real existente" (Marx, 1979, p. 26). Opunham, na realidade, uma fraseologia a outra fraseologia. "A nenhum destes filósofos", afirma Marx, "ocorreu perguntar qual era a conexão entre a filosofia alemã e a realidade alemã, a conexão entre a sua crítica e o seu próprio meio material" (idem).

Em outras palavras, era como se Marx estivesse dizendo que a filosofia já não tinha salvação, qualquer que fosse o lado de Hegel que se escolhesse. A totalidade estava já com a economia política, pois era ali que se gestava o conceito de capital. Era essa falta de percepção sobre a relação entre consciência e vida material que explicava também por que os hegelianos de esquerda tomavam equivocadamente as formações ideológicas como mera fraseologia, incapazes que eram de perceber que sua impropriedade só se mostrava como absoluta porque elas estavam deslocadas de seu local de origem.

É no prefácio de *Para a crítica da economia política* que Marx explica as razões objetivas que fizeram com que ele se aproximasse da economia política. Suas atividades na *Gazeta Renana* instavam-no a pronunciar-se sobre os problemas econômicos da época e, para isso, as filosofias de Hegel, de Feuerbach e de Stirner não o ajudavam em nada. Como se trata de uma espécie de ata de fundação do materialismo, vale reproduzir o trecho:

> Minha especialidade era a Jurisprudência, a qual exercia, contudo, como disciplina secundária ao lado de Filosofia e História. Nos anos de 1842/43, como redator da *Gazeta Renana*, vi-me pela primeira vez em apuros por ter que tomar parte na discussão sobre os chamados interesses materiais.

As deliberações do parlamento renano sobre o roubo de madeira e parcelamento da propriedade fundiária, a polêmica oficial que o Sr. Von Schaper, então governador da província renana, abriu com a *Gazeta Renana* sobre a situação dos camponeses do vale do Mosela, e finalmente os debates sobre o livre-comércio e proteção aduaneira, deram-me os primeiros motivos para ocupar-me de questões econômicas (...). O primeiro trabalho que empreendi para resolver a dúvida que me assediava foi uma revisão crítica da filosofia do direito de Hegel (...). Minha investigação desembocou no seguinte resultado: relações jurídicas, tais como formas de Estado, não podem ser compreendidas por si mesmas, nem a partir do assim chamado desenvolvimento geral do espírito humano, mas pelo contrário, elas se enraízam nas formas materiais de vida, cuja totalidade foi resumida por Hegel sob o nome de "sociedade civil", seguindo os ingleses e franceses do século XVIII; mas que a anatomia da sociedade burguesa deve ser procurada na Economia Política. (Marx, 1978, p. 128-9)

Graças a essas circunstâncias, Marx pôde perceber a vacuidade do esquerdismo hegeliano e o caráter estreito e inócuo do "materialismo" que também seus adeptos professavam. Pôde, ao mesmo tempo, perceber o caráter ideológico da economia política inglesa, a verdade relativa de suas teorias e sua absoluta determinação histórica. Vislumbrou então a brecha que o levou a fundar o materialismo histórico, que é simultaneamente de ruptura com o hegelianismo de esquerda e de crítica à economia política inglesa. Nasce aí, portanto, um novo paradigma, que para além das descobertas que Marx faz sobre o funcionamento da sociedade moderna, particularmente sobre sua base material, traz como seu elemento constitutivo a crítica da ideologia, particularmente a crítica do discurso econômico. Mas o novo paradigma que então se funda tem um método bastante peculiar, sobre o qual a seguir falaremos.

Marx e o método da economia política

Na origem das considerações críticas de Marx sobre a ideologia alemã de seu tempo está o acerto de contas de Marx com Hegel. É complexa, como se sabe, a questão da relação entre as duas dialéticas. Para o que nos interessa aqui podemos resumir essa relação em dois pontos. O primeiro é que Marx partilha com Hegel a crítica à filosofia da representação que resulta da visão kantiana, particularmente da colocação de um abismo entre o sujeito e a "coisa em si". Para Marx, assim como para Hegel, o conceito não é ele mesmo se não estiver posto, o que significa que, diferentemente do que ocorre em Kant, a existência também é uma determinação. É isso que permite a Marx dizer, por exemplo, na seção sobre o fetichismo do capítulo 1 de *O capital* que, na ilha de Robinson, estão presentes todas as determinações do valor, mas que o valor ele mesmo não está lá. O segundo é que, em que pese essa concordância, Marx não identifica a "posição determinação" com a "posição objetiva", como o faz Hegel. Para Marx, a segunda é que regula a primeira, de modo que, quando conceitos e ideias são forjados pela "consciência", é porque a realidade, de alguma maneira, já pôs à disposição dessa consciência os materiais que possibilitam sua criação. É por isso que se diz, um tanto impropriamente, que Marx "inverteu" o idealismo hegeliano (Fausto, 1987; Paulani, 1992).

Em outras palavras, ainda que Marx aceite, como Hegel, que o conceito não é ele mesmo se não estiver posto e que, portanto, a existência é determinação, ele não poderá aceitar, porque já está embarcado no materialismo histórico, que essa existência possa ter primazia sobre a existência objetiva. Portanto, era para ele mais importante mostrar que "as categorias exprimem formas de modos de ser, determinações de existência" (1978, p. 121), mas que isso só é assim porque é concreto o ponto de partida efetivo, e, portanto, o ponto de partida também da intuição e da representação.

É de notar que tal postura é tanto mais radical quando se lembra que Marx não está aí propugnando uma teoria da ciência, um método para o conhecimento em geral, mas está falando exclusivamente do método da economia política e num contexto em que a questão epistemológica é deslocada para o interior do próprio objeto, como um seu momento[2]. Aqui mais uma vez revela-se a herança hegeliana de Marx, só que agora considerada por um aspecto nem sempre destacado pelos comentadores, que é a consideração da Dialética como uma lógica que é uma ontologia, o que não permite falar, por exemplo, em uma epistemologia hegeliana, ou mesmo em uma "lógica dialética"[3].

É desse ponto de vista que Marx vai esboçar o fundamental de sua crítica da economia política. Para ele os pensadores clássicos são iludidos

---

[2] A reflexão e a conclusão são de Fausto (1983).

[3] A existência de uma lógica dialética, passível de ser utilizada por qualquer conteúdo contrariaria frontalmente a ideia que faz Hegel do "pensador especulativo", ou "pensador do conceito", já que este, para o pensador alemão, tem de renunciar à intervenção arbitrária "no ritmo imanente do conceito", que as metodologias em geral possibilitam. Se a lógica é também ontologia, essa possiblidade fica por definição excluída.

pelo fato de que o concreto aparece para o pensamento como resultado, quando, em verdade, ele é o ponto de partida efetivo (não por acaso esses pensadores surgem na Inglaterra do fim do século XVIII e início do XIX; certamente, eles não surgiriam nas tribos indígenas do Novo Mundo, mesmo que ali existisse e fosse bem desenvolvida a linguagem escrita). É por terem esquecido de fazer a viagem de volta – do abstrato à realidade concreta –, afirma Marx, que eles não perceberam a especificidade e o caráter historicamente condicionado de suas "descobertas" e das categorias que essa mesma realidade lhes permitiu forjar.

Essa ilusão é ainda mais alimentada pelo caráter extremamente desenvolvido dessa formação social que lhes serviu de ponto de partida, que, sendo enormemente complexa e rica, possibilita a construção de categorias gerais o suficiente para se poder "compreender" subjetivamente todas as formações que a precederam.

Por isso a economia clássica tende a tomar como aistóricos e como atributos da natureza humana uma série de comportamentos e fenômenos que só se justificam e se explicam no contexto social que os produziu. Mas essa naturalização do social, o pensamento clássico não a inventa, senão que a reproduz da própria realidade social. Ele é, por isso, vítima do fetichismo, que Marx tratou de desvendar. Por conta desse erro seminal, qual seja, tomar o social como natural, os pais da economia política também não teriam podido ver, com a profundidade prenunciada por suas próprias teorias, uma série de desdobramentos e consequências que poderiam ter mudado inteiramente os rumos de suas pesquisas.

Assim, por exemplo, Ricardo pôde consertar os equívocos de Smith e propalar que é o trabalho a única fonte do valor, mas não foi capaz de chegar à mais-valia. Da mesma maneira, a distinção pioneiramente estabelecida por Smith entre valor de uso e valor de troca não lhe permitiu perceber o duplo caráter do trabalho representado nas mercadorias e a forma particular que isso assume quando a mercadoria se chama força de trabalho.

O dinheiro também oferece exemplos da estreiteza das considerações clássicas, a despeito da riqueza de sua teoria: em Smith, ele é visto simplesmente como meio para facilitar as trocas e levar adiante a divisão do trabalho. Ricardo, de seu lado, ao vencer a grande controvérsia bullionista, que ocupou as primeiras décadas do século XIX, vai tornar-se o pai intelectual do monetarismo, escola que vingaria no século seguinte e que sucumbiria inteiramente ao fetiche do dinheiro. Marx, porém, consegue vislumbrar a natureza contraditória do dinheiro, sua alma descarnada, que, no entanto, tem de se mostrar como o contrário do que é. Para ele, aliás, se o objeto for apenas meio de troca, não será dinheiro, mas tão somente moeda, apenas forma evanescente da mercadoria, nunca fim em si mesmo[4].

Os pais da economia política passaram muito longe de considerações como essas e, a despeito da genial capacidade que revelaram ao forjar os conceitos fundamentais dessa nova ciência, genialidade que Marx nunca deixou de reconhecer, e a despeito de sua percepção do caráter de classe da sociedade em que viviam, suas colocações acabaram por compor o quadro ideológico que reverenciava a formação social capitalista e que demonstrava suas virtudes. A propensão natural do homem à troca combinada a seu caráter necessariamente autocentrado encontrava enfim uma forma de organização capaz de produzir, sem depender da benevolência humana, sem depender sequer da cessão de qualquer direito, os melhores resultados possíveis para todos[5].

Marx percebia o conteúdo ideológico desse discurso. Por isso era preciso fazer a crítica da economia política, mostrar seus equívocos metodológicos, apontar suas inconsistências teóricas, indicar seus limites, desvendar sua visada fetichizada da realidade capitalista. Como já coloquei, foi pretendendo fazer tal crítica que Marx acabou por forjar um novo paradigma, de modo que ela ganhou autonomia teórica, libertando-se do objeto que criticava. Qual a atualidade dessa crítica?

A atualidade da crítica do discurso econômico

Comentando os equívocos e limitações que constrangeram os desenvolvimentos teóricos produzidos pelos economistas clássicos, falamos do fetichismo, do trabalho e do dinheiro e comentamos muito brevemente as considerações de Marx a seu respeito. Vamos então retomá-los para indicar a atualidade da crítica da economia política. Como indiquei anteriormente, por uma questão de precedência lógica (desse erro derivam muitos outros), é preciso iniciar com o fetichismo.

Como coloca Marx, o fetichismo não é nada mais que determinada relação social entre os próprios homens que para eles assume a forma fantasmagórica de uma relação entre coisas, tendo de ser também tomado aí como "coisa" o indivíduo isolado, passível de generalização. Assim,

---

[4] Retomaremos essa questão mais adiante.

[5] Evidentemente a consideração vale mais para Smith e talvez Mill do que para Ricardo. Contudo, mesmo este último autor, ainda que não tão otimista quanto ao futuro do capitalismo, não chegou a desvendá-lo e a apontar sua natureza contraditória.

o valor parece provir da natureza das coisas enquanto coisas, não do fato de que elas tenham sido produzidas pelo trabalho humano numa sociedade organizada materialmente pela troca; assim, o capital aparece como coisa, não como relação social; assim, o ouro parece naturalmente dinheiro, mascarando-se o fato de que ele é posto como dinheiro por um processo que é social e histórico. Na medida em que continuamos a viver numa sociedade na qual a troca é a forma por excelência de organização de sua vida material, o fetiche continua aí firme e forte. Mas será que tem a mesma cara?

Num livro polêmico, escrito em 1967, e só recentemente publicado em nosso país, Guy Debord vai afirmar a tese de que vivemos atualmente na sociedade do espetáculo. Parafraseando Marx, ele inicia seu texto com o seguinte aforismo: "Toda a vida das sociedades nas quais reinam as modernas condições de produção se apresenta como uma imensa acumulação de espetáculos" (1997, p. 13). E continua mais à frente:

> Considerado em sua totalidade, o espetáculo é ao mesmo tempo o resultado e o projeto do modo de produção existente. Não é um suplemento do mundo real (...) é o âmago do irrealismo da sociedade real. Sob todas as suas formas particulares – informação ou propaganda, publicidade ou consumo direto de divertimentos –, o espetáculo constitui o modelo atual da vida dominante na sociedade. (p. 14)

Sobre o fetichismo, Debord diz:

> o princípio do fetichismo da mercadoria, a dominação da sociedade por coisas suprassensíveis, embora sensíveis, se realiza completamente no espetáculo, no qual o mundo sensível é substituído por uma seleção de imagens, que existe acima dele, e que ao mesmo tempo se fez reconhecer como o sensível por excelência. (p. 28)

Segundo Debord, a primeira fase da dominação da economia sobre a vida social acarretou uma evidente degradação do *ser* para o *ter*. A fase atual, em que a vida social está, para ele, completamente tomada pelos resultados acumulados da economia, leva a um deslizamento generalizado do *ter* para o *parecer*, do qual todo ter efetivo deve extrair seu prestígio imediato e sua função última. Falando de um modo mais trivial: mais importante do que ter é mostrar que se tem. Numa espécie de inversão relativamente ao que postulava a ética calvinista que Weber analisou como a fundamentação ética de que precisou o sistema em seu início, ter sem aparentar é um ter sem sentido. Surge assim uma espécie de valor de uso genérico, formal, que subsume os verdadeiros valores de uso das distintas mercadorias, mesmo no âmbito em que essa determinação deve prevalecer sobre a determinação valor, a saber, na esfera do consumo, que é, por definição, privada.

Se a valorização do valor é o fim não humano que movimenta a máquina produtiva da sociedade, o consumo deixa de ser o reduto de realização da determinação humana da mercadoria (que é sua capacidade de satisfazer alguma necessidade), para transformar-se também ele num momento de negação do homem. O valor "passa" no valor de uso, mesmo quando sua realização já ocorreu, como se a mercadoria nunca esquecesse seu passado. Assim, vestem-se determinadas roupas, não porque sejam confortáveis ou elegantes (muitas vezes dá-se exatamente o contrário), mas para mostrar a grife que carregam. Fazem-se refeições em determinados restaurantes não porque a comida seja boa ou o garçom simpático, mas porque é sinal de prestígio comer ali. Os exemplos podem ser encontrados aos milhares, todos apontando a potencialização do princípio do fetichismo da mercadoria propiciada pelo atual modo de vida (espetacular).

O espetáculo é, pois, o momento em que a mercadoria ocupou totalmente a vida social. Diz Debord:

> Não apenas a relação com a mercadoria é visível, mas não se consegue ver nada além dela: o mundo que se vê é o seu mundo. A produção econômica moderna espalha extensa e intensivamente sua ditadura (...) Assim, a negação total do homem assumiu a totalidade da existência humana. (p. 30-1)

Muito mais poderia ser recortado das bombásticas colocações de Debord e não é preciso muito esforço para perceber que ele está mostrando o caráter superlativo e ainda mais totalitário que o fetiche assume no capitalismo do século XX.

Tudo fica ainda mais impressionante quando nos damos conta de que Debord está escrevendo em 1967, ainda sob os auspícios dos trinta anos dourados e mais de uma década antes da chamada globalização e da ditadura do ideário neoliberal, que potencializariam ainda mais o caráter fetichista do sistema. Mas valem ainda dois últimos recortes, o primeiro porque dá conta do grau em que se chegou em termos de naturalização do social; o segundo porque permite uma analogia não casual com a questão da atualidade da forma como a crítica da economia política viu o dinheiro. Diz o primeiro extrato:

> O espetáculo é o discurso ininterrupto que a ordem atual faz de si mesma, seu monólogo laudatório. É o autorretrato do poder na época de sua gestão totalitária das condições de existência. A aparência fetichista de pura objetividade nas relações espetaculares esconde o seu caráter de relação entre homens e entre classes: parece que uma segunda natureza domina, com leis fatais, o meio em que vivemos. (p. 20)

Completando essa colocação, Debord afirma que os meios de comunicação de massa são a manifestação superficial mais esmagadora do espetáculo. Que explicação mais adequada se pode ter para o fato de que a mídia invariavelmente trate os fenômenos sociais como elementos da ordem do natural? Não há rigorosamente nenhuma diferença na forma como se trata a *débâcle* de moedas supostamente fortes, as quedas espetaculares das bolsas, as estripulias do El Niño e o furacão Isabela. Assim, todos os fatos econômicos relevantes são espetaculares, tomam de assalto a vida cotidiana e carregam a mesma carga de naturalidade de terremotos e enchentes: surgem quando menos se espera carregados pelas leis fatais da segunda natureza e são tão inescapáveis quanto os sobressaltos do mundo natural.

Assim, se é verdade que, hoje, porque deixado só na arena graças ao desmoronamento do chamado socialismo real, o capitalismo não mais precisa cultivar a aparência de progresso e civilização que lhe foi impressa em sua origem, podendo expressar sem pudor os imperativos a que de fato responde, não é menos verdade que, por isso mesmo, o fetiche se instala de modo ainda mais perverso. A assimilação inquestionada, pela sociedade como um todo, dos valores que põem e reafirmam o capital (eficiência, lucro, concorrência etc.), assimilação essa que encontra na mídia um de seus principais executores, possibilita, de maneira ainda mais eficaz que antes, que um modo historicamente determinado de vida se mostre como inequivocamente natural.

Exemplo claro desse estado de coisas é o trabalhador flexível dos paraísos toyotistas de rentabilidade. Mesmo plenamente consciente de que seu uso inteligente pelo capital não visa a outra coisa que não o aumento da exploração de sua força de trabalho, o trabalhador nem por isso se torna mais combativo e politicamente organizado, senão justamente o contrário. Inserido na dinâmica do trabalho em equipes, sendo forçado a controlar o movimento e o tempo de si e de seus companheiros, e apostando no ganho particular que lhe pode trazer sua adequação a essa situação, ele internaliza essas exigências e as aceita como naturais.

Passemos ao segundo extrato que nos permitirá construir o gancho com a questão do dinheiro. Diz Debord:

> A sociedade que se baseia na indústria moderna não é fortuita ou superficialmente espetacular. Ela o é fundamentalmente. No espetáculo, a imagem da economia reinante, o fim, não é nada, o desenrolar é tudo. O espetáculo não deseja chegar a nada que não seja ele mesmo. (1997, p. 17)

Que ligação isso pode ter com a questão da atualidade da visão de Marx sobre o dinheiro? Para perceber isso é preciso retomar brevemente as considerações de Marx sobre o dinheiro tanto em *O capital* como nos *Grundrisse*.

Como afirmei anteriormente, Marx é o único pensador que percebe o caráter contraditório do dinheiro, que, em sua essência, é pura forma, mas que tem de, na aparência, manter sua aura de concretude. Ele, a um só tempo, tem e não tem de ser mercadoria: não pode sê-lo essencialmente; tem de sê-lo aparentemente[6]. As três determinações que constituem o dinheiro como esse objeto contraditório (ser medida do valor, ser meio de troca e ser simultaneamente dinheiro de crédito e objeto de entesouramento) não se alteram em nada, afirma Marx, quando o dinheiro se coloca como dinheiro mundial, pois essa não é uma nova determinação do dinheiro, mas um de seus usos como dinheiro.

É só aí, porém, lembra ele, que o dinheiro ganha uma forma de existência adequada a seu conceito, pois só aí torna-se possível efetivar a dimensão de infinito inequivocamente presente em sua natureza. No entanto, aí o erro teórico, ele afirma que, enquanto dinheiro mundial, o valor não aceita representantes; exige-se o valor em pessoa. E poderia Marx pensar diferente? Constrangido historicamente pelo domínio do padrão ouro e do Bank Act de 1844, poderia imaginar, ainda que isso estivesse indicado em suas considerações teóricas, que o dinheiro mundial viria a ser um papel verde pintado, sem nenhum valor intrínseco?

Por isso Marx errou na teoria, mas acertou no método. O capitalismo de seu tempo ainda não tinha amadurecido o suficiente para realizar plenamente todas as potencialidades inscritas no objeto dinheiro e que Marx soube tão bem indicar. É só nos marcos de um regime monetário como o atual, inteiramente fiduciário e com câmbio flexível, que o dinheiro pode realizar plenamente sua essência descarnada.

Se, como adiantou corretamente Marx, o espaço mundial é o *locus* em que o dinheiro ganha uma forma de existência adequada a seu conceito, é só com sua desvinculação do ouro que ele ganha uma matéria (a forma pura) capaz de realizar plenamente essa existência. Enquanto ele permaneceu preso a uma "mercadoria de verdade", ele continuou constrangido pelos limites da matéria, não podendo assim realizar, em sua plena efetividade, sua natureza de forma autônoma do valor, de forma por excelência de sua existência.

Este o ineditismo da fase atual do capitalismo, perfeitamente compreensível se tomamos as considerações de Marx sobre o dinheiro. Além disso, é esse desprendimento total do dinheiro de uma mercadoria "de

---

[6] Defendo ser esta a visão de Marx em meu trabalho de doutoramento *Do conceito de dinheiro e do dinheiro como conceito* (IPE/USP, 1992).

verdade" também no âmbito mundial[7] que permite realizar cabalmente a congruência entre meio e fim inscrita no movimento do capital financeiro. Prescindindo por definição da mediação efetuada pela mercadoria, a valorização financeira só encontra um ambiente adequado em nível mundial quando o próprio dinheiro mundial perde inteiramente seus vínculos com uma mercadoria de verdade.

Por isso, nos termos de Debord, poder-se-ia talvez dizer que a valorização financeira é o espetáculo mais verdadeiro: o desenrolar é tudo, o espetáculo não deseja chegar a nada que não seja ele mesmo, a congruência entre meio e fim é plena. Objetivamente isso se traduz numa endogenização da instabilidade que tem de funcionar, a um só tempo, como combustível e como resultado do processo de valorização[8].

Além do deslizamento do *ter* para o *parecer*, que faz dissolver a determinação valor de uso das mercadorias, também o fato de que o processo atual de acumulação esteja sob a dominância da valorização financeira acaba por cumprir o mesmo papel. Do ponto de vista lógico, a mercadoria esteve desde sempre expulsa do circuito da valorização financeira. Contudo, como, em âmbito mundial, prevalecia um regime monetário ainda remotamente ligado à mercadoria ouro, a congruência entre meio e fim não era plena, o que só agora acontece. É essa nova situação que fornece os recursos formais para que a dimensão financeira prevaleça sobre a dimensão produtiva. E o espetáculo é perfeito porque o pouco que existe de "lastro" nesse circuito de valorização não é nada mais nada menos do que aquilo que Marx denominou "capital fictício". Talvez não seja preciso dizer mais sobre isso.

Finalmente consideremos o trabalho. É intensamente discutida a questão da perda de centralidade do trabalho e das consequências que isso pode ter do ponto de vista da teoria marxiana do valor. A própria questão é, em si mesma, bastante polêmica, porque há os que não acreditam nessa perda de importância do trabalho[9]. Mas sendo verdadeira a tese, a conclusão à qual imediatamente se chega é que estaria

---

[7] Como se sabe, Marx mostra claramente a possibilidade de o dinheiro ser substituído por signos de si mesmo, ou seja, papel-moeda, moeda fiduciária, mas a restringe ao âmbito das economias nacionais.

[8] Devo essas considerações às reflexões surgidas da leitura da tese de doutoramento de Andrés Vivas Frontana, *O capitalismo no fim do século XX* (IPE/USP, jan. 2000).

[9] Uma boa e muito atualizada referência para essa discussão é o competente trabalho de Ricardo Antunes *Os sentidos do trabalho* (São Paulo, Boitempo, 1999) no qual, segundo suas palavras, ele pôde "recolocar e dar concretude à tese da centralidade da categoria trabalho na formação societal contemporânea contra a desconstrução

também comprometida, por tabela, toda a teoria do valor-trabalho. Por conseguinte, e por isso muitos se recusam a aceitar essa tese, a teoria marxiana do valor teria de ser inteiramente descartada, porque estaria sendo desmentida pela realidade das condições atuais de produção.

Contudo, isso só faz sentido para quem define tautologicamente o valor por sua substância, interpretação que não compartilho e que, a meu ver, não é a de Marx, pois, de outro modo, teríamos de ignorar suas considerações sobre o fetiche. O trabalho simples, trabalho abstrato e socialmente necessário, é a substância do valor, não seu fundamento. O valor é que é, ele próprio, o fundamento da equação de troca e da forma valor de troca. O que há de comum entre x de A e y de B que possibilita colocar o sinal de igual entre esses dois termos, apesar da diferença qualitativa que A e B exibem, não é que em ambos os lados há trabalho abstrato, mas que tanto A quanto B portam *valor*, e só estão ali por isso, porque são *coisas de valor*.

Mais uma vez o predomínio é da forma. Ela é forte o suficiente para prevalecer, mesmo que alterações se processem em sua substância, que pode efetivamente estar migrando do trabalho abstrato para a ciência como fator de produção. Prevalecendo a lógica da acumulação, a substituição do trabalho abstrato pela ciência não estará levando a uma nova forma de sociedade e à extinção da exploração, mas justamente o contrário. A apropriação privada dos frutos da produção social vai estar se dando agora num quadro em que a substância do valor não só é um bem público, como é social por definição (já que o conhecimento não se constrói isoladamente). Tratar-se-á, portanto, de exploração, e exploração em escala ampliada, ou, em uma palavra, tratar-se-á de capitalismo, e capitalismo numa versão mais perversa do que jamais foi.

Essa transformação Marx conseguiu vislumbrar, o que só corrobora a interpretação de que o valor não pode ser simplesmente identificado ao trabalho abstrato. A esse respeito cabe transcrever uma hoje já famosa passagem dos *Grundrisse* e que se mostra incrivelmente atual:

---

teórica que foi realizada nos últimos anos" (1999, p. 13). Apesar de o livro merecer uma discussão muito mais qualificada do que eu possa fazê-lo, gostaria apenas de registrar que minha posição aqui não se confunde com as interpretações que visualizam nas mudanças contemporâneas novas e positivas dimensões da sociabilidade capitalista, senão precisamente o inverso. O potencial "fim do trabalho", que não descarto como tendência (e nem o próprio Marx o fez, a meu ver), não estaria levando à "realização concreta do reino do tempo livre, dentro da estrutura global da reprodução societária vigente" (1999, p. 16), entendida esta última como uma dimensão positiva. Ao contrário, estaria ensejando um novo e mais perverso tipo de exploração.

na medida em que a grande indústria se desenvolve, a criação de riqueza efetiva se torna menos dependente do tempo de trabalho e do quantum de trabalho empregado do que do poder dos agentes postos em movimento durante o tempo de trabalho, poder que, por sua vez, não guarda relação alguma com o tempo de trabalho imediato que custa sua produção, *senão que depende do estado geral da ciência e do progresso da tecnologia, ou da aplicação desta ciência à produção*. (...) A riqueza efetiva se manifesta de fato (...) na *enorme desproporção entre o tempo de trabalho empregado e seu produto*, assim como na *desproporção qualitativa* entre o trabalho, reduzido a uma pura abstração, e o poderio do processo de produção que ele vigia. (...) O capital é, ele mesmo, a contradição em processo, uma vez que tende a reduzir a um mínimo o tempo de trabalho, enquanto que, de outro lado, põe o tempo de trabalho como única medida e fonte da riqueza. (...) Por um lado, desperta para a vida todos os poderes da ciência e da natureza, assim como da cooperação e do intercâmbio sociais, para fazer com que a criação de riqueza seja (relativamente) independente do tempo de trabalho nela empregado. Por outro lado, se propõe medir com o tempo de trabalho essas gigantescas forças sociais assim criadas e reduzi-las aos limites requeridos para que o valor já criado se conserve como valor. (1985b, p. 227-9, grifos meus)

Como se percebe, argumentos há em profusão para mostrar a atualidade do paradigma que Marx criou, particularmente se dele se fizer uma leitura não ortodoxa, ancorada na crítica da ideologia e pautada pela concepção dialética de suas possibilidades. A atualidade desse discurso não desapareceu com o suposto "fim da História", tampouco com a derrubada do muro de Berlim. Muito ao contrário, a crítica que dele se extrai se mostra hoje, talvez, mais verdadeira e mais poderosa do que à época de seu surgimento.

A demonstração dessa atualidade, que espero ter aqui esboçado, indica que existem outros caminhos (fora da negação ou da afirmação indeterminada), se se deseja de fato estabelecer uma crítica ao discurso econômico convencional, particularmente aquele de matriz neoclássica, e seus desdobramentos macroeconômicos[10]. Apesar da relação complicada que hoje há entre o positivo e o normativo no âmbito da ciência econômica, a existência de dimensões inescapavelmente públicas nas

---

[10] O caminho habermasiano, também uma possibilidade de estabelecer determinadamente a negação, sofre do problema decorrente da opção de Habermas pelo paradigma pragmático-linguístico, em substituição ao materialismo. Essa escolha faz com que, não raro, se confunda seu projeto com as posições pós-modernas e relativistas que ele justamente deseja exorcizar.

economias de mercado (a moeda ainda não é produzida privadamente e o Estado ainda não foi reduzido a ponto de as finanças públicas deixarem de ser relevantes) exige a produção e a aplicação de "modelos técnicos" de pilotagem, para que essas dimensões não compliquem o "andamento dos mercados" e de preferência lhes sejam benfazejas. Torna-se então cada vez mais necessário desmascarar o caráter de verdade científica inquestionável que esses modelos e seus cantores não se cansam de exibir. Para tanto, insistir no relativismo, ou na retórica como substituto da ciência, acaba por produzir o resultado oposto. Como questionar tais modelos se também eles são pragmaticamente verdadeiros, ou, alternativamente, devem ser desconstruídos com todos os demais modelos, teorias e visões?

Além de mais verdadeira e mais poderosa, a crítica do discurso econômico parece, no capitalismo da era neoliberal, ainda mais necessária, dada a "objetividade natural" muito mais incisiva que o sistema exibe. As teorias macroeconômicas predominantes (leia-se "novos clássicos", mas também "novos keynesianos"), a despeito da contradição metodológica que permanece, não fazem mais do que referendar as suposições de inevitabilidade e imutabilidade dessa quadratura histórica. No prefácio que elabora para a segunda versão das *Conversas com economistas brasileiros*, já citado neste trabalho, Belluzzo explica de modo muito claro a relação angustiante que se estabelece entre a era neoliberal e suas teses de apoio e as promessas até agora não cumpridas da Modernidade. Diz ele:

> essa escatologia do Fim da História, tal como apanhada às pressas de alguma interpretação da filosofia da história, é a glória, mas também a miséria, do novo pensamento das classes cosmopolitas e dominantes, que espalham sua descoberta de Nova York a Jacarta, de Londres a Buenos Aires. Glória, porque, finalmente, foi possível arrebatar o progressismo das mãos dos adversários de morte, que julgavam ter a sua posse definitiva. Miséria porque a queda do "Império do Mal" não interrompeu, antes acelerou o avanço da barbárie. Sob muitas máscaras, ela ameaça os fundamentos da ordem burguesa, ao promover o fracionamento das sociedades cada vez mais divididas entre os integrados e os excluídos, ao mesmo tempo em que fomenta a busca desesperada por formas de identificação "primárias", religiosas, éticas e "tribais", mutuamente hostis e declaradamente inimigas dos valores republicanos. (1999, p. 23-4)

Não há dúvida, continua Belluzzo,

> de que só a radicalização da democracia é capaz de cumprir as promessas de autonomia do indivíduo integrado à sociedade – Liberdade, Igualdade e Fraternidade – estampadas nos estandartes da modernidade. Para tanto é preciso resguardar o indivíduo e a sociedade dos dois perigos que o amea-

çam: o controle político da vida privada e a subordinação do mundo à lógica do dinheiro. (p. 24)

É evidente, porém, que os perigos decorrentes da segunda fonte parecem hoje muito mais difíceis de serem diagnosticados e combatidos. Numa interação perversa, aprofunda-se a barbárie representada pela expansão dos imperativos do dinheiro e da valorização financeira em nome do exorcismo dos perigos advindos da primeira fonte. Com isso, afirma Belluzzo "as transformações na base econômica da sociedade vão ocorrendo numa velocidade estonteante, modificando radicalmente as perspectivas de vida de milhões de seres humanos" (1999, p. 24).

É isso que torna, hoje, mais necessária do que nunca a crítica da ciência econômica, nos moldes inaugurados por Marx. Na sua ausência, os "pós-modernos anárquicos", como os chama Habermas, verão seus prognósticos confirmados. Mas a Modernidade será tragada, junto com seus sonhos de libertação e emancipação humana, não, como eles imaginam, pelo "anarquismo vindo de tempos imemoriais", mas pela *rationale* contemporânea da lógica mercantil, da valorização financeira e da produção de riqueza abstrata. Assim, concordando integralmente com Belluzzo, diria que, hoje, mais do que nunca, a crítica da sociedade existente não pode ser feita sem a crítica do discurso econômico e que dela dependem as diminuídas chances de sucesso que a Modernidade ainda tem para entregar à humanidade os presentes que lhe prometeu.

BIBLIOGRAFIA

Ensaios originais a partir dos quais este trabalho foi escrito

A teoria econômica e as seitas. *Informações FIPE*, n. 182, nov. 1995.

Ideias sem lugar: sobre a retórica da economia de McCloskey. In: REGO, José M. (Org.) *Retórica na economia*. São Paulo, Editora 34, 1996.

Hayek e o individualismo metodológico. *Lua Nova*, n. 38, 1996.

John Stuart Mill, o homem econômico e o individualismo metodológico. In: ENCONTRO NACIONAL DE ECONOMIA – ANPEC, XXVI, Niterói, 1986. *Anais...*, Niterói, 1998.

Modernidade e discurso econômico: ainda sobre McCloskey. *Revista de Economia Política*, v. 19, n. 4, out.-dez. 1999.

Neoliberalismo e individualismo. *Economia e Sociedade*, n. 13, dez. 1999.

A atualidade da crítica da economia política. *Crítica Marxista*, n. 10, 2000.

Referências bibliográficas

ACTON, H. B. Introduction. In: MILL, J. S. *Utilitarianism, On Liberty and Considerations on Representative Government*. London, J. M. Dent & Sons, 1976.

ADORNO, T. *Minima moralia*. São Paulo, Ática, 1992.

ALDRIGHI, D.; SALVIANO JR., C. A grande arte: a retórica para McCloskey. In: ENCONTRO DA ANPEC, XVIII, 1990, Brasília. *Anais...* Brasília, 1990.

ALTHUSSER, L.; BALIBAR, E. *Para leer El capital*. Cidade do México, Siglo XXI, 1973.

ANDERSON, P. Balanço do neoliberalismo. In: SADER, E.; GENTILI, P. (Org.). *Pós-neoliberalismo*: as políticas sociais e o Estado democrático. Rio de Janeiro, Paz e Terra, 1995.

ANDERSON, P. Friedrich von Hayek: a direita intransigente no fim do século. In: _____. *Afinidades seletivas*. São Paulo, Boitempo, 2002.

ANDRADE, R. de. Friedrich A. Hayek: a contraposição liberal. In: CARNEIRO, R. (Org.). *Os clássicos da economia*. São Paulo, Ática, 1997. v. 2.

ANTUNES, R. *Os sentidos do trabalho*: ensaio sobre a afirmação e a negação do trabalho. São Paulo, Boitempo, 1999.

ANUATTI NETO, F. *Persuasão racional em Keynes*: uma aplicação de retórica em história das ideias econômicas. São Paulo, 1994. Tese (Doutorado) – IPE/USP.

ARANTES, P. E. A ideologia francesa. *Novos Estudos CEBRAP*, n. 28, out. 1990.

──. Kojève: um Hegel errado, mas vivo. *Revista IDE (Sociedade Brasileira de Psicanálise)*, n. 21, dez. 1991.

──. Alta-costura parisiense: nem Apel, nem Rorty. In: *O relativismo enquanto visão de mundo (Banco Nacional de Ideias)*. Rio de Janeiro, Francisco Alves, 1994.

──. Transformação da filosofia. *Folha de S.Paulo*, São Paulo, 1 maio 1995. Jornal de resenhas (suplemento mensal). Resenha de: RORTY, R. *A filosofia e o espelho da natureza*.

──. *Ressentimento da dialética*: dialética e experiência intelectual em Hegel. São Paulo, Paz e Terra, 1996a.

──. O paradoxo do intelectual. In: _____. *Ressentimento da dialética*: dialética e experiência intelectual em Hegel. São Paulo, Paz e Terra, 1996b.

──. Ideia e ideologia. In: _____. *Ressentimento da dialética*: dialética e experiência intelectual em Hegel. São Paulo, Paz e Terra, 1996c.

──. *Dicionário de bolso do Almanaque Philosophico Zero à Esquerda*. Petrópolis, Vozes, 1997.

ARIDA, P. A história do pensamento econômico como teoria e retórica. In: REGO, J. M. *Retórica na economia*. São Paulo, Editora 34, 1996.

_____. A história do pensamento econômico como teoria e retórica. In: REGO, José M.; GALA, P. (Org.). *A história do pensamento econômico como teoria e retórica*. São Paulo, Editora 34, 2003.

ASHLEY, W. J. Introduction. In: MILL, J. S. *Principles of Political Economy*. (1909). New York, Augustus M. Kelley, Bookseller, 1965.

BACHA, E. Moeda, inércia e conflito: reflexões sobre políticas de estabilização no Brasil. *Política e Programação Econômica*, 18(1), abr. 1988.

BACKHOUSE, R. Rhetoric. In: DAVIS, J. B. et al. *The Handbook of Economic Methodology*. Cheltenham, UK/Northampton, MA, Edward Elgar Publishing, 1998.

BELLUZZO, L. G. Prefácio. In: REGO, J. M.; MANTEGA, G. (Org.). *Conversas com economistas brasileiros II*. São Paulo, Editora 34, 1999.

BENTHAM, J. *Uma introdução aos princípios da moral e da legislação*. São Paulo, Abril Cultural, 1979. (Coleção Os Pensadores).

BENTON, T. *The Rise and Fall of Structural Marxism*. London, MacMillan, 1984.

BIANCHI, A. M. (Org.) *Questões de método na ciência econômica*. São Paulo, IPE/USP, 1985.

──. *A pré-história da economia*: de Maquiavel a Adam Smith. São Paulo, Hucitec, 1988.

──. A respeito do pluralismo. *Revista de Economia Política*, 12(2), jun. 1992a.

──. Muitos métodos é o método. *Revista de Economia Política*, 12(2), jun. 1992b.

BIANCHI, A. M. Para auditórios diferentes, diferentes argumentos: retórica econômica nos primórdios da Escola Latino-Americana. In: REGO, J. M.; GALA, P. (Org.). *A história do pensamento econômico como teoria e retórica*. São Paulo, Editora 34, 2003.

BIANCHI, A. M.; SALVIANO JR., C. Prebisch, a Cepal e seu discurso: um exercício de análise retórica. In: REGO, J. M. (Org.) *Retórica na economia*. São Paulo, Editora 34, 1996.

BIER, A. et al. *O heterodoxo e o pós-moderno*: o cruzado em conflito. São Paulo, Paz e Terra, 1987.

BLAUG, M. *Metodologia da economia*. São Paulo, Edusp, 1993.

BOETTKE, P. J. Ludwig Von Mises. In: DAVIS, J. B. et al. *The Handbook of Economic Methodology*. Cheltenham, UK/Northampton, MA, Edward Elgar Publishing, 1998.

BOTTOMORE, T. Cálculo socialista. In: OUTHWAITE, W. et al. (Ed.) *Dicionário do pensamento social do século XX*. Rio de Janeiro, Jorge Zahar, 1996.

BRUS, W. Socialismo de mercado. In: OUTHWAITE, W. et al. (Ed.) *Dicionário do pensamento social do século XX*. Rio de Janeiro, Jorge Zahar, 1996.

BUCHANAN, J.; VANBERG, V. The Market as a Criative Process. In: *Economics and Philosophy*, 1991. v. 7.

BURCZAK, T. The Post-Modern Moments of F. A. Hayek. In: *Economics and Philosophy*, 1994. v. 10.

CALDWELL, B. J. *Beyond Positivism*: Economic Methodology in the Twentieh Century. London, George Allen & Unwin, 1984.

——. Hayek's Transformation. *History of Political Economy*, 20(4), 1988.

——. Hayek, the Falsificationist? A Refutation. In: *Research in the History of Economic Thought and Methodology*, 1992. v. 10.

——. Hayek's Scientific Subjectivism. In: *Economics and Philosophy*, 1994. v. 10.

CAMPOS, R. de O. Roberto de Oliveira Campos. In: REGO, J. M. et al. (Org.) *Conversas com economistas brasileiros*. São Paulo, Editora 34, 1996.

CHESNAIS, F. *A mundialização financeira*. São Paulo, Xamã, 1998.

COLLINI, S. et al. The Tendency of Things: John Stuart Mill and the Philosophical Method. In: *The Nobel Science of Politics*: a Study in the 19th Century Intellectual History. Cambridge, Cambridge University Press, 1983.

CREMASHI, S. Adam Smith, Newtonianism and Political Economy. *Manuscrito*, v. 5, n. 1, 1981.

DEBORD, G. *A sociedade do espetáculo*. (1967). Rio de Janeiro, Contraponto, 1997.

DE VILLÉ, P. Comportements concurrentiels et équilibre général: de la nécessité des institutions. *Economie Apliquée*, 43(3), 1990.

DUAYER, M. Purgatório (curto conto teológico-metodológico). *Revista da Sociedade Brasileira de Economia Política*, n. 2, jun. 1998.

DUMONT, L. *From Mandeville to Marx*. Chicago, University of Chicago Press, 1977.

EAGLETON, T. *As ilusões do pós-modernismo*. São Paulo, Jorge Zahar, 1998.

EDGEWORTH, F. John Stuart Mill. In: *Palgrave Dictionary of Political Economy*. London, 1896.

EKELUND, R. B.; OLSEN, E. S. Comte, Mill, and Cairnes: The Positivist-Empiricist Interlude in Late Classical Economics. *Journal of Economic Issues*, v. VII, n. 3, p. 383-416, Sept. 1973.

ELSTER, J. *Making Sense of Marx*. Cambridge, Cambridge University Press, 1986.

──. Marxismo, funcionalismo e teoria dos jogos. *Lua Nova*, n. 17, p. 163-204, 1989a.

──. *Marx hoje*. São Paulo, Paz e Terra, 1989b.

FAUSTO, R. *Marx*: lógica & política. São Paulo, Brasiliense, 1983. v. I.

──. *Marx*: lógica & política. São Paulo, Brasiliense, 1987. v. II.

FERNANDES, A. C. G. *Ação econômica e ordem social na economia política clássica*. São Paulo, 1994. Dissertação (Mestrado) – IPE/USP.

FERNANDES DE SOUZA, A. *Fundamentos da economia*: um estudo sobre o conceito de homem em O capital. São Paulo, 1995. Dissertação (Mestrado) – IPE/USP.

FERNÁNDEZ, R. A retórica e a procura da verdade em economia. In: REGO, José M. (Org.) *Retórica na economia*. São Paulo, Editora 34, 1996.

FERNÁNDEZ, R.; PESSALI, H. F. Oliver Williamson e a construção retórica dos custos de transação. In: REGO, J. M.; GALA, P. (Org.). *A história do pensamento econômico como teoria e retórica*. São Paulo, Editora 34, 2003.

FEYERABEND, P. *Contra o método*. Rio de Janeiro, Francisco Alves, 1977.

FLICKINGER, H.-G. O paradoxo do liberalismo político. *Filosofia Política*, Porto Alegre, n. 3, 1986.

FRIEDMAN, M. *Essays in Positive Economics*. Chicago, The University of Chicago Press, 1953.

GALA, P. A retórica na economia institucional de Douglass North. In: REGO, J. M.; GALA, P. (Org.). *A história do pensamento econômico como teoria e retórica*. São Paulo, Editora 34, 2003.

GORZ, A. *Métamorphoses du travail*: quête du sens: critique de la raison économique. Paris, Galilée, 1988.

HABERMAS, J. *The Theory of Communicativ Action*. Boston, Bacon Press, 1984. v. I.

──. Trabalho e interacção. In: *Técnica e ciência como ideologia*. Lisboa, Edições 70, 1987.

──. *O discurso filosófico da modernidade*. Porto, D. Quixote, 1990.

HAUSMAN, D. *The Philosophy of Economics*: an Anthology. Cambridge, Cambridge University Press, 1984.

HAYEK, F. A. Scientism and the Study of Society. *Economica*, Aug. 1942.

──. *Individualism and Economic Order*. Indiana, Gateway, 1948a.

──. Individualism: True and False. In: ____. *Individualism and Economic Order*. Indiana, Gateway, 1948b.

──. Economics and Knowledge. In: ____. *Individualism and Economic Order*. Indiana, Gateway, 1948c.

──. The Facts of Social Sciences. In: ____. *Individualism and Economic Order*. Indiana, Gateway, 1948d.

──. The Use of Knowledge in Society. In: ____. *Individualism and Economic Order*. Indiana, Gateway, 1948e.

HEGEL, G. W. F. *Fenomenologia del espiritu*. Cidade do México, Fondo de Cultura Económica, 1985.

HEILBRONER, R. Rhetoric and Ideology. In: KLAMER et al. (Org.) *The Consequences of Economic Rhetoric*. Cambridge, Cambridge University Press, 1988.

──. *A história do pensamento econômico*. São Paulo, Nova Cultural, 1996.

HELLER, A. A sociologia como desfetichização da modernidade. *Novos Estudos Cebrap*, n. 30, jul. 1991.

HIRSCH, A. John Stuart Mill on Verification and the Business of Science. *History of Political Economy*, v. 24, n. 4, p. 843-66, Winter 1992.

HOBBES, T. Leviatã. In: *Hobbes*. São Paulo, Abril Cultural, 1979. (Coleção Os Pensadores).

HOBSBAWM, E. J. *A era dos impérios*. 3. ed. São Paulo, Paz e Terra, 1992.

──. *A era das revoluções*. 9. ed. São Paulo, Paz e Terra, 1994.

──. *A era dos extremos*: o breve século XX. 2. ed. São Paulo, Companhia das Letras, 1995.

──. *A era do capital*. 5. ed. São Paulo, Paz e Terra, 1996.

HUNT, E. K. *História do pensamento econômico*. Rio de Janeiro, Campus, 1989.

HUTCHISON, T. W. *The Politics and Philosophy of Economics*. Oxford, 1981.

KLAMER, A. (Org.) *Conversas com economistas*. São Paulo, Edusp/Pioneira, 1988.

KULESSA, J. L.-von. Searching for a methodological synthesis: F. A. Hayek's individualism in the light of recent holistic criticism. *Journal of Economic Methodology*, v. 4, n. 2, Dec. 1997.

KURZ, R. *O colapso da modernização*. Rio de Janeiro, Paz e Terra, 1992.

LAFARGUE, P. Recordações pessoais de Karl Marx. In: *O capital*: extratos. São Paulo, Conrad, 2004.

LALANDE, A. *Vocabulário técnico e crítico da filosofia*. São Paulo, Martins Fontes, 1999.

LEWISOHN, D. Mill and Comte on the Method of Social Sciences. *Journal of The History of Ideas*, v. 33, n. 2, p. 315-24, 1972.

LOCKE, J. Segundo tratado sobre o governo. In: *Locke*. São Paulo, Abril Cultural, 1978. (Coleção Os Pensadores).

LOUREIRO, M. R. *Os economistas no poder*. Rio de Janeiro, Editora da Fundação Getúlio Vargas, 1997.

MÄKI, U. How To Combine Rhetoric and Realism in the Methodology of Economics. *Economics and Philosophy*, 4(1), 1988a.

──. Realism, Economics and Rhetoric: A Rejoinder to McCloskey. *Economics and Philosophy*, 4(1), 1988b.

──. Imperialismo da economia: conceitos e restrições. *Econômica*, v. 2, n. 3, jun. 2000.

MARX, K. Para a crítica da economia política. In: *Marx*. São Paulo, Abril Cultural, 1974. (Coleção Os Pensadores).

──. *A ideologia alemã (Feuerbach)*. São Paulo, Livraria Ed. de Ciências Humanas, 1979.

──. O capital. In: *Marx*. São Paulo, Abril Cultural, 1983. (Coleção Os Economistas).

──. *Formações econômicas pré-capitalistas*. Rio de Janeiro, Paz e Terra, 1985a.

──. *Grundrisse*. Cidade do México, Siglo XXI, 1985b.

MATTEUCCI, N. Liberalismo. In: BOBBIO, N. et al. (Ed.) *Dicionário de política*. São Paulo, Imprensa Oficial do Estado/Editora da UnB, 2000.

MATTOS, L. V. John Stuart Mill: a economia política como ciência autônoma. In: *Seminário das Quintas (Programa de Seminários Acadêmicos do IPE/USP)*, texto n. 23/96, 1996.

———. *Economia política e mudança social*: a filosofia econômica de John Stuart Mill. São Paulo, Fapesp/Edusp, 1998.

McCLOSKEY, D. The Rhetoric of Economics. *Journal of Economic Literature*, v. XXI, 1983.

———. *The Rhetoric of Economics*. Madison, The University of Visconsin Press, 1985.

———. The Consequences of Rhetoric. In: KLAMER et al. (Org.) *The Consequences of Economic Rhetoric*. Cambridge, Cambridge University Press, 1988a.

———. Two Replies and a Dialogue on the Rhetoric of Economics: Mäki, Rappaport and Rosenberg. *Economics and Philosophy*, 4(1), 1988b.

———. How Economists Persuade. *The Journal of Economic Methodology*, 1(1), June 1994.

MILL, J. S. Da definição de economia política e do método de investigação próprio a ela. (1836). In: *Bentham/Mill*. São Paulo, Abril Cultural, 1979. (Coleção Os Pensadores).

———. *The Logic of Moral Science*. (1843). London, Open Court, 1987.

MIROWSKI, P. Shall I compare thee to a Minkowski-Ricardo-Leontief-Metzler matrix of the Mosak-Hicks type? Or, rhetoric, mathematics and the nature of neoclassical economic theory. In: *The Consequences of Economic Rhetoric*. Cambridge, Cambridge University Press, 1988.

NADEAU, R. Spontaneous Order. In: DAVIS, J. B. et al. *The Handbook of Economic Methodology*. Cheltenham, UK/Northampton, MA, Edward Elgar Publishing, 1998.

NAGEL, E. *La structura de la ciencia*. Barcelona, Paidos, 1968.

OLIVEIRA, F. de. *Os direitos do antivalor*. Petrópolis, Vozes, 1998.

PAULANI, L. M. *Do conceito de dinheiro e do dinheiro como conceito*. São Paulo, 1992. Tese (Doutorado) – IPE/USP.

———. A questão da estabilização nos anos 80: um enfoque institucional. *Revista de Economia Política*, v. 14, n. 1, jan.-mar. 1994.

———. A teoria econômica e as seitas. *Informações FIPE*, n. 182, nov. 1995.

———. Ideias sem lugar: sobre a retórica da economia de McCloskey. In: REGO, J. M. (Org.) *Retórica na economia*. São Paulo, Editora 34, 1996a.

———. Hayek e o individualismo metodológico. *Lua Nova*, n. 38, 1996b.

———. Teoria da inflação inercial: um episódio singular na história da ciência econômica no Brasil? In: LOUREIRO, M. R. et al. *Cinquenta anos de ciência econômica no Brasil*: pensamento, instituições e depoimentos. Petrópolis, Vozes, 1997.

———. John Stuart Mill, o homem econômico e o individualismo metodológico. In: ENCONTRO NACIONAL DE ECONOMIA – ANPEC, XXVI, Niterói, 1998. *Anais...* Niterói, 1998.

———. Modernidade e discurso econômico: ainda sobre McCloskey. *Revista de Economia Política*, v. 19, n. 4, out.-dez. 1999a.

———. Neoliberalismo e individualismo. *Economia e Sociedade*, n. 13, dez. 1999b.

———. A atualidade da crítica da economia política. *Crítica Marxista*, n. 10, 2000.

PERSKY, J. Retrospectives: The Ethology of *Homo Economicus*. *Journal of Economic Perspectives*, v. 9, n. 2, p. 221-32, Spring 1995.

PETERS, E. D. Mexico's Liberalization Estrategy, 10 Years On. *Journal of Economic Issues*, v. XXXII, n. 2, June 1998.

POPPER, K. The Autonomy of Sociology. In: *Mill:* A Collection of Critical Essays. London, Schneewind, J. B., editor, 1968.

PRADO, E. F. S. *A economia como ciência.* São Paulo, Edusp, 1991.

―――. Valor e coordenação: poiésis, práxis e theoria. In: ENCONTRO DA ANPEC, XX, Campos do Jordão, dez. 1992. *Anais...* Campos do Jordão, 1992.

―――. A crítica de Parsons ao modelo atomista de ação social. *Nova Economia*, v. 3, n. 1, set. 1993a.

―――. Elster e a mão invisível. *Lua Nova*, n. 28/29. 1993b.

PRADO JR., B. O relativismo como contraponto. In: *O relativismo enquanto visão de mundo (Banco Nacional de Ideias).* Rio de Janeiro, Francisco Alves, 1994.

PRADO JR., B.; CASS, M. J. R. A retórica da economia segundo McCloskey. In: REGO, J. M. (Org.) *Retórica na economia.* São Paulo, Editora 34, 1996.

PRZEWORSKI, A. Marxismo e escolha racional. *Revista Brasileira de Ciências Sociais*, v. 3, fev. 1988.

REGO, J. M. (Org.) *Retórica na economia.* São Paulo, Editora 34, 1996a.

―――. Retórica na economia: ideias no lugar. In: REGO, José M. (Org.) *Retórica na economia.* São Paulo, Editora 34, 1996b.

REGO, J. M. et al. (Org.) *Conversas com economistas brasileiros.* São Paulo, Editora 34, 1996.

REGO, J. M.; MANTEGA, G. *Conversas com economistas brasileiros II.* São Paulo, Editora 34, 1999.

REGO, J. M.; GALA, P. (Org.) *A história do pensamento econômico como teoria e retórica.* São Paulo, Editora 34, 2003.

ROEMER, J. E. O marxismo da escolha racional: algumas questões de método. *Lua Nova*, n. 19, 1989.

RORTY, R. *A filosofia e o espelho da natureza.* Rio de Janeiro, Relume-Dumará, 1994a.

―――. Relativismo: encontrar e fabricar. In: *O relativismo enquanto visão de mundo (Banco Nacional de Ideias).* Rio de Janeiro, Francisco Alves, 1994b.

ROSENBERG, A. Economics is too Important to Be Left to the Rhetoricians. *Economics and Philosophy*, 4(1), Apr. 1988a.

―――. Rhetoric is not Important Enough for Economists to Bother About. *Economics and Philosophy*, 4(1), Apr. 1988b.

ROUSSEAU, J.-J. Discurso sobre a origem e os fundamentos da desigualdade entre os homens. In: *Rousseau.* São Paulo, Abril Cultural, 1978. (Coleção Os Pensadores).

SAYAD, J. O espírito dos tempos. *Folha de S.Paulo*, São Paulo, 28 ago. 1995.

―――. *Que país é este?* Rio de Janeiro, Revan. 1999.

SCHMIDT, A. História e natureza em Marx. In: COHN, G. (Org.). *Sociologia para ler os clássicos.* Rio de Janeiro, Livros Técnicos e Científicos, 1977.

SCHUMPETER, J. A. *History of economic analysis.* New York, Oxford University Press, 1954.

SCHWARZ, R. Ideias fora do lugar. In: *Ao vencedor as batatas.* São Paulo, Duas Cidades, 1981.

SILVEIRA, A. M. A sedição da escolha pública: variações sobre o tema das revoluções científicas. In: REGO, J. M. (Org.) *Retórica na economia*. São Paulo, Editora 34, 1996.

SMITH, A. A riqueza das nações. In: *Adam Smith*. São Paulo, Abril Cultural, 1985. (Coleção Os Economistas).

SOROMENHO, J. E. C. *Um estudo sobre as origens da crítica de Hayek ao conceito de equilíbrio*. São Paulo, 1994. Tese (Doutorado) – IPE/USP.

SUGDEN, R. Spontaneous Order. *Journal of Economic Perspective*, v. 3. 1989.

TAVARES, M. da C. A retomada da hegemonia americana. *Revista de Economia Política*, v. 5, n. 2, abr.-jun. 1985.

TAVARES, M. da C.; MELIN, L. E. Pós-escrito 1997: a reafirmação da hegemonia norte-americana. In: TAVARES, M. da C.; FIORI, J. L. (Org.). *Poder e dinheiro*: uma economia política da globalização. Petrópolis, Vozes, 1997.

WEBER, M. *A ética protestante e o espírito do capitalismo*. 2. ed. São Paulo, Pioneira Thomson Learning, 2001.

WHITAKER, J. K. John Stuart Mill's Methodology. *Journal of Political* Economy, v. 83, n. 5, Oct. 1975.

Este livro foi composto em Gatineau,
11/13,2, e reimpresso em papel Chambril
Avena 80g/m² pela gráfica Forma Certa,
para a Boitempo, em outubro de 2024,
com tiragem de 100 exemplares.